名人故居教育与研究新局面

中国博物馆协会名人故居专业委员会
2024年年会论文集

黎洪伟 主编

上海人民出版社

本书编委会

主　　　编：黎洪伟

执行副主编：潘伟玲

执行编辑：刘晶晶

编委会委员（按姓氏笔画为序）：

目录

教育与研究

文物与利用

教育与研究

博物馆融入学校思政教育的路径探索

——以黑河旅俄华侨纪念馆为例

初 丹

十八大以来，党中央始终坚持把学校思政课建设放在教育工作的重要位置，习近平总书记对思政课建设作出一系列重要指示，包括"'大思政课'我们要善用之，一定要跟现实结合起来""以中华优秀传统文化、革命文化和社会主义先进文化为力量根基，把道理讲深讲透讲活""深入推进大中小学思想政治教育一体化建设"等。我国博物馆是传承中华优秀传统文化、弘扬爱国主义精神、增强文化自信的重要场所，也是促进文化高质量发展、建设可持续发展型社会的重要组成部分，"一个博物馆就是一所大学校"。博物馆教育作为学校教育的重要补充和延伸，将其特色资源融入学校思政教育，是博物馆更好发挥优势和作用的必然之举。本文以黑河旅俄华侨纪念馆为例，通过博物馆融入学校思政教育的必要性、博物馆融入学校思政教育的优势条件以及黑河旅俄华侨纪念馆思政教育课程的研发思路和融入学校思政教育的路径探索四个部分，探讨博物馆融入学校思政教育的可行路径。

一、博物馆融入学校思政教育的必要性

博物馆是现代国民教育体系的重要组成部分，其教育使命是引导激发民众潜在的学习欲望，扩展其眼界，增长其知识，协助和促进民众的

成长。[1]特别是中小博物馆作为"家校社"共育的重要平台，为当地中小学生开展综合实践活动、普及科学文化知识、凝聚文化认同、增强文化自信提供了更为便利和可及的公共文化服务，对促进城乡公共教育均等化发展具有重要意义。[2]据 2024 年国家文物局发布的最新数据，2023 年全国备案博物馆达 6 833 家，举办陈列展览 4 万余个、教育活动超过 38 万场，接待观众 12.9 亿人次。当下，虽然博物馆教育受到社会重视和关注的程度越来越高，各项指标数据显著提升，但是不可否认我国博物馆与学校教育的融合尚处于初级发展阶段，把"收藏在博物馆里的文物、陈列在广阔大地上的遗产、书写在古籍里的文字"这些博物馆所承载的中华优秀传统文化更全面、深入、规范地转换为学校思政教育资源，还有待博物馆与学校双方的共同努力。博物馆教育通常具有社会交互性强、自发选择、情境性等特点，相比之下，学校教育则具有较强的系统性、组织严密性、形式稳定性等特点。[3]"纸上得来终觉浅，绝知此事要躬行"，博物馆融入学校思政教育，将更具可看性、可感性，更加生动、鲜活、深刻，两者能够相辅相成、取长补短、提质增效。

二、博物馆融入学校思政教育的优势条件

（一）独特的人才队伍

思政教育是紧紧围绕"培养什么人，怎样培养人，为谁培养人"而开展的，具有鲜明的政治属性和政治引导功能，博物馆思政教育工作者承担着挖掘、阐释、利用本馆特色资源，积极融入学校思政教育"馆校共育、双向赋能"的艰巨任务。博物馆拥有高水平研究和社会教育工作人员队伍，是满足博物馆融入学校思政教育的重要保障。这支人才队伍具有以下几方面特征：

---

[1] 郑奕：《博物馆教育活动研究》，复旦大学出版社 2015 年版。

[2] 焦丽丹：《我国中小博物馆发展现状及提升策略研究》，《中国博物馆》2023 年第 5 期。

[3] 杨曦、周炜杰：《用好博物馆讲好"大思政"》，《现代商贸工业》2024 年第 10 期。

一是具有过硬的政治素质。博物馆行业面向公众开展社会教育，具备较高的政治素质、思想品德和职业道德。他们是坚定不移的中华优秀传统文化的传承者、爱国主义和革命英雄主义的讲述者、红色基因和红色文化的传播者、社会主义核心价值观的践行者、意识形态和舆论宣传的引导者。他们政治忠诚、立场坚定，能够不折不扣地"落实立德树人根本任务，坚持思政课建设与党的创新理论武装同步推进"。

二是具有丰富的知识储备。博物馆工作需要具备涵盖多领域、多学科的综合性知识体系，具有不断学习新知识、探究新事物的工作属性和能力，善于学习和吸收新的学术观点，掌握和运用新的学术成果，向社会传递源源不断的正能量。

三是具有较强的业务能力。博物馆的思政教育工作者有别于学校教师的教育表达。博物馆对专业讲解人员有较高的业务技能提升要求，必须以符合博物馆思政教育的模式实施社会教育。能够摆正服务与教育的关系，不断提升服务意识，能够以高品质服务做好教育的组织、引导、协调等工作。

四是具有良好的公众形象。博物馆的思政教育工作者既是历史和文物的"代言人"，又是博物馆形象的"代言人"。他们的内在素养和气质风度，展现出良好的公众形象，做文明礼仪的标杆、爱岗敬业的先锋、争先创优的模范。因此，言谈举止、文明礼仪、综合素质等，都会对受众产生示范影响作用。

（二）丰富的教育资源

"历史是最好的教科书，也是最好的清醒剂"，博物馆作为承载历史、映照当下、启迪未来的重要场所，精准定位自身教育资源优势，才能立足优势、放大格局、彰显特色。以黑河旅俄华侨纪念馆为例，作为全国唯一全面展示旅俄华侨和留苏（俄）学生历史的专题性纪念馆，紧紧围绕旅俄华侨和留苏（俄）学生"爱国爱乡、情系桑梓，不忘初心、奋斗报国"的爱国主义精神，聚焦立德树人根本任务，瞄准"铸魂、赋能、聚力"三大目标，明确"百年馆舍的特色资源、特色鲜明的展陈资源、历史厚重的文物资源"为融入学校思政教育的三大资源优势。

1. 百年馆舍的特色资源

黑河旅俄华侨纪念馆位于黑河市爱辉区王肃街 72 号，地处黑河市主城区历史风貌较为集中的区域，毗邻黑龙江公园，背靠百年老街海兰街。主体建筑建于民国初期，是由旅俄华侨投资兴建的俄式风格二层楼房。这座建筑，经历了黑河跌宕起伏的民国史，承载了归国旅俄华侨助力黑河城市发展的爱国爱乡之心。

抗日战争胜利后，根据党中央"向北发展，向南防御"的战略部署，大批干部赶赴东北。1945 年 11 月，中共黑河地区中心县工作委员会书记、黑河地区人民自治军司令员兼政委王肃按照省工委"站住脚跟，按下钉子，建设后方根据地"的指示精神，建立和发展地方武装。在后来成为黑河旅俄华侨纪念馆的建筑里，王肃组建了黑河地区人民自治军司令部并开展了 40 余天的征兵工作，中国共产党在黑河建军的光辉历程由此而始。这座建筑，见证了红色黑河的不朽篇章。

新中国成立后，这座黑龙江畔的二层小洋楼先后成为办公和高校用房，在不同的历史时期都发挥了它的作用与价值。这座建筑，记录了黑河地区在社会主义革命和建设时期、中国特色社会主义建设新时期、中国特色社会主义建设新时代的变化与发展。

历经百年变迁，这座有着标志性红色"外衣"和鲜明红色"内核"的建筑，见证了黑河一百多年来因"边"而生、因"贸"而兴的发展历程。2007 年 9 月起，这座百年建筑完成了"以侨产展侨史"的"蝶变新生"，红色记忆、红色基因在这里传承，"诗"与"远方"在这里交汇。在现代化城市的车水马龙和灯火辉煌中，这里成为铸牢中华民族共同体意识、画好中华儿女团结奋斗的同心圆、"以侨为桥"讲好中国故事的鲜活载体。

2. 特色鲜明的展陈资源

黑河旅俄华侨纪念馆基本陈列"旅俄华侨和旅苏、俄留学生历史陈列"，展示内容纵深百余年，涉及党、政、军、民、学、商和隐蔽战线的旅俄华侨历史，以六个部分重点介绍了早期马列主义思想在中国的传播史和留苏学子学习奋斗、报效祖国的历史；常设展览"王肃烈士生平事迹展"展示中国共产党在黑河的第一位领导人王肃，作为黑河解放区的开拓者和奠基人，将自己的宝贵生命奉献给黑河的解放事业的事迹，以共产党人的优秀品格，为后来者树立了光辉典范。旅俄华侨和留苏（俄）学生"爱国爱乡、情系桑梓，不忘初心、奋斗报国"的爱国主义精神，王肃"忠诚担当、英勇无畏、艰苦奋斗、质朴俭廉"的共产党人政治本色，都是黑河旅俄华侨纪念馆开展思政教育的富矿。

3. 历史厚重的文物资源

黑河旅俄华侨纪念馆现有藏品近5 000件（套），其中珍贵文物625件（套），按年代大致可分三类。

第一类为新中国成立前（1918—1949年），主要有早期旅俄华侨在苏俄生活和工作的实物史料。旅俄华侨是早期接受革命洗礼的幸运儿，是中国革命的"播火者"，是马列主义在中国生根发芽开花结果的"培育者"。三次受到列宁单独接见的旅俄华侨领袖刘泽荣使用的俄文打字机，归侨空军少将唐铎获得的列宁勋章，红色特工陈为易的信件和证件，张西曼在南京时用过的椅子，以及该时期由旅俄华商创建的黑河振边酒厂、通济当铺等建筑构件，皆是馆内藏品中的珍品。

第二类为社会主义革命和建设时期（1949—1978年），主要有20世纪五六十年代的留苏学子留学苏联时的各类学习、生活物品，如1960年傅志寰的俄文课堂笔记、1962年杜祥琬在苏联留学时使用的图书阅览证等。留苏学子在新中国成立之初满怀求学报国之志奔赴苏联，这些实物记录了他们刻苦奋斗、立志报国的历史，也凝聚了一代优秀学子不负国家重托的抱负和志向。

第三类为中国特色社会主义建设新时期以来（1978年至今），主要有学成归国的留苏学子为新中国各项科学事业发展作出重大贡献的代表性实物和资料，他们中有二百多人成为两院院士；杰出的旅俄华侨华商获得的各类奖项和证件，展示了这一时期旅俄华侨华商对旅居国的贡献；黑河口岸沿边开放的大量实物藏品，见证了黑河与俄进行边境贸易发展的历史；阿穆尔州华联会主席创办的《商务指南报》，开了以中俄双文为载体创办刊物的先河。

这些藏品均是旅俄华侨和留苏（俄）学生留存下来的历史实物，见证了早期马列主义思想在中国的传播，不同时期旅俄华侨的发展奋斗历程和留苏（俄）学生学习奋斗报效祖国，形成了体现旅俄华侨华人和留苏（俄）学生精神的特色藏品体系，对认识旅俄华侨史及中俄关系发展史具有重要意义。

三、黑河旅俄华侨纪念馆思政教育课程的研发思路

（一）遵循教育规律

习近平总书记强调："青少年思想政治教育是一个接续的过程，要针对青少年成长的不同阶段，有针对性地开展思想政治教育。"《关于深化教育体制机制改革的意见》指出："针对不同年龄段学生，科学定位德育目标，合理设计德育内容、途径、方法，使德育层层深入、有机衔接。"黑河旅俄华侨纪念馆思政课按照各个年龄段的认知规律、兴趣特点，突出鲜明的政治属性和政治引导功能，引导学生扣好人生第一粒扣子，从展馆特色资源中汲取智慧和力量，把握历史发展规律和大势，用红色历史擦亮"红"的底色，激发"强国一代有我在"的思想自觉、行动自觉，争做伟大事业的建设者、文明风尚的倡导者、敢于追梦的奋斗者。

（二）坚持问题导向

习近平总书记指出："问题是创新的起点，也是创新的动力源。"问题导向是思想政治教育创新发展的重要原则，也是思想政治教育生成的现实基础。思想政治教育开展的一系列理论与实践研究都是在问题导向的指引下完成的。[1]问题导向作为一种教学方式，包含问题的发现、分析、解决整个过程。[2]紧密结合热门话题和实践问题，把"大道理"转化为"巧提问"，把"单向灌输"转变为"双向交流"，启发性地将之讲深、讲透、讲活，让思政课更富时代感、更有吸引力，用形式上的"接

---

［1］ 丁忠杰：《思想政治教育问题导向与目的导向辩证关系研究》，东北石油大学2021年硕士学位论文。

［2］ 熊飞：《问题导向视域下高校思政教育创新性改革探究》，《海南开放大学学报》2023年第4期。

地气"凸显教育效果的"高大上"。

（三）依托特色资源

打好"三个资源"（百年馆舍的特色资源、展陈鲜明的教育资源、馆藏文物的丰富资源）的"组合拳"，打造"1＋1＋N"（即以1种特色资源为载体，开展1次思政教育，N是融合历史背景、相关人物、热门话题等多元内容与讲故事、歌曲、非遗、绘画、社会实践等多种形式）思政教育课程，强化政治引领提升思想高度，聚焦时代主题突出历史深度，坚持活化利用彰显情感温度，用"三个资源"生动鲜活地阐释、解读时代精神，传承红色基因，厚植爱国主义情怀。

（四）对标课标研发

黑河旅俄华侨纪念馆思政教育课程紧密结合学校教材课标，如"侨乡建筑之美"对标小学美术教材中的《古建筑的保护》《我国古代建筑艺术》，"'七一勋章'获得者瞿独伊与《国际歌》"对标部编版历史九年级教材中的《国际歌》，"再读红色家书　触摸信仰温度"对标部编版道德与法治课程。

四、黑河旅俄华侨纪念馆融入学校思政教育的路径探索

（一）建立馆校协同育人合作机制

2023年以来，黑河旅俄华侨纪念馆先后与黑河学院、黑河市第三小学、黑河市第五小学、黑河市第六小学等十余家黑河市辖范围内的大中小学校、教育机构建立协同育人合作机制，在合作模式、资源共享、课程开发、形式创新、丰富载体等方面着眼发力，形成与学校思政课程相互关联、相互促进、相互融合的良好局面。纪念馆成为全国馆校联盟理事单位，被授予黑龙江省关心下一代教育基地、黑龙江省社会科学普及教育基地、黑龙江省青少年法治教育实践基地、黑龙江省中小学生研学（劳动）实践教育基地、首批黑河市思政课实践教育基地等。《深入开展"红色文化＋思政教育"铸魂育人》典型案例被《思想政治工作研究》推广，案例经验在全国性行业会议上被作为亮点交流，"同心共筑中国梦——黑河旅俄华侨纪念馆'大思政'微课堂"被黑龙江省社科联列为

重点社科普及项目，"大思政进校园"入选黑河市机关创新典型案例。

（二）多角度融入学校思政教育

一是"展"和"教"相结合。黑河旅俄华侨纪念馆依托展馆阵地，致力于办好"展厅里的思政课堂"，"从侨乡的视角看黑河边境贸易发展演变""追梦中华　侨光物证""追梦中华　巾帼风采"等一系列原创展览，"共筑梦想　同赴未来——华侨华人与冬奥主题展""华侨华人展""伟大的足迹——留法勤工俭学运动史料图片展"等十余个主题突出、特色鲜明的合作展览，保持展馆"新鲜感"，满足学校思政教育数、质双量需要；在陈列展览的讲解过程中适时适度融入情景短剧、历史歌曲、诗歌朗诵、乐器演奏等多种呈现形式的"沉浸式"思政教育体验，让受众有"共鸣"能"共情"，使思政教育更具吸引力；推出"点单式""模块化"定制思政教育，按需求组合搭配思政教育内容，更好满足特色化、个性化思政教育需求。

二是"请进来"和"走出去"相结合。邀请专家走进纪念馆开展"专家大讲堂"活动、青少年走进纪念馆开展"红领巾讲旅俄华侨故事"等"请进来"思政教育，"流动博物馆""行走的思政课堂""大思政进校园"等"走出去"思政教育，打破展馆阵地教育的壁垒，联通了馆校双向思政教育通道，不断提高博物馆与学校思政教育的供给适配度，盘活了教育资源、丰富了教育形式、优化了教育效果，通过积极的"扩圈"耕耘，实现了"破圈"的收获，引领社会形成协同育人的良好格局。

三是"线上"和"线下"相结合。以"线下展演＋线上直播＋资源回放"联动发力，推出"同心共筑中国梦——再读红色家书　触摸信仰温度""我和我的祖国——海内外中华儿女同心共筑中国梦""大思政'微'课堂"等主题活动，打破传播局限，环环相扣、累积放大社会效益。

四是"博物馆＋"模式。通过"博物馆＋演艺""博物馆＋非遗""博物馆＋互联网"等，让思政教育载体更加丰富。如，配合"追梦中华　巾帼力量"主题展览，开展 20 世纪五六十年代留苏女学生服饰风采展示，辅以巴扬琴、相机、画板、俄文词典等不同的道具，再现新中国留苏女学生的时代风采；元宵节期间，通过赏花灯、猜灯谜等传统民俗体验与满族福字剪纸、立体花灯制作等非遗体验，在欢乐的氛围中让参与者沉浸感受中华优秀传统文化的魅力；推出"华宝""侨丫"两个人物 IP、"白旅旅"卡通 IP 等，以文化创意赋能思政教育，增强教育对青少年的吸引力；通过馆方新媒体平台长期推出"侨馆珍品""北疆之光 侨博之星""侨馆文物云课堂"等线上教育栏目，搭建自主学习平台。

（三）延伸触角举办家庭思政教育讲座

为更深层次融入学校思政教育，黑河旅俄华侨纪念馆延伸思政教育触角，探索"馆校家"协同思政教育模式。2024 年，先后为黑河小学、黑河市第六小学开展两场题为《家风家教家训》的线上家庭教育讲座，1 000 余名家长参与。讲座从"家"字出发，阐释好家风对于个人成长、家庭和谐乃至社会进步的重要作用，阐明好家风是中华民族的强大凝聚力，通过讲述旅俄华侨刘泽荣的家风家教家训故事让受众感悟他的爱国主义思想源泉，激励人们自觉把实现个人梦、家庭梦融入民族梦、国家梦之中，振奋爱家和爱国相统一的精神力量。讲座以家风结合社风、党风，用"小故事"揭示"大道理"，融合动漫、古诗词、短视频、歌曲演唱等多种形式，在轻松愉快的氛围中让受众对什么是好家风，怎样弘扬好家风，如何传承好家风以及培育和传承好家风的重要意义有了深刻思考。经实践检验，线上形式能够让更多的家长参与其中，时间选择更加宽泛灵活，"馆校家"共同参与的形式让思政教育起到了"1＋1＋1＞3"的效果，事半功倍，成为黑河"馆校家"协同育人的新范式。

五、结语

浇花浇根，育人育心。黑河旅俄华侨纪念馆抓住"两个结合"的着力点，先行先试，探求博物馆更好融入学校思政教育的有效路径。在现有基础上，持之以恒地推进博物馆融入学校思政教育，守正创新，让展馆特色资源在新时代焕发新的绚丽光彩，讲好华侨精神、留学报国精神、科学家精神，讲好中国故事旅俄华侨篇章。

（初丹，黑河旅俄华侨纪念馆馆长、副研究馆员）

构建高质量红色人文空间的
内在逻辑和实现路径的研究
——以韶山毛泽东同志故居景区为例

陈　帅　阳国利

一、缘起

韶山毛泽东同志故居景区作为湖南省的文化地标和红色文化的公共记忆场域，呈现出独特的红色人文空间形态与内涵特征；用好红色文化资源对推进党史学习教育走实走深和青少年思政教育入脑入心，具有积极的现实意义。

伟人的生活足迹、革命经历、家教家风等，给予了景区独特的红色人文禀赋。因此，景区园林造景艺术和崇高感的人文风貌应是着力打造的侧重点。其一，故居景区的园林造景艺术有别于行政机关单位、城市公园、市政园林和自然风景区等制式化的作业，应秉持"科学、专业、艺术"的原则，探寻区内植物与文物本体（故居和南岸私塾）、毛泽东的内在逻辑关联性，尤其与故居红色人文空间主旨意境的统一性，充分体现人文感、崇高感和精致感。

其二，故居景区，这一政治文化符号承载的核心记忆，跨越时空的距离，在来自不同地域的人群中弥散开来，更重要的是，其能穿越时空的帷幕，在不同代际的受众中传承下去，嵌入人们日常生活的点点滴滴，沉淀为一种具有长久生命力和强大感召力的精神伟力，历久弥新。因此，故居景区最具标志性的人文特质是什么？景区人文风貌的构建目标，如何进一步实现"见人见物见精神"？纵观一代伟人毛泽东的心路历程，韶山地域文化赋予了他哪些优良的文化基因？景区高品质的红色人文氛围对当代青少年的立志成才有哪些启发？在突出政治性、教育性和公益性的指导思想下，景区在国家文化治理现代化、资政育人和启人心智等方面，还可以做哪些工作？这也许就是我们勠力构建高质量红色人文空间的路径选择。进一步实现故居景区的历史文化内涵的当代价值转化，擦亮我们特有的文化 IP（知识产权）名片，在构建中国特色话语和叙事体系中展现韶山毛泽东同志纪念馆的新作为新担当，以扎实细致的工作，办好大思政课。

二、红色人文空间视域下故居景区的保护与运用策略探析

（一）示形于外——大力落实韶山毛泽东同志故居景区山水林田综合治理项目

为深入贯彻党中央关于文物本体和环境保护的重要部署，有效落实省委、省政府"关于保护故居景区绿水青山的自然风貌"的指示精神，在省韶山管理局党委的具体领导下，韶山毛泽东同志纪念馆于 2020 年至 2021 年实施"韶山毛泽东同志故居景区山水林田综合治理项目"。现工程全部完工，工程效果得到了党中央、省委领导以及游客的一致好评。保护好故居及其周边一草一木的人文环境风貌，不仅是保护好自然生态，更是维护好"伟人诞生地"在全国人民心中形象的政治要求。

1. 主要做法

韶山毛泽东同志故居环境综合治理项目以净化还原为总基调，以传承伟人精神、继承民俗风貌、还原绿水青山、塑造特色景区为目标，在保护原有历史格局肌理的基础上，对文物环境进行治理，达到文物本体同周围环境协调统一，实现《韶山冲毛主席旧居保护规划》提出的"1959 年毛泽东主席回韶山时故居的环境风貌"的恢复。

（1）净化商业氛围，还原文物环境本色

1959 年毛泽东主席回韶山的时候，故居所在地韶山冲（山区平地）是典型的南方丘陵地区山村风貌。20 世纪 80 年代末至 90 年代初开始，

故居景区内村民相继对自家的房屋进行改扩建，搞起形形色色的经营，景区内饭店、商店、民宿层出不穷，有的村民在游道两旁摆摊设点，喊客拉客，地方政府屡禁不止。为使故居景区过度的商业氛围得到调整，重现故居朴素的自然环境，韶山毛泽东同志故居环境综合治理项目采用房屋租赁和土地流转的方式对故居景区内的 12 户村民进行整体搬迁。

① 做实群众工作。故居景区的大量人流，对景区内的村民来说，意味着经济利益。景区村民搬迁，让十多户村民全部放弃眼前的经济利益，把他们的思想统一到故居景区环境净化上来，是一项复杂的任务。

"做群众工作要注意换位思考，设身处地为群众着想。只有将心比心，才能换取真心，才能找到解决问题、推动工作的良策。"项目启动前期，省韶山管理局联合韶山市政府制定租赁搬迁方案，韶山毛泽东同志纪念馆与韶山乡政府密切沟通，召开韶山组组委会、景区内户主会、韶山组户主大会进行宣传发动，项目部的同志轮番上门做景区内党员、群众思想引导工作，就土地流转协议、房屋租赁合同相关条款与农户逐一进行政策解释，形成浓厚工作氛围。2019 年 6 月项目正式启动，以项目部的同志为主，联合乡村干部形成三个工作组，上户做工作。工作组牢牢站稳群众立场，换位思考，从群众的角度看问题，真正读懂群众在想什么、盼什么、怨什么，真正获得群众的理解和信任，真正拿出对"家"的态度，使这次搬迁变得有温度。

② 有序推进搬迁。项目部根据租赁搬迁方案，在充分听取村干部、群众意见的基础上，认真调查、研究，制定了搬迁的工作程序，拟定土地流转协议、房屋租赁合同、土地流转补充协议、不同类别房屋租赁价格计算方法，为工作的推进打下坚实基础。租赁搬迁过程中，项目部每周召开一次有乡、村干部参与的工作调度会，及时会商解决工作中遇到的问题。项目部还主动与韶山市优居中心、城发集团对接，为景区搬迁的村民争取购买定向房源的优惠。在攻坚克难阶段，省韶山管理局多次召开项目调度会，市委、市政府领导高度重视，对工作中遇到的难题予以解决，局、市主要领导上门做群众工作。

③ 发扬"舍小家为大家的韶山精神"。搬迁工作启动后，景区内几户经营规模较大的户主顾虑多，思想不统一，其他的户主便开始观望，工作出现了瓶颈。对此，纪念馆总支委员会想到党的引领号召作用、想到 1925 年毛泽东回乡开展农运建立了中国最早的农村党支部。项目部的同志组织景区村民来到韶山村党史陈列室，重温毛泽东 1921 年 2 月上旬回韶山教育亲人干革命的故事。经重温与洗礼，村民感受很深，党员、复退军人带头搬迁，他们说"国家已步入高质量发展时代，我们不能以牺牲故居的历史风貌、景区的生态环境为代价换取个人的利益，我们也要舍小家为大家"。在党员和复退军人带领下，租赁搬迁于 2020 年 1 月全部完成，同时搬迁后的村民开始融入政府引导的新业态，获得了高质量发展的新平台。

（2）水环境治理

开展故居周边水环境治理是搞好韶山毛泽东同志故居环境综合治理项目的关键。

由于景区内水系缺乏活水来源，原来的生态受到破坏后，很难自然恢复。此前，故居前两口水塘的维护虽耗费的人力物力颇多，但效果不明显。鉴于此，省韶山管理局党委高度重视新治理方案的构建，局领导多次主持召开水环境治理专题会和现场办公会，先后邀请武汉大学、上海大学、湖南大学、长沙市规划设计院等的相关专家对方案进行论证，并带领纪念馆的工程实施人员，先后赴湖北宜昌、湖南大通湖、浏阳平江等地对其水环境治理项目进行考察，遴选成功案例学习参考。

此次水环境治理工程本着标本兼治、系统修复、综合治理的理念，通过构建山水林田生命共同体，打造"水清岸绿，鱼翔浅底"优美生态环境，提升故居整体水环境品质，达到观赏功用性与生态自然性的统一。

① 点源污染治理。项目区原 12 户居民分散居住，经营、生产、生活产生的污水没有经过处理，直接排入山塘水系，导致山塘水质浑浊。项目设计了两个方案进行比选，方案一为分散式收集处理；方案二为敷设污水管道将污水集中收集至市政排污管道。

经专家论证会论证，方案二开挖量比较大，项目最终采用方案一进行污水分散式收集处理。景区按房屋分布情况设五个污水处理设备端，选用 ISRI 智能一体化污水处理装置，该设备具有体积小、地下暗埋不影响环境风貌、智能化高、运行成本低等特点。采用改良 AAO 工艺 + 智水专利污泥消减技术，具有高效脱氮除磷系统，确保出水达《城镇污水处理厂污染物排放标准》GB 18918—2002 一级 A 标准。处理后的污水经湿地、田地，或生态沟渠进一步净化后，再排入池塘可作为景观用水，水资源得到高效利用。

② 面源污染治理。近几年来，韶山毛泽东同志故居景区游客逐年递增，日均达到 1.5 万人次以上，节假日达到 2 万—3 万人次，特殊情况更是达到了 5 万—6 万人次。游客量大带入的面源污染量也大，山体的腐殖质、田土翻耕施肥的有机物污染，通过雨天地表径流和地下径流，都排入了核心景区的荷叶塘、南岸塘，造成水质恶化。

针对以上问题，项目实行区块划分、精心设计、因区施策的办法。一是在游客集中的参观领票区、等候区、服务区布置喷淋系统降尘，在提高空气质量的同时减少了灰尘对山塘水系的污染。二是在景区的核心区块（故居本体周边、重要文物环境构成的荷叶塘、南岸塘区块）搭建初雨截流系统，将大量游客带来的污染物，在降雨期间形成的径流污染排入市政雨水系统。三是在核心景区的上游，通过实行原生态湿地恢复、排洪系统改造等手段，通过物理、生物的协同作用，来净化水体和抵御汛期洪水冲刷对核心区块荷叶塘、南岸塘造成的生态破坏。

③ 水生生物恢复工程。景区村民的经营活动，特别是饭店、住宿的经营对景区生态环境破坏尤为明显，景区内山塘水系水底"荒漠化"，底栖水生生物几乎绝迹，水体富营养化严重，经常出现水体发臭、藻类大暴发等生态危机。

项目建设邀请以湖北梁子湖湖泊生态系统——国家野外科学观测研究站站长于丹教授为带头人的水环境治理科研团队，为景区水系"把脉疗伤"。团队深入项目现场认真调研、走访、取样、化验，在短时间内提出了适用于湖南丘陵地区山塘水系水草种植和水生生物链重新构建的方案。

在方案付诸实施的过程中，科研团队经过近一年时间的攻坚，精心选种、搭配种苗、培植，在故居所在地七口水塘中形成了成活率高且稳定生长的沉水水生植物群落以及底栖水生生物群落，在重建生态的同时起到很好的水质净化作用。特别是根据景区观赏要求，研发出能在秋、冬季生长的反季节水草，在专家指导和养护团队的精心呵护下，取得很好的效果。现在毛泽东同志故居景区水系水质常年稳定在三类水标准，其中核心景区的南岸塘、荷叶塘水质总磷达到二类水的标准，实现了项目水环境治理的初期目标。毛泽东同志故居景区的水生态修复，要构建良性循环且稳定的生态系统，还有不少难关要攻克。我们准备用 3 至 5 年或更长的时间，打造一个原生态水环境的经典红色景区。

（3）历史风貌修复

根据国家文物局的革命旧址保护相关要求，韶山毛泽东同志纪念馆从 2014 年正式启动馆辖几个旧址的保护规划编制工作，希望通过编制保护规划，在对毛泽东同志故居等七处"国保"单位的建筑结构薄弱环节进行系统的梳理、总结的同时，制定出旧址周围建设环境的管理规定，对旧址历史环境风貌进行长期保护，形成有效的监测、检查、管理、维修、审核等环环相扣的旧址及其周边环境管理工作系统，最大限度保障文物安全。

韶山毛泽东同志故居环境综合治理项目历史风貌修复工程遵循整体性保护、尽可能保存遗存的历史信息的原则。"故居门前无小事"，故居周边环境的历史风貌是什么样子的，怎么修复，怎样才能有利于故居功能的充分发挥，对这些问题，不同的认知就有不同的答案。项目团队通过扎实调研，深刻提炼，多方征询，最终扣牢"乡村"二字，以做"减法"为途径，使故居的风貌最大限度地接近"原真"。

① 尊重历史做足精细文章。项目设计团队接手工程任务后，大量查阅毛泽东故居的历史档案、照片、影像资料，寻访韶山地区原始风貌保存尚好的村村落落，对原始素材进行精选提炼后，再对核心景区的风貌，实行精细化修复设计，通过低干预和乡土技法手段，对已退化的自

然生态肌理进行修复，在还原历史风貌的同时达到了"朴素中的经典，平凡中的不平凡"效果。

② 项目以"历史风貌、现代质量"，打造红色文化遗产环境整治示范点。故居环境整治工作以还原历史风貌为目标，但作为一个红色旅游景点，故居每年接待游客 800 万人次。大量游客对故居周边设施设备功能稳定性要求非常高，这就需要工程建设达到历史风貌与现代功用的统一。景区游道改造中，我们沿用原来的铺装形式，但增加了中间麻石的厚度，手工凿面打平，游道两边采用 C50 混凝土，按机场标准铺装、拉纹，并铺设地下管网，既满足了安全耐用的需求，又达到了很好的感观效果。故居前的南岸塘、荷叶塘塘堤加固里层采用现代工艺，确保不漏水，面层的砌筑采用本地山石，沿用老的砌筑工艺，保证修旧如旧的效果。南岸塘南侧护坡上的林木，影响护坡安全，很多专家认为可以移植，但施工中要采用构筑整体路面、树干加撑等方式，既加固了护坡路面，确保游人安全，又保护了原有林木，使故居原有历史风貌得到延续。

③ 永葆红色底色。2016 年 7 月 18 日，习近平总书记到宁夏回族自治区考察，参观三军会师纪念馆时指出，革命传统和爱国主义教育基地建设一定不要追求高大全，搞得很洋气、很现代化，花很多钱，那就不是革命传统了，革命传统就变味了。可以通过传统教育带动旅游业，但不能失去红色旅游的底色。只有体会到革命年代的艰苦，才能使人们真正受到教育。

项目紧扣习近平总书记关于革命传统和爱国主义教育基地建设的指示精神，以隐喻式的红色文化表达介入，从毛主席的生平事迹、毛主席在韶山开展农民运动的描述记录、主席五回韶山的记录、主席诗词文化中找寻景观空间线索，融入铺地、植物、休憩的场景中，让游客在时空回溯体验感中，得到红色熏陶。根据实际游览的需求，对年久失修的空间场地进行游线组织和梳理，保证游览的参观体验感。

总之，项目建设取得良好效果。韶山毛泽东同志故居景区以山青、水秀、田美的面貌重新展现在全国人民面前。先进的设计理念、细致的文物保护措施，使故居本体及原有的历史风貌得到很好保护。优美的环境、顺畅的游线加上优质配套服务使游客参观体验度大幅提升，项目建设效果获得了游客的一致好评。

项目建设中，就有专家认为，"项目建设确实下了很多功夫，施工后的效果和施工前没什么两样"。在韶工作多年的老同志参观景区后表示"工程建设质量感观上非常不错，大大超出了预想的效果"。普通游客到景区参观后，也纷纷表示"在风景如画的环境中接受革命传统教育，既有精神洗礼，也有感官享受，不虚此行"。

2020年9月21日，中央政治局委员、中央外事工作委员会办公室主任杨洁篪在参观毛泽东故居，听取项目情况介绍后，指出，这个水很好，倒影非常漂亮。陪同的湖南省委书记杜家毫指出，项目搞得好，水治理好了，比较清了，现在比较满意。2020年11月22日，湖南省委副书记、省政府党组书记毛伟明从故居参观出来，走到南岸池塘边，他看到南岸池塘的水清澈见底，对项目建设成果给予高度肯定："这里你们管理得很好！"

2. 特色

基于故居丰富的红色文化资源和深厚的革命文化底蕴，以打造诗意村庄、建设绿水青山、营造红色人文空间的优美环境为切入点，对其生态环境和景观提升从系统、整体推进，牢牢把握故居山水林田共同体与红色资源的融合方向，在推进整体生态环境建设中重点提升水环境质量，注重红色景观和1959年历史风貌景观营造，保护、尊重不可逆风貌特征，整旧如旧，根据现代发展功能需求适度进行技术改良，保持空间历史原结构。

积极探寻景区植物与文物本体（故居和南岸）、毛泽东的内在逻辑关联性，例如，景区内杜鹃花、松树、樟树、红枫、水稻、油菜等自然和人文景观相协调。另外，麻丝塘游道内侧有一株紫荆树，其花语为家庭和美、骨肉情深，马上让人联想到毛主席的母亲的宅心仁厚、乐善好施和父亲的果敢担当、锐意进取，二老不仅在毛泽东的性格基因里埋下了向上向善的种子，同时也营造了一个较好的、和顺的家庭成长环境，以及毛家兄妹的情深义重、家庭和睦。再如，荷花塘以上游道环线多处栽种的迎春花，其花期为 2—4 月，因其在百花之中开花较早，花开后即迎来百花齐放的春天而得名，与"韶山"得名由来也颇有联系。因此，故居景区在植物配置上，适当增加了与伟人故居文化相契合的植物种类，丰富故居的人文意境。以乡土性、兼容性、文化性和艺术性作为植物配比优化原则，以姿态优美、色调朴素和内涵丰富作为植物的选择依据，以打造文化氛围浓厚、四季色彩鲜明的质朴景区为目标，对故居植物景观及其造景艺术进行了优化提质。

（二）"声"临其境的"习德"模式——创建故居景区高品质分众语音导览系统，创新情景教育宣讲新模式

考虑到进入景区受众量大、受教育程度和认识水平的差异性，创建故居景区高品质分众语音导览系统，以官方"天下韶山"公众号为宣介平台，分为儿童版、青少年版、成年人版和党政干部版四个版本。

儿童版语音导览精选 3—5 个青少年毛泽东的成长趣事为切入点，以亲子对话的形式展开介绍，用充满童趣的语言拉近孩子们和毛爷爷的距离，引导孩子们理解当下美好生活的来之不易，让伟人的光芒照进他们的童趣生活。

青少年版语音导览以符合当代青少年认知特点，创新叙事策略和鲜活的表达方式，结合中华优秀传统文化，以其"喜闻乐见"的方式，实现毛泽东励志文化的当代价值转化，进一步活化故居景区红色资源承载地丰富的思想内涵，有效增强红色资源的亲和力、表现力、感召力和影响力，使青少年在别开生面的文化氛围中，汲取立志成才的精神伟力，自内心深处培植起红色理想信念。

成年人版语音导览，以时间为轴，贯穿讲述"毛泽东与故居"的历史脉络，在文物甄选、讲述方式、内容提炼、导览路线等方面更丰富、多元，重在帮助具有不同认知特点和兴趣的观众培育大历史观和爱党爱国的价值取向。

党政干部语音导览，建议优秀讲解员现场佩戴"一对一"讲解设备，在故居景区某处场景结合宣讲主题，紧扣党中央关于《用好红色资

源 赓续红色血脉 努力创造无愧于历史和人民的新业绩》和《关于推动党史学习教育常态化长效化的意见》的重要指示精神，以期实现共情共理、理论升维和精神升华。

受众在官方"韶山毛泽东同志纪念馆"公众号听完情景宣讲后，公众号以"寻密纪念馆"为话题指引，不经意间引导受众进入公众号主页面，不仅可以了解本馆的历史沿革和社会影响力，还可为本馆文创产品引流，助推线上变现。

尤其，在管理智慧化的当下，景区完善的预约系统、可靠安全的参观秩序、细致入微的志愿服务，无不彰显景区的文明程度，提升游客的体验感，从而有效放大人文空间的教育效果。

(三) 穿越时空的帷幕——故居景区设置"时空穿越对话"亭，走近少年毛泽东

1. 时空穿越对话装置设置

在故居景区适当的位置安放几处"时空穿越对话"亭，亭内布置人工智能语言交互系统（如，小米公司开发的"小爱同学"语言交互引擎），可用语言与100多年前的"少年毛泽东"进行时空穿越对话。

2. 项目的表达形式

亭子外立面，以少年"石三伢子"卡通造像（专业设计）为艺术基调，精细、别致，亭（可考虑做成红星顶）内面积二平方米左右，天、地、墙为电子屏360度全景卡通画面，观众置身卡通世界，为体现现场感采用透明显示屏。系统唤醒后，石三伢子走到观众面前，青少年学生可在亭内与少年"石三伢子"进行对话，学生可向他提问，他也可向学生提问，系统中的"石三伢子"采用卡通语音和卡通动作。

3. 关于对话课件的设置

对话以少年"石三伢子"的立大志成大才为主题线索，设计问答内容，观众按问题提示提问，少年"石三伢子"在回答问题时，全景屏按课件内容，可显示出当时半封建半殖民地中国国情的有关历史画面，以及影响少年毛泽东的历史事件的史料画面（营造观众置身100年前旧中国的现场感）。课件不宜太长，力求真实、朴实、刻画出少年"石三伢子"的鲜明个性。

这两个项目突破旧址纪念地讲解导览的现有模式，是对旧址讲解内容的分众化、故事性、沉浸式体验的一种探索。新颖的交互形式对青少年有较强的吸引力，解决了景区游客高峰期，馆方无法运作现场讲解的问题。通过馆方预约平台，在指定区域对青少年团队提供现场教学，大幅提升了景区的红色教育功能。

三、愿景目标——"五者五地"构建

人生万事须自为，跬步江山即寥廓。景区管理突出政治性、教育性和公益性原则，深刻认识到故居景区的每一名工作人员，不仅是故居深情的守护者，更是景区红色人文空间的 IP 文化构建者、创意者、践行者和弘扬者。只有用情用心用力地扎实工作，才能更好实现故居景区成为国人理想信念习得地（目标受众：青少年）；党政机关、企事业单位党团建设宣传地（目标受众：党团成员）；感怀思恩情感溯源地（目标受众：成年人）；习近平新时代中国特色话语的构建地（目标受众：外籍人士）；网红打卡地（愿景目标：让正能量变成大流量）的目标。

（陈帅，韶山毛泽东同志纪念馆馆员
阳国利，韶山毛泽东同志纪念馆研究馆员）

以品牌化宣传教育
助推革命纪念地高质量发展

——以韶山毛泽东同志纪念馆为例

张　旭

2024年3月5日，习近平总书记在参加十四届全国人大二次会议江苏代表团审议时殷切寄语文物博物馆工作者，"要把博物馆事业搞好。博物馆建设要更完善、更成体系，同时发挥好博物馆的教育功能"。在革命纪念地的建设过程中，宣传教育占有举足轻重的地位，发挥着不可取代的传播功能，是革命纪念地文物资源、红色基因和精神内核发挥作用的纽带。本文以韶山革命纪念地韶山毛泽东同志纪念馆为例，通过分析其资源特点，总结其宣传教育品牌发展历程，阐述以品牌化宣传教育助推革命纪念地高质量发展的时代意义。

一、韶山革命纪念地教育资源分布情况

红色教育资源丰富，不可移动革命教育资源很多。韶山革命纪念地留下了毛泽东同志和一大批革命先辈的革命足迹，丰富的红色教育资源吸引着来自五湖四海的人们。革命教育资源分布相对集中，教育资源很多：全国爱国主义教育示范基地韶山毛泽东同志纪念馆；全国重点文物保护单位——毛泽东同志故居、毛泽东启蒙私塾旧址南岸、毛泽东组织开展农民运动的旧址毛氏宗祠、毛鉴公祠、毛震公祠、1959年回乡调研的松山一号楼、毛泽东父母墓地等纪念设施；有供全体党员缅怀毛泽东

主席、开展入党宣誓、重温入党誓词的极佳场所毛泽东广场；有全国最早成立的农村党支部之一的纪念场馆"中共韶山特别支部陈列馆"；有纪念英勇献身的韶山英烈，缅怀革命前辈的红色实践基地韶山烈士陵园；韶山毛泽东图书馆据藏的关于毛泽东的书籍和资料为广大党员拓展党性理论知识提供了文献保障；承载着毛泽东求学和成长印记的外祖母家乡唐佳阁旧址和"毛泽东小道"体验基地以其独有的红色文化为核心，以自然风景和人文景观为载体，成为近年来新的红色文化体验综合体；韶山市银田古镇据守在韶山的东大门，是出韶山必经之路，它见证着韶山这方革命热土的传奇历史，是毛泽东最早在外求学寒来暑往的必由之路，也是他1921年和1925年回乡进行革命调查的桑梓之地；银田寺是大革命时期毛泽东同志考察农民运动的主要活动地，著名的《韶山农民运动考察报告》即在此起草。

革命文物资源独特，历史、文化、精神宝库备受瞩目。韶山毛泽东同志纪念馆藏有文物资料6.3万余件，拥有大量珍贵的文物文献资料，以及毛泽东同志故居等7处全国重点文物保护单位，承载着毛主席成长、革命和新中国成立后回乡的独特记忆，特别是藏有毛泽东晚年生活遗物6 400余件，展示了伟人思想和人格风范。同时，还收藏了毛主席手迹手稿3 000多页、毛泽东著作等文献17万余册。这些革命文物资源很宝贵，蕴含着丰富的政治智慧和道德滋养，是一个巨大的历史、文化和精神宝库，广大受众纷纷表示深受启迪、深受教育。2011年3月20日，中共中央政治局常委、中央书记处书记、国家副主席习近平专程到韶山，向毛泽东铜像敬献花篮，瞻仰毛泽东同志故居。他深情地指出，"重温毛泽东同志等老一辈革命家的光辉业绩、崇高精神和道德风范，深受教育。革命传统资源是我们党的宝贵精神财富，每一个红色旅游景点都是一个常学常新的生动课堂，蕴含着丰富的政治智慧和道德滋养。要把这些革命传统资源作为开展爱国主义和党性教育的生动教材，引导广大党员干部学习党的历史，深刻理解历史和人民选择中国共产党的历史必然性，进一步增强走中国特色社会主义道路、为党和人民事业不懈奋斗的自觉性和坚定性，永葆共产党人政治本色"。2018年6月，老挝人民革命党中央总书记、国家主席本扬·沃拉吉在参观纪念馆后欣然题词：“相信纪念馆必将为培养新时代中国特色社会主义事业建设者发挥重要作用。”

资源利用精准，场馆、展览、文创发展同频共振。毛泽东同志故居及其旧址群作为全国第一批重点文物保护单位，保护、修缮和展示系统科学、完备，充分展示了毛泽东成长的家庭环境、家教、家风，是到韶山革命纪念地必瞻仰的旧址。2020年，实施毛主席故居核心景区生态环境综合整治项目，对故居景区环境进行改造，开展水环境治理，完善旅游设施设备。同年，还完成韶山冲毛主席旧居修缮项目，对毛泽东同志故居等7个文物旧址本体进行合理有效的保护性修缮，科学合理地保护了旧址本体，保护了旧址环境风貌。在毛泽东同志故居旧址保护和展示的基础上，韶山毛泽东同志纪念馆始建于1964年，2008年中央“一号工程”增建毛泽东遗物馆（现韶山毛泽东同志纪念馆专题展区），形成毛泽东同志故居、韶山毛泽东同志纪念馆生平展区、韶山毛泽东同志纪念馆专题展区、毛氏宗祠、南岸私塾、毛鉴公祠、毛震公祠等旧址和纪念性场馆集于一体的参观展示群。

韶山毛泽东同志纪念馆基本陈列“中国出了个毛泽东”，专题陈列“风范长存——毛主席遗物展”先后获得“第十一届全国博物馆十大陈列展览精品奖”“全国博物馆十大陈列精品特别奖”“弘扬优秀传统文化、培育社会主义核心价值观”主题展览重点推介项目和“十三五”湖南省十大陈列展览精品奖荣誉。“中国出了个毛泽东”展先后在中国香港、中国西部战区、俄罗斯乌里扬诺夫斯克、中国澳门等地巡展。每年重要时间节点结合时政特点坚持推出1—2个临时展览。2021年“五一”劳动节前推出“恰是百年风华——庆祝中国共产党成立100周年成就展”，入选了中宣部、国家文物局联合推介“庆祝中国共产党成立100周年精品展览”。2023年，为进一步在展览展示宣传中落实习近平总书记最新重要指示、批示和中央最新重要会议决议精神，体现最新学术研究成果，启动韶山毛泽东同志纪念馆生平展区提质改陈工作，改陈过程中充实了最新征集的文物文献资料，如：毛泽东在第一师范读书时写生的佛手彩图，1944 年 9 月 8 日发表的《为人民服务》修改手稿。吸收了国内外最新展陈理念和展陈方式，从黑白影像展示到此次推出 1949 年"开国大典"彩色高清视频等，在展示过程中开辟、扩大研学专区，提升场景逼真体验度等做法，极大地增强了展示内容的政治性、思想性、时代性。

韶山文博文化发展有限公司以"文博产业也是宣传，打造伟人文化品牌，把毛主席纪念馆带回家"为宗旨，提供优质、高雅的文化服务，公司成立于 2008 年，研发、制作并发行了 103 个系列 7 400 样具有韶山革命纪念地文化性、代表性、品牌性的红色文创产品，成为宣传毛泽东同志纪念馆、宣传韶山、宣传伟人文化的新阵地。

二、创新宣传形式创立教育品牌情况

展厅讲解和党史课堂共同托举，做优阵地宣讲品牌。自 2013 年起，韶山毛泽东同志纪念馆开始创新讲解方式，在展厅内设置定时免费讲解、语音导览、不定期志愿讲解等，让观众根据个人需求接受教育。随着观众需求和内部发展需要，2018 年馆内宣传教育改革应运而生，展厅讲解以有组织、分批次、全免费、全覆盖模式进行改革，仅当年就为观众讲解 1.2 万余批次，年受众近 160 万人次。除了阵地讲解量的提升，是否有质的优化，观众在收听讲解的过程中的体验感如何，是否真的走进了观众的心中，这些因素直接影响着革命纪念地的宣传教育功能的发挥。为此，纪念馆充分发掘、挖掘文物背后的故事，讲解员力争人人成为党史专家，在讲解过程中注重党史故事与新时代现实的结合，注重讲解员讲授与观众提问、互动的结合，注重受众大众化讲解与特定群体针对性讲解相结合。优秀的讲解、优质的服务、优异的呈现，将广大观众对毛主席的崇敬之情转化为推动事业发展、在征程上踔厉奋发的动力，阵地宣讲品牌不断强化。重庆市大昌镇市场管理员在留言中写道："讲解员对我到毛主席纪念馆非常热情，讲得非常仔细清楚，他是学习了马列主义、毛泽东思想、邓小平理论、'三个代表'重要思想和科学发展观，学习了习近平新时代中国特色社会主义思想，不忘初心，我非常感谢。我要在习总书记带领的新长征路上继续前进、前进。"

在做好展厅阵地讲解、革命文物党史故事挖掘的同时，为进一步强化阵地宣讲品牌，自2021年起，纪念馆开始结合展厅文物和场景用好"党史大课堂"，打造专题党课，共计20余堂党史课程。在听授专题党课后，结合展厅重点文物解读，让观众沉浸式参观展厅，以脉络清晰、生动感人的党史课程进一步增强观众对党史知识和革命文物的了解。其中，纪念馆推出的专题党课"睹主席遗物、学伟人风范、做合格党员"在"全国文物保护利用优秀案例宣传推介活动"中获评"十佳案例"。据统计，2018年以来，韶山毛泽东同志纪念馆共计接待游客5 000余万人次，共开展阵地讲解5万余批次，并高标准接待了菲律宾前总统阿罗约、全国人大常委会原副委员长李铁映及中纪委、中组部专题调研组和博鳌亚洲论坛嘉宾等外宾与政要3 500余批次。

打造"韶山下的思政课"，做思政金课品牌。在中国共产党成立100周年之际，湖南省委派驻韶山革命纪念地管理机构湖南省韶山管理局与中央党史和文献研究院第二研究部联合主办，韶山毛泽东同志纪念馆承办的"韶山下的思政课"正式上线。迄今已经连续举办三季。"韶山下的思政课"研学实践活动通过邀请北京大学、清华大学等国内知名高校博士研究生来韶实地研学，用好革命纪念地文物旧址、展览、宣传讲解资源，以新视角设计符合青少年认知特点的思政教育课程，打造了60集的思政金课短视频，在学习强国等主流媒体平台上播放。2023年，湖南省韶山管理局与学习强国教育平台、北京大学、清华大学等共同举办探索革命纪念地思政教育新模式研讨会，学习强国教育平台还专门为思政课第三季短视频举行上线仪式。中宣部舆情研究中心的领导和专家表示，"韶山下的思政课"的推出，是革命纪念地开展思政教育、打造"大思政课"的又一次探索和创新实践，对教育引导广大党员干部特别是青年一代筑牢理想信念之基产生了积极的推动作用。2023年10月，由韶山毛泽东同志纪念馆和北京大学联合申报的"韶山下的思政课"成功入选国家文物局和教育部以革命文物为主题的"大思政课"优质资源十大示范项目名单。

"韶山下的思政课"基于新时代青少年认知与时代发展需要，对革命文物资源的创新利用，在合作模式、资源整合、实践形式和成果推广等方面进行全方位创新。第一，合作模式新。以往来韶山开展红色研学的主要是湖南省内的中小学生群体，而"韶山下的思政课"邀请了北京大学、清华大学等知名院校以及湖南部分中小学、主流媒体深度参与，首次实现了文物单位与政府单位、科研单位、教育单位和社会单位之间的多主体研学合作。第二，资源整合新。活动突破举办单位的局限，突破研学内容和地点的局限，对资源进行整合。由湖南省韶山管理局举全局之力，不仅整合了韶山的研究力量、教育资源和服务资源，包括毛泽东思想和青年毛泽东成长轨迹、人格、风范以及韶山乡土文化等方面的研究内容，并且突破韶山范围，大力支持研学博士以脚步丈量土地，读"无字之书"，到韶山以外的革命纪念地开展实地调研、研学。第三，实践形式新。坚持守正与创新相结合，充分发挥韶山爱国主义教育示范基地的作用；坚持历史与现实相结合，教育引导青少年"正确认识在这个新时代坚定在以习近平同志为核心的党中央领导下实现民族复兴的信念"；坚持思政教育总体目标与分层推进相统一，帮助青少年由倾听者转变为参与者。第四，落脚到成果推广新。为了让观众特别是广大青少年感受到革命文物的厚度，触摸到革命文物的温度，"韶山下的思政课"通过媒体矩阵、学习平台、视频公众号等进行全方位宣传推广，让文物说话、让历史发声，讲好党的故事、湖南革命的故事和韶山革命文物的故事。课程开展期间和结束后，课题组成员和研学博士共同努力，形成创新型研究课题和课题成果。研学活动中的思政金课"为人民服务——汇聚民族复兴的力量""在复兴路上永葆勤俭本色——从毛主席的补丁睡衣谈起""为中华民族伟大复兴而读书""复兴路上有牺牲——卫国强国 青春无悔""长征精神与民族复兴——汲取精神伟力 争当有为青年"等广泛应用在韶山红色研学、党史学习教育培训等实践中，发挥产教结合的优势，为韶山革命纪念地红色研学、党史学习教育、思政教育提供优质的课程资源。

推出"我的韶山行"红色研学，做强红色研学教育品牌。"革命博物馆、纪念馆、党史馆、烈士陵园等是党和国家红色基因库。"为进一步挖掘、利用好这座基因库，帮助青少年厚植爱国情怀，树立走中国特色社会主义道路的坚定决心和建设好伟大祖国的必胜信心，按照湖南省委工作部署，2023 年 3 月起，韶山毛泽东同志纪念馆强力推动"我的韶山行"红色研学活动的实施，迅即组建工作专班，制定活动实施方案，打造一批思政金课，制定并优化红色研学路线和研学手册，完善基础设施建设，强化了韶山毛泽东同志纪念馆作为"我的韶山行"红色研学宣传教育的主阵地作用。该活动自启动以来，到 2024 年 7 月上旬，已有192 批次 24 万余人参与其中。

以"我的韶山行"研学大课堂为红色品牌的青少年研学活动，基于对革命文物的深度挖掘、对党史知识的精准把握，改变以往学生研学只游不研、只看不思、只输入不输出等单一模式，充分根据青少年认知特点和成长规律，注重青少年在研学课程宣讲时的参与度，启发其思考，从而联系当下新时代之间，助力青少年独立个体的成长、厚植其爱国情怀。韶山毛泽东同志纪念馆还结合展厅研学需求，针对宣讲授课场地情况，专门开辟研学宣讲授课区域，不同主题的宣讲授课皆以文物藏品、场景复原等为载体，注重青少年观众的学习体验感，提升他们接受宣传教育过程中的参与度。以研学课程"复兴路上有牺牲——卫国强国 青春无悔"为例，课件以馆藏毛泽东主席珍藏的毛岸英同志遗物为载体，通过讲解员对毛岸英同志主动请缨参战，毛泽东主席在众人劝阻下毅然将长子送上战场，毛岸英同志牺牲在朝鲜战场，毛泽东主席在岸英牺牲后的令人动容的反应等，将伟大的抗美援朝精神，将毛泽东主席舍小家为大家所蕴含的爱国主义精神，将毛岸英同志作为国际主义战士所体现的忠于革命、甘于奉献、勇于牺牲精神，展现得淋漓尽致。湖南省岳云中学唐同学深情留言："提步入馆，我们看见的是毛主席不平凡的一生……毛主席的长子毛岸英于朝鲜英勇奋战，壮烈牺牲，书写了不惧困难，舍己为人的崇高精神。作为新时代新青年，我们既是时代的接班人和火炬手，也是为实现中华民族伟大复兴的中国梦而努力的奋斗者……"

"我的韶山行"红色研学活动宣传教育品牌的打造，旨在发挥为党育人、为国育才的重要作用；特色在于研学课程的打造依托纪念馆独有的革命文物资源；授课过程中，不仅侧重讲党的历史、毛主席的故事，更注重阐释新时代以来，习近平总书记带领中国人民取得的历史性成就。2023年获得中央政治局常委、国务院副总理丁薛祥同志的批示和肯定，被教育部作为典型经验在全国进行推广，形成红色研学的"韶山标准"。鉴于"我的韶山行"宣传教育在广大青少年成长过程中的强大赋能作用，为进一步扩大教育覆盖面，提升青少年参与度，自2024年春季学期起，逐步将每日参加研学活动的青少年学生从2023年的1 000人增加至4 000人。

塑造"韶山红色文化创意"名片，做大红色文创品牌。2016年11月，韶山毛泽东同志纪念馆被列为全国92家文创试点单位之一，韶山文博文化发展公司成立。党的十八大以来，国家对革命文物和博物馆文化创意产业的重视和激励达到新高度。革命文物和博物馆文化创意事业的发展让人们对博物馆有了全新的认知，其由小众走向普及。2021年5月，中共中央宣传部等9部委局联合印发《关于推进博物馆改革发展的指导意见》（文物博发〔2021〕16号）；2021年8月，文化和旅游部等8部委局联合印发《关于进一步推动文化文物单位文化创意产品开发的若干措施》（文旅资源发〔2021〕85号）。韶山毛泽东同志纪念馆依托馆藏资源和受众群体对红色文化的需求，精准研究受众喜好，开发出一系列红色文创产品，探索与实践在革命纪念地的发展中具有典型性、代表性。从无到有、从蹒跚学步到渐成规模，再到创新发展，历经15年的探索与实践，韶山馆打造出独具韶山地域、本馆特色，满足观众需求，推动革命纪念地文化创意事业发展的"韶山名片"。

以青春品牌"奋斗吧少年"系列文创产品为例，产品背景源于毛泽东同志奋斗的一生，奋斗贯穿于其革命生涯的每个细节。在学生年代他就展现出奋斗者的风采，曾在日记本里写道："与天奋斗，其乐无穷；与地奋斗，其乐无穷；与人奋斗，其乐无穷。"和平年代，他多次强调奋斗精神的重要，"为有牺牲多壮志，敢教日月换新天""共产党就是要奋斗"……

"奋斗吧少年"系列文创开发，首先对藏品、展览、文物旧址等资源进行系统梳理，从中寻找"奋斗少年"与青少年立志成才、思政教育的契合点。还通过深度分析和挖掘，主要对毛泽东青少年时期与奋斗、励志相关的文字记载、故事、语录等素材进行提取和解读，选取了包括编外私塾生、赞井明志、牛司令、半耕半读、走出乡关、弃学自修、游学先生、体育迷等8个流传甚广且具有代表性的毛泽东少年励志故事，以及毛泽东有关奋斗的名言警句，运用到文创的开发设计中。后期产品上架，突破单品思维，无论是品类规划，还是单款产品的规格、材质、工艺、包装等，尽可能地让产品多元化。与此同时，为增强"奋斗吧少年"品牌辨识度，突出品牌文化内涵，韶山毛泽东同志纪念馆对"奋斗少年"logo进行精心设计，将钟表和拳头的元素融入其中，钟表寓意分秒必争，拳头寓意积极进取、迎难而上的精神。产品一经推出，不仅实现了很好的社会效益，而且产生了较好的经济效益，深受消费者特别是青少年观众的喜爱。

"奋斗吧少年""她在丛中笑""恰是百年风华""一切为了人民"等多个系列文创产品的推出，做大做强了韶山毛泽东同志纪念馆文创品牌，宣传了韶山革命纪念地的革命文化，打造出一张红色文化创意"韶山名片"。

三、塑造宣传教育品牌对革命纪念地高质量发展的时代意义

韶山革命纪念地宣传教育品牌的发展是新时代文化繁荣的成果。习近平文化思想在理论上的创新，为新时代革命纪念事业的发展提供了强大思想武器和科学行动指南。文化是一个国家和民族独特性的本质彰显，韶山革命纪念地所蕴含的文化内核，如何通过合理的方式进行挖掘和宣传一直是革命纪念地在探索和实践的。进入新时代，通过教育品牌的塑造整合韶山革命纪念地革命旧址、展览、文物藏品、创意设计等优势资源，并以党课、思政课、研学课、文化创意产品等形式呈现和展示，无疑是对新时代文化繁荣的有益探索。

韶山革命纪念地资源的保护、利用、开发历经长时间的发展，形成较为稳定的宣传教育模式。革命旧址的有效保护为宣传教育品牌的塑造提供了坚实基础，历次旧址修缮遵循"尊重历史、修旧如旧"的原则，

按照"精致、精美、崇高"质量效果要求，达成"以人为本，方便利用"的教育效果目标，为革命纪念地文物利用、教育效果延伸打下了坚实基础。文物本体及环境风貌的良好保护，夯实了革命文化载体，提升了来韶游客体验。在习近平新时代中国特色社会主义思想和二十大精神的指引下，如何进一步深入挖掘韶山革命纪念地资源内核，彰显红色文化内涵，突出政治性、教育性和公益性，着力打造韶山经典红色文化名片，推动宣传教育事业高质量发展是时代赋予我们的实践课题。

宣传教育品牌的创立是韶山革命纪念地将革命精神融入中国式现代化建设的生动实践。在韶山革命纪念地的高质量发展过程中，韶山毛泽东同志纪念馆的阵地讲解充分诠释了根据资源特性进行挖掘的科学方法，在优秀传统的基础上不断完善。讲解品牌的塑造跳出展厅讲展厅，不仅讲解展板内容、挖掘背后故事，更注重结合新时代发展需求进行宣传。以讲解员挖掘展厅文物背后的故事为例，围绕讲好毛主席一件睡衣打满73个补丁的故事，同时结合中央八项规定，引用习近平总书记"不论我们国家发展到什么水平，不论人民生活改善到什么地步，艰苦奋斗、勤俭节约的思想永远不能丢！"这一重要论述，深刻阐释了共产党人继承和发扬艰苦朴素、勤俭节约优良传统的重要意义，让观众特别是青少年观众深刻体会"一丝一缕当思来之不易"。

广大青少年是中国式现代化建设的生力军，怎样培养好这一群体，根本在于将蕴藏在革命文物中的精神力量传导出来，将这份力量转换为根植于心的信仰和实实在在的行动。党的二十大报告提出，"全党要把青年工作作为战略性工作来抓"，"弘扬以伟大建党精神为源头的中国共产党人精神谱系，用好红色资源"，"着力培养担当民族复兴大任的时代新人"。"韶山下的思政课"在课程设置、资源整合等方面注重引育并举、启智润心。在实践中讲历史，用文物资料讲党史、新中国史、改革开放史，进而用脚步丈量革命热土。在宣传中摒弃干巴巴的说教，用亲身体验来结合现实，在保持好奇和努力探索的研学中坚定前行、关注社会、关注时代，充分发挥主人翁意识、提升时代新人的责任感、使命感。

宣传教育品牌的推广是对中华优秀传统文化的传承和创新发展。习近平总书记指出:"马克思主义传入中国后,科学社会主义的主张受到中国人民热烈欢迎,并最终扎根中国大地、开花结果,决不是偶然的,而是同我国传承了几千年的优秀历史文化和广大人民日用而不觉的价值观念融通的。"中华优秀传统文化作为精神元素不仅影响着马克思主义在中国的传播,也在马克思主义中国化的过程中始终发挥着潜移默化的重要作用。我们要用马克思主义激活中华优秀传统文化中富有生命力的优秀因子加以传播利用。一直以来,韶山革命纪念地特别是韶山毛泽东同志纪念馆对革命文物的修护制度完善、举措得力、展示完备、宣传得当。进入新时代文物工作"保护为主、抢救第一、合理利用、加强管理"方针的出台,进一步强化了对文物的利用和管理。

创新,创的是新话语、新机制、新形式,要在马克思主义指导下真正做到辩证取舍、推陈出新。韶山革命纪念地正是在现有资源的特点特色的基础上实现保护与开发、传统与现代、规范与生动的有机衔接,从而彰显出为宣传教育品牌守正创新的正气和锐气,赓续革命文物所传承的文脉,谱写教育品牌赋能文化建设的当代华章。在习近平文化思想的指导下,"韶山下的思政课"这一党史宣传和思政教育新品牌,开创党史学习教育、青少年思政教育常态化长效化的"韶山模式",将蕴藏在革命文物中的传统文化精华充分挖掘,激励广大青少年、研究人员用脚步丈量大地,用双手接触劳动实践,用心感悟文物背后的故事,进一步强化青年的奋斗精神。以"奋斗少年"系列品牌文创产品的推出为例,带有青少年毛泽东故事等主题鲜明的产品,让青少年在轻松愉快的互动中走近奋斗的毛泽东。

党的十八大以来,韶山毛泽东同志纪念馆以文化品牌动人,旨在让革命纪念地资源在品牌塑造中使受众心动、感动;在品牌宣传和发展过程中使革命纪念地资源实现优势转化,在探索和实践中助推革命纪念地高质量发展。

(张旭,韶山毛泽东同志纪念馆副研究馆员)

陈云精神融入大中小学思政课
一体化的价值与路径研究

郭金雨

习近平总书记指出："要把统筹推进大中小学思政课一体化建设作为一项重要工程，推动思政课建设内涵式发展。"[1]陈云同志作为以毛泽东同志为核心的党的第一代中央领导集体和以邓小平同志为核心的党的第二代中央领导集体的重要成员，为党和人民事业发展作出重大贡献。2015年6月12日，习近平总书记在陈云同志诞辰110周年纪念座谈会上指出："在长达70年的革命生涯中，陈云同志为新中国的建立、为社会主义基本经济制度和政治制度的确立、为改革开放和社会主义现代化建设建立的功勋，党和人民将永远铭记。""在20世纪中国苦难而辉煌的历史进程中，涌现出一大批用特殊材料制成的优秀共产党人。陈云同志身上表现出来的坚定理想信念、坚强党性原则、求真务实作风、朴素公仆情怀、勤奋学习精神，永远值得我们学习。"[2]

陈云同志身上表现出来的五种精神（以下简称陈云精神）不仅是中国共产党人精神谱系的重要组成部分、中华民族永恒的精神记忆，更是思政课教学历久弥新的宝贵资源。深入研究陈云精神，挖掘思政育人元

---

[1]《统筹推进大中小学一体化　推动思政课建设内涵式发展》，《中国高等教育》2019年第6期。

[2] 习近平：《在陈云同志诞辰110周年座谈会上的讲话》，《人民日报》2015年6月13日。

素,将陈云精神融入大中小学思政课中,不仅可以更好地展现陈云同志的生平业绩、思想理论和精神风范,还可以引导学生向老一辈无产阶级革命家学习,发扬革命精神和唯实精神,树立正确的世界观,充分发挥陈云精神的时代育人价值,为大中小学思政课一体化建设的发展注入新活力。

一、陈云精神与大中小学思政课一体化建设契合分析

(一)陈云精神高度契合思政课教学内容一体化的价值理念和诉求

在河南等地考察时,习近平总书记多次强调,要"用好红色资源,传承好红色基因"。2019 年 8 月,中共中央办公厅、国务院办公厅印发《关于深化新时代学校思想政治理论课改革创新的若干意见》表明新时代思政课的价值理念和价值诉求,强调在思政课中,应该加强学生对马克思主义政党的了解,引导学生成为具有民族担当的人。《意见》指出,"教育是国之大计、党之大计,承担着立德树人的根本任务",要"努力培养担当民族复兴大任的时代新人,培养德智体美劳全面发展的社会主义建设者和接班人"。[1]

1919 年,在五四运动中,年仅 15 岁、作为高等小学 3 年级学生的陈云积极参加家乡青浦练塘罢课、演剧等。在商务印书馆期间,五卅运动爆发,陈云和工友一起参加罢市和游行,参与募捐办报、义卖《公理日报》等。1925 年,仅 20 岁的陈云积极投身商务印书馆罢工,深得工友信赖,先后被推选为发行所职工会委员长和联合罢工执行委员会委员长,还参与过上海工人三次武装起义。在此期间,陈云早先相信北洋军阀吴佩孚,后相信国家主义,再相信孙中山的三民主义,最后于 1925 年八九月间,加入中国共产党,成为共产主义者。陈云早年的求学、求职以及入党经历对于新时代学生早日树立正确的理想信念、价值理念等

---

[1]《关于深化新时代学校思想政治理论课改革创新的若干意见》,《中国电力教育》2019 年第 8 期。

具有重要的借鉴意义。

20世纪30年代初，陈云开始担任党中央的领导工作，经历了我们党领导人民进行革命、建设、改革的各个历史时期，参与了党中央在不同历史时期一系列重大决策的制定和实施，在党和人民事业发展的许多关键时刻发挥了十分重要的作用。深入学习陈云同志生平业绩，包括陈云与遵义会议、陈云与中共七大、陈云与十一届三中全会等党史内容，能更好地帮助学生加深对马克思主义政党的了解，熟悉中国共产党的发展历程，深入理解中国共产党的性质和宗旨，懂得"中国共产党为什么能"的道理，成为对党、国家、社会有用之人。

同时，陈云身上集中体现了党的领导人的精神风采和人格魅力，集中体现了党的优良传统和作风，集中体现了社会主义核心价值观和中华民族优秀文化的精华。其"五种精神"与思政课建设具有共同的理论基础——马克思主义，一致的情感基础——家国情怀以及共同的育人价值——"立德树人"。因此，其高度符合思政课教学内容一体化的价值理念和诉求。

（二）陈云精神高度符合大中小学思政课教学内容一体化的实践维度

教学内容一体化的价值理念和诉求就是要培育让党放心、爱国奉献、堪当民族复兴重任的时代新人，这与思政课立德树人的教学目标一致。思政课根据学生人群不同，教学的特点和要求不同。同样，教学内容一体化的实践理路也应遵循学生的认知特点，结合陈云生平业绩及五种精神，根据不同的年级选取合适的教学内容，并且选择恰当的教学形式，实现教学育人的目标。

习近平总书记指出："'大思政课'我们要善用之，一定要跟现实结合起来。上思政课不能拿着文件宣读，没有生命、干巴巴的。"[1]这一重要指示，为思政课利用红色文化资源指明了方向。陈云纪念馆拥有丰富的陈云同志生平事迹图文资料、口述史资料以及馆藏文物，为思政课

---

[1]《大思政课，总书记心中的一件大事》，《人民日报》2022年5月22日。

跟现实结合提供了可能性。思政课可突破传统的课堂教学方法，转换思维，运用多种教学手段将相关文物、陈云手稿等红色教学资源融入教学内容，比如实地参观陈云纪念馆、文物馆、陈云故居，举办各类仪式教育，体验红色研学路线，参与情景党课、网上漫游数字陈云馆等，讲好、讲"活"思政课，让学生在陈云精神的熏陶下逐渐成长为合格的社会主义接班人。

（三）陈云精神高度符合上海大中小学思政课教学内容一体化的时代之需

教育部简报 2023 年第 60 期刊登《上海市突出"四抓"推进大中小学思政课一体化建设》一文。要求"高度重视大中小学思政课一体化建设工作，将其纳入教育部——上海市全面深化教育综合改革框架体系……坚持'一盘棋'统筹推进"，"成立大中小学思政课一体化建设指导委员会，市教委工作党委、市教委主要负责同志担任主任……开展好'用好红色资源赓续精神血脉'等教学展示……组织开展'百物进百校，百讲证百年'活动，将中共一大纪念馆等教育资源引入课堂，推出'馆长说'系列课程，将理论课堂与实景呈现有机结合，进一步提升课堂教学效果"。[1]从中可以看出，上海市对大中小学思政课一体化建设的重视，以及红色资源在思政课一体化中的重要地位。

上海是党的诞生地、初心始发地，也是伟大建党精神的孕育地。陈云作为从上海走出去的党的领导人，与上海有着不解之缘，在上海留下了许多历史足迹和精彩瞬间，为上海党组织发展乃至党的发展壮大作出了重要贡献。为此，把陈云精神融入大中小学思政课教学内容一体化，对学生更好地了解上海这座城市的历史印记与城市记忆，进一步增进对党史的了解具有重要的意义，十分符合上海大中小学思政课教学内容一体化的时代要求。

---

[1]《上海市突出"四抓"推进大中小学思政课一体化建设》，中华人民共和国教育部，2023 年 12 月 20 日，http://www.moe.gov.cn/jyb_sjzl/s3165/202312/t20231220_1095505.html。

二、陈云精神融入大中小学思政课一体化建设的路径探索

自 2015 年陈云同志诞辰 110 周年以来，陈云纪念馆积极与大中小学互动，推动陈云"五种精神"的宣讲。但内容比较单一，主要是送展到高校，配合展览课堂讲授陈云精神党课，中小学生主要是仪式教育、文物进校园、曲艺表演以及关于陈云的介绍等。可以说，陈云精神还未深度融入大中小学思政课，各学段缺乏一体性、整体性，教学要素也比较脱节，教学内容未成体系。

陈云精神是红色资源的重要组成部分，是思政课一体化的重要资源，将其利用好，融入大中小学思政课一体化建设，对丰富思政课教学的鲜活素材，提高思政课教学实际效果具有重要的作用。

（一）挖掘陈云精神内涵，融入思政课"一体化"基地

挖掘陈云精神丰富内涵，明确陈云精神的教学内容，是陈云精神融入大中小学思政课一体化建设的首要环节。研究陈云的思想是从 1980 年 11 月《陈云同志文稿选编（1956—1962 年）》发行后，逐步拓展开的。40 余年来，专家学者对陈云的经济思想、党建思想、哲学思想等几个主要领域研究深刻透彻，对陈云有关资本主义工商业改造的思想，有关知识分子地位和作用的思想，文艺和文化方面的思想以及陈云的生平业绩等有丰富论述，陈云精神的内涵挖掘得比较充分。

但大中小学生成长规律和认知特征不同，因材施教，就要设计不同的教学目标和与之相匹配的教学内容，也就是要对陈云精神内涵进行系统设计，以免出现教学内容交叉重叠或者教学目标过于笼统、大而化之的现象。在大中小学思政课一体化建设中，要系统设计大中小学思政课教学内容，小学阶段侧重启蒙道德情感，初中阶段侧重打牢思想基础，高中阶段侧重提升政治素养，大学阶段则要增强使命担当。这样可以更好推动学段衔接、相互配合、内外协调。本文认为教学可设计成"给小学生讲陈云爷爷勤俭节约、勤奋学习等故事——给初中学生讲陈云生平事迹——给高中生讲陈云精神内涵——给大学生讲陈云思想理论、精神风范"这种螺旋上升的体系，以支撑"启蒙道德情感——思想基础——

政治素养——使命担当"的思政课价值诉求，实现循序渐进的教学效果。

同理，作为教学内容承载主体、教学活动重要基础的教材，也应按照不同学段有序衔接的方式和依次递进的原则进行编写和出版。早在2020年，中宣部、教育部制定的《新时代学校思想政治理论课改革创新实施方案》就明确指出，在思政课一体化建设过程中要加强教材研究，构建立体化教材体系。比如小学阶段，可以编制陈云童年勤奋学习的故事教材；初中阶段，编制涵盖陈云同志70年革命生涯经历的教材，如陈云在长征途中为什么突然"消失"，如何处理顾顺章叛变等，了解陈云伟大光辉的一生；高中阶段，结合陈云对新时期纪检工作恢复和发展的贡献，陈云如何关心知识分子等具体内容编写《陈云五种精神读本》，以更好地理解陈云五种精神，提升政治素养；大学阶段，编写身边工作人员关于陈云的"回忆录"以及"陈云与党建""陈云与中国共产党"等教材，坚定大学生理想信念，传承红色基因，赓续红色血脉。同时，健全一体化教材沟通机制，大中小学思政课教师每年召开一次专题会议，加强教材的科学性、权威性、针对性。

（二）整合优化教学方法，打造思政课"一体化"阵地

教学方法是提高思政课教学成效的关键所在，学生学习思政课教学内容的成效与教学方法的针对性和有效性息息相关，同时也事关教学目标的达成。[1]传统灌输式已经不能满足新时代学生的需要。为了更好地呈现教学效果和实现教学目标，注重思政课教学中的实践教学元素，整合优化思政课教学方式方法，显得至关重要。

《上海市突出"四抓"推进大中小学思政课一体化建设》强调，要"优化课程设计"，对思政课教学方法改革创新，"采取信息技术、多媒体技术等手段，探索案例式、探究式、启发式、互动式等教学方法，进一步增强课堂教学实效，打动心灵、感动学生"。[2]小学阶段教学要注

---

[1] 张帆、邵献平：《大中小学思政课一体化建设略探》，《学校党建与思想教育》2023年第2期。

[2] 《上海市突出"四抓"推进大中小学思政课一体化建设》，中华人民共和国教育部，2023年12月20日，http://www.moe.gov.cn/jyb_sjzl/s3165/202312/t20231220_1095505.html。

重趣味性、生活性与基础性相结合，选用贴合小学生生活的事例进行教学，配以参观陈云故居、陈云文物进校园、评弹艺术鉴赏体验等活动，有助于他们更好地了解陈云同志的童年生活、爱好与勤奋学习的精神，积极引导小学生向陈云等老一辈无产阶级革命家学习，培养道德情感。中学阶段，要注重讲授与演绎相结合，强化理论认知与实践认同。从中学生的知识基础与理解能力出发，在课堂上细致讲授陈云精神的内涵和时代价值时，借助多媒体，充分利用网络资源，以图文音频等学生感兴趣的手段，采取启发式的教学方法，引导学生主动思考。比如利用有关抗美援朝的电视剧、纪录片的片段，让学生熟悉抗美援朝战争的前因后果，了解陈云制定"国防第一，稳定市场第二，其他第三"[1]财经工作方针的背景与意义。同时，组织赴陈云纪念馆举办仪式教育，参观学习陈云生平业绩展，结合主题党团课、主题班会或者"进馆有益"上海中学生优秀微论文征集活动，交流或者撰写个人心得体会。大学阶段则多开设"行走党课"，注重价值引导与行为选择，侧重于实践教学方法和学生的自主探究的方法。思政课教师可以列出几个提纲主题，让学生自主进行文献书籍查阅，甚至要求他们根据主题准备微党课并上台讲授。学生不仅可以在自主查询资料时更深入了解陈云精神，将对陈云精神的感性认识上升为理性认识，勇做新时代新人，还可以提升演讲能力等自身综合素质。也可以采用案例分析法吸引学生关注，再采用分组讨论法，派代表论述观点看法，最后教师总结升华，提高思想高度。同时，结合该学段学生特点，可组织大学生赴陈云纪念馆开展实践研修，撰写学习实践报告，在实践教学中让陈云精神入心入脑，激发大学生对陈云精神的共鸣，把老一辈革命家开创的伟大事业继续推向前进。同时，积极鼓励大学生将学习与实践成果制作成短视频，分享个人学习成果。

（三）聚焦师资队伍建设，拓宽思政课"一体化"高地

习近平总书记强调，"强教必先强师。要把加强教师队伍建设作为

---

[1]《陈云传》（上），中央文献出版社 2005 年版，第 729 页。

建设教育强国最终的基础工作来抓"。[1]思政课教师是大中小学思政课教学内容一体化建设的直接参与者和实施者。目前，全国大中小学中研究陈云精神的教师基本集中在大学，而且数量不算多，这就为陈云精神融入大中小学思政课增加了难度。推动陈云精神融入大中小学思政课教学内容一体化，打造一支职业素养高、业务能力强、个人情怀深的思政课教师队伍是十分必要的。

一是加强思政课教师对陈云精神的了解学习。陈云纪念馆作为全国唯一系统展示陈云生平业绩的纪念馆，馆藏4万余件陈云文物，且一直保持在陈云研究的第一线，开发出"陈云与中国共产党""陈云与党风廉政建设""陈云精神风范解读""陈云爷爷青少年的故事"等党课，应当积极与各校思政课教师队伍沟通，担负起培训工作，甚至作为校外教师参加到思政课教学中。比如通过线上与线下相结合的培训方式，举办以陈云精神为专题的培训，强化思政课教师对陈云生平业绩、思想理论以及精神风范的了解和把握，激发思政课教师学习陈云同志相关业绩和精神的兴趣，提升思政课教师的理论素养。二是常态化开展思政课教师的共同备课制度。如何提升一门课程的深度、高度、广度，避免各学段教学内容出现重复或者"断裂"的现象，建立思政课教师集体备课制度是十分必要的。每学期要开展大中小学思政课代表教师集体备课制度，各校要开展全体思政课教师的集体备课活动，做到"集中研讨提问题、集中备课提质量、集中培训提素质"。同时，搭建不同学段思政课教师沟通交流平台，设立陈云精神相关研究课题，思政课教师都可以参与其中，或者与陈云纪念馆研究人员以及其他单位陈云研究专家合作做课题，实现陈云精神相关教学资源共享共建，推动大中小学思政课的教学内容更为有序合理发展，进一步提升思政课教学内容一体化建设。三是提高思政课教师的积极性。习近平总书记强调，"办好思想政治理论课关键在教师，关键在发挥教师的积极性、主动性、创造性"。[2]要积极

[1] 郑敬斌、李佳乐：《大中小学思政课教学内容一体化建设探析》，《现代教育》2021年第9期。

[2] 徐成芳、孙苓：《办好思想政治理论课关键在教师》，《光明日报》2019年3月27日。

鼓励思政课教师发挥主观能动性，明确责任担当，鼓励其主动顺应教育教学的新变化、新发展，及时根据党的创新理论精神以及时代热点，搜集新鲜资料，探索陈云精神在新时代的价值和内涵，以更新教学内容、教学理念，为思政课教学积累丰富的素材及深厚的理论基础。

三、结语

陈云精神不仅为思政课教学内容一体化提供了更丰富的内容，而且支撑着思政课价值诉求从道德情感的培养，到思想基础及政治素养的稳固和提升，再到使命担当意识的增强的实现。将陈云精神融入大中小学思政课一体化建设，并将其纳入思政课常态化教学内容，既是新时代纪念馆宣传、弘扬陈云精神的重要任务，也是学校立德树人、培养新时代社会主义建设者和接班人的内在要求。

（郭金雨，陈云纪念馆副研究馆员）

"大思政"视域下名人故居
纪念馆育人功能的实现路径

赵嫣然　赵菊梅

2021 年，习近平总书记对"大思政"作出重要论述，强调"思政课不仅应该在课堂上讲，也应该在社会生活中来讲"，"'大思政课'我们要善用之，一定要跟现实结合起来"。2022 年 7 月，由教育部等十部门联合印发的《全面推进"大思政课"建设的工作方案》指出，要坚持开门办思政课，充分调动全社会的力量和资源，建设"大课堂"、搭建"大平台"、建好"大师资"。

习近平关于"大思政"的重要论述和《全面推进"大思政课"建设的工作方案》的发布，对新时代思政课建设提出了明确要求，为学校履行立德树人的使命提供了重要遵循，也为名人故居纪念馆实现其承担的时代责任、充分发挥其育人功能指明了方向，提供了行动指引。名人故居纪念馆作为名人成长的记录和文化创造的见证物，作为民族精神和民族文化优秀代表的物质载体，其得天独厚的历史资源优势以及它始终伴随着民族精神的推进与文化创新性发展旋律，更能通过自身的实践在大思政教育中发挥特殊的作用。

一、名人故居教育资源融入大思政教育的可能性

不同的教育资源能够发挥不同的教育作用，名人故居纪念馆拥有的教育资源具有自身的特征。这种特征决定了名人故居纪念馆在大思政教

育中能够发挥传递社会正能量的特殊作用。

（一）名人故居纪念馆的教育资源与大思政教育目的同向而行

思政课作为学校教育落实立德树人根本任务的关键课程，其目的及要求主要包括培养学生形成正确的价值观、思想品质和道德标准，激发学生的创新精神和实践能力，提高政治觉悟，以及培养学生的责任感、使命感。通过思政课的学习，青年学子才能成为德、智、体全面发展的社会主义建设者和接班人，更好为国家的发展和社会的进步作出贡献。而名人故居纪念馆的教育资源与大思政教育的目的可谓同向而行、相辅相成。

20世纪是中国历经沧桑，发生翻天覆地巨大变革的一个世纪。由于名人的存在，现代中国的历史更加丰富多彩。他们身上凝聚了中华民族的智慧结晶，勤劳善良、坚韧不拔、聪明睿智的共性以及鲜明的个性，让他们在自己的领域，创造了一个又一个的辉煌成果，给人类留下了无穷的精神财富。例如我们熟知的对外开放的20世纪名人故居纪念馆有：湖南韶山的毛泽东故居，天津的周恩来、邓颖超故居，四川广安的邓小平故居，广东中山市翠亨村的孙中山故居，北京的宋庆龄故居、郭沫若故居、鲁迅故居、茅盾故居、老舍故居、梅兰芳故居等等。这些名人是民族精神、民族文化的优秀代表。

在我国，有大量的已开放的名人故居纪念馆被各级政府、有关部门列为爱国主义教育基地。名人在他们成功的道路上留下的奋斗足迹，对于不同年龄、不同职业、不同文化层次的观众都有一定的教育和启发意义。他们表现出的民族情感和爱国牺牲精神，为追求真理而不懈努力的高尚品格和情操，正是开展爱国主义教育，增强民族凝聚力的宝贵教材。[1]思政课教学将名人故居纪念馆的教育资源融入其中，以名人的精神和品质为引领，培养学生良好的人格和健康的思想，在潜移默化中教育青少年传承红色血脉、赓续红色基因，从而坚定为美好事业而奋斗的决心和信心，这可谓学校和名人故居纪念馆共同的任务与目标。

---

[1] 李耀申：《略论名人故居》，《中国博物馆》1999年第1期。

（二）名人故居纪念馆的教育资源与大思政教育功能相互补充

名人故居纪念馆保存和收集了大量与名人有关的珍贵文物，是我们民族的精神财富和文化遗产。名人住过的房屋和保留下来的物品，可以使观众睹物思情，帮助观众进入故居主人所处的社会环境和他们的精神世界。这些数不清的 20 世纪历史名人，虽然处于不同领域，他们的业绩、思想、风格、情怀各有不同，但他们共同代表了一个时代的先进思想、先进文化和民族风范，他们的追求是中华民族的崛起和繁荣，他们的爱国情怀、理想追求、价值取向影响了一代又一代人。

2019 年 3 月 18 日，习近平在学校思想政治理论课教师座谈会上强调，"让思政课成为一门有温度的课"，"上思政课不能拿着文件宣读，没有生命、干巴巴的"。温暖鲜活、可亲可信是思政课应有的样子。名人故居纪念馆保存和收集的大量与名人有关的珍贵文物，是我们民族的精神财富和文化遗产，也是思政课教学联系实际、更加生动的教育资源。名人故居纪念馆的宣传教育作用是其他教育机构难以替代的。思政课教学应该依据学生的需求，充分利用名人故居的文物资源，发挥思政课立德树人的主阵地作用，用先进的政治思想和教育理念培养学生的爱国主义精神，更好地引导学生自觉反对历史虚无主义，对照和回顾历史，正确对待今天所面临的问题和挑战。这也是学校和名人故居纪念馆资源优势互补，推动各自事业高质量发展的途径之一。

二、名人故居纪念馆教育资源融入大思政教育的必要性

2024 年 3 月 5 日，习近平在参加十四届全国人大十二次会议江苏代表团讨论时强调，"要把博物馆事业搞好。博物馆建设要更完善、更成体系，同时发挥好博物馆的教育功能"。一座博物馆，就是一所大学校。随着博物馆教育在公共教育中扮演的角色越来越重要，将名人故居纪念馆教育资源融入大思政教育，是一种必然的趋势。

（一）能够实现名人故居纪念馆所承担的时代责任

众所周知，我国的博物馆一直是使命型的博物馆。由中国人自己创办的第一所博物馆——南通博物苑，就是为"开发民智、救亡图存"和

改造社会的历史使命而诞生的。直到今天，我国的博物馆教育都是紧密结合并服务于我国社会改革与发展的。2007 年，国际博协在博物馆新定义中将公共教育置于博物馆各项业务工作的首要和共同目的，也反映出近年来国际博物馆界对博物馆社会责任的强调以及对博物馆社会效益的关注。[1]2022 年 8 月，国际博协新修改的博物馆定义，仍然指出博物馆要"以符合道德且专业的方式进行运营和交流，并在社区的参与下，为教育、欣赏、深思和知识共享提供多种体验"。[2]由此可见，在新的时代条件下，从社会需求出发、为社会的变革与发展服务已成为博物馆教育最具前瞻性和指导性的目标之一。名人故居纪念馆的发展目标在于通过深入挖掘名人文化资源，全面展示名人历史成就，深入落实《关于实施中华优秀传统文化传承发展工程的意见》等文件要求，加强对名人文化的研究阐释、教育普及和传承弘扬。在弘扬中华优秀传统文化、革命文化和社会主义先进文化中构建公共文化服务体系，推动中国特色社会主义文化繁荣发展，服务人民美好生活，增强文化自信。由此可见，名人故居纪念馆作为我国博物馆的一个重要组成部分，也同样承担着参与社会变革和发展的神圣使命。

当今中国的社会，正处于大变革、大转型的时代，许多不同的价值观念和生活方式不断影响人们，特别是青少年的理想信念、思想行为和道德准则等精神层面，使他们的价值取向和审美心理都在发生着变化。文化娱乐化、历史虚无化、语言失范化、艺术消费化等种种不良的文化生活方式正在消解着人们对于优秀传统文化的理解和继承。[3]当前，用"正能量"纠正社会弊端，用"正能量"面对新情况、新问题，解决新矛盾，是重构道德体系的需要，也是社会和谐文明进步的需要。当此之时，名人故居纪念馆——这类富集社会发展所需"正能量"的专门机

［1］ 宋向光：《国际博协"博物馆"定义调整的解读》，《中国文物报》2009 年 3 月 20 日。

［2］ 陆亦瑭：《博物馆新定义：愿景与挑战》，《艺术当代》2022 年第 4 期。

［3］ 刘玲：《统战视域下的北京名人故居保护与发展研究》，《北京教育（高教）》2020 年第 4 期。

构，更应该与各级各类学校联合起来，将其得天独厚的文化资源融入"大思政课"，开展广泛深入的社会主义核心价值观教育，使名人身上具有的这种能够推动社会进步的"正能量"代代相传，发挥作用，引导广大学子形成正确的价值判断标准和行为取向，从而推进社会的变革与发展。

（二）能够激发学生学习兴趣，提高思政教学实效

思政课作为学校教育中的重要组成部分，其意义和价值在于提高学生的思想政治素养、塑造良好的价值观念、引导学生树立正确的世界观和人生观。继续着力构建"大思政"格局，是各级各类思想政治课程理论与实践创新的必然要求。思政课作为方向课、价值课，其理论性强、知识点多，这是思政课不好讲、难讲好的原因之一。教学时，如果能将著名的革命英雄人物、与名人相关的重要历史事件等合理地融入其中，使其成为思政课不可或缺的教学资源，无疑能够更好地帮助学生理解和掌握思政课内容，促进理论与实践相结合，从而避免理论讲授与实践教学相脱节的情况，实现思政课学理性和现实性相统一。

同时，名人是浓缩的历史，是时代精神的集中体现。名人作为时代的楷模，他们的思想和品质是引领时代的精神向导，对青年学子有着重要的教育意义。一般来讲，凡是值得设立纪念馆进行纪念的人物都是社会各个领域的楷模。而楷模是和进步的事业联系着的，他们在一定的社会中得到了很高的评价，作出了很大的贡献，拥有一定的社会地位，代表了社会前进的方向。[1]因此，名人故居纪念馆所纪念的人物所反映的精神大多具有公众需要的现实意义和教育价值。思政课教学的情感目标是引导大学生坚定"四个自信"，做到"两个维护"，自觉拥护党的领导，立志成为社会主义建设者和接班人。将名人故居纪念馆独特的教育资源融入思政课，将其作为思政教学的辅助材料，有利于增强学生的家国情怀、责任意识和使命担当，从而提高思政教学的实效。

---

[1] 苏东海：《人物纪念馆的基本特征是什么》，《中国博物馆》2002年第1期。

三、名人故居资源融入大思政教育的方法与路径

（一）整合优化资源，赋能名人故居纪念馆的育人素材

陈列展览是博物馆最基本的宣传教育方式。创新形式，做到人无我有，人有我新，高质量地打造独具特色的陈列展览，使展览通过人物的精神感召力来达到教化的效果，是发挥名人故居纪念馆教育作用的主要手段。一般来讲，名人故居纪念馆的陈列展览会采用复原陈列和主题展览相互协调、相互呼应的基本陈列形式。但是，名人故居纪念馆仅有这些基本的陈列展览是远远不够的，要更好地发挥名人故居纪念馆在传递社会"正能量"方面的独特作用，还需要我们紧扣社会主题和公众需求，不断创新形式，通过引进展览、合作办展等多种模式，增强名人故居纪念馆的吸引力和活力，为名人故居纪念馆的育人素材"加油""赋能"。

在这方面，"'8＋'名人故居纪念馆联盟"自 2000 年以来，利用各馆优势、整合资源，面向社会、面向基层，每年均以联盟的形式结合时事热点推出相应的主题展览，提供了较为成功的范例。如 2009 年，北京鲁迅博物馆、李大钊故居、宋庆龄故居、郭沫若纪念馆、老舍纪念馆、茅盾故居、梅兰芳纪念馆、徐悲鸿纪念馆联合举办了主题为"文化名人与新中国"的展览，集中展示了 8 位名人为新中国成立作出的特殊成就，昭示出他们是中华民族文化承前启后的秉烛人，是中华民族永远的骄傲；[1] 2012 年举办了以"为中华民族崛起——文化名人的爱国情怀"为主题的展览，充分展现了八位文化名人身上所体现的爱国主义精神及其为中华民族文化传承作出的卓越贡献；[2] 2013 年，这 8 家名人故居纪念馆又联合在"5·18 国际博物馆日"期间推出了主题为"20 世纪文化名人的中国梦"的系列文化活动，全面展示了 8 位文化名人在文化创新上的成就以及他们的爱国主义精神、改革创新精神和实干

[1] 陈朝霞：《"文化名人与新中国"再现历史》，《宁波日报》2009 年 9 月 11 日。
[2] 周胜涛、张宏兵：《北京八大名人故居展览江苏泰州首次巡展》，中国旅游新闻网，2012 年 5 月 23 日。

兴邦精神。[1]随着"'8＋'名人故居纪念馆联盟"影响力的增加，有着 23 年合作基础的 19 家名人故居纪念馆在 2023 年"5·18 国际博物馆日"之际共同举办了主题为"为了美好——文化名人的求索之路"的展览，集中展示了"20 世纪伟大女性"宋庆龄、中国共产党的主要创始人之一李大钊、新文化运动先驱鲁迅、百科全书式的文化巨匠郭沫若、中国现代文学泰斗茅盾、"人民艺术家"老舍、中国绘画大师美术教育家徐悲鸿、京剧表演艺术大师梅兰芳、中国现代地质科学奠基人之一李四光、著名粤剧艺术大师红线女。其中，李大钊等用自己的传奇经历实践了马克思主义真理与中国革命实际相结合，以"人民为本位"开拓创新，产生出改变中国乃至世界的新力量。中国近代著名爱国工程师詹天佑、中国近代文化大师李叔同、"先进的中国人"康有为、中国近代启蒙思想家梁启超等近代文化名人，在民族危亡之际寻求救亡图存之策，贡献了自己的智慧和力量。这些历史名人身上体现了中华民族的共同"美好"。此外，由中国博物馆协会名人故居专业委员会联合全国 64 家名人故居纪念馆、博物馆共同打造的"此致　近你——名人家书展"，也是我们学习名人品格风范，特别是进行家庭建设的生动教材，对弘扬中华优秀传统文化、加强家风家教建设，起到重要的推动、促进作用。

　　这些活动，通过整合优化资源，赋能名人故居纪念馆育人素材为目标，以名人故居为依托，以名人事迹为主线，利用自身文化优势，在保存中华名人文化的先进元素、传播名人文化、传承名人精神，满足当下社会政治需求和公民成长需求，增强公众文明道德意识，传递社会正能量方面发挥了巨大的作用。这种以联盟形式推出的系列巡回展览，使博物馆的馆际合作从以往的单向或双向变成多向。从"静态"的引进来展示，向"动态"的合作交流的转变，不仅形成名人故居纪念馆特有的文化团队和文化品牌，极大地提升了名人故居纪念馆的社会影响力，在博物馆业界也起到了较好的示范和带动作用，得到社会各界的广泛赞誉，

---

　　[1]《8 家名人故居纪念馆联合推出"20 世纪文化名人的中国梦"活动》，《中国文物报》2013 年 5 月 8 日。

并为学校开展大思政教育提供了更加丰富的教学资源。

（二）建立联动机制，构建学校与名人故居纪念馆协同育人平台

2022年7月，《全面推进"大思政课"建设的工作方案》发布后，各地纷纷设立了一批"大思政课"实践教学基地，积极推动思政小课堂与社会大课堂相结合。2024年5月11日，习近平总书记对学校思政课建设作出新的指示，强调"各级各类学校要自觉担起主体责任，不断开创新时代思政教育新局面，努力培养更多让党放心、爱国奉献、担当民族复兴重任的时代新人"。在此形势之下，名人故居纪念馆更要行动起来，主动与学校建立联动机制，积极构建协同育人平台，以"大思政课"拓展全面育人新格局，深入推进大中小学思想政治教育一体化建设。

以往，各级各类学校对博物馆的利用，主要是通过参观游览红色展览以进行立德树人的单一教育模式。在新形势下，名人故居纪念馆可以与各级各类学校建立稳固的教育教学或协同育人实践基地，开展深度合作，采取多样化的方法，切实推进全面育人新格局。首先，坚持实地参观。学校可以常态化地组织新入学的学生到名人故居纪念馆进行有序参观，初步了解名人文化，接受革命教育，实现育人目的；名人故居纪念馆要配合学校老师根据教学内容和目标开展的教学活动，引导学生通过倾听、观察、动手、合作、探究的学习方式在知识、思维和情感领域获得全面发展。其次，让展览进入校园。名人故居纪念馆要勇于打破传统博物馆的形式与空间范畴，以多媒体为载体，把不能带出博物馆的珍贵文物以图片、文字、讲解介绍的方式呈现出来，让文物展览进校园，降低学校办展的门槛，节省人力、物力和财力，让莘莘学子足不出校就能学习革命历史和名人故事，进一步丰富学校的思政课内容，起到以史育人，以史铸魂的作用。再次，开发课程合作，开展研学服务。名人故居纪念馆可以与学校相互配合，共同参与课程设计，将名人故居纪念馆独特的教育资源融入学校的思政课，优化课程结构，增加课程的生动性和趣味性，建设系列高质量的合作课程、教材和案例，强化学校与名人故居纪念馆的深度合作，更好地做好课程思政工作，也可以开展个性化的研学活动，推动协同育人事业良性发展。最后，双方互派人员，或做主题报告或开展相关培训，或进行实践学习，加强文化交流，促进思政教育。如名人故居纪念馆可以邀请高校科研人员来做与该馆相关的学术报告，也可以给讲解员授课培训，以提升馆内工作人员的知识水平和文化修养；学校也可以邀请名人故居纪念馆的研究专家到学校做关于名人文化的报告，以进一步加强学生对名人文化的了解，更系统地接受红色教育，感受使命初心；学校学生还可以经过培训后在周末或节假日到名人故居纪念馆担任志愿者讲解员，在社会实践中更好地接受思想价值引领和家国情怀教育。

总之，积极推进校地合作，共建思政课实践教学基地，开设校地合作思政实践课程，主动对接"大思政课"实践教学基地，是新形势、新时代实现"三全育人"即全员育人、全程育人、全方位育人的重要途径。在时代发展的潮流中，名人故居纪念馆应乘势而上，与各级各类学校通力合作，树立协同育人理念，丰富协同育人方法，健全协同育人制度，构建"同向同行、协同育人"新机制，就一定能更好地实现时代赋予名人故居纪念馆的社会责任，能更好地实现立德树人的根本任务。

（赵嫣然，吉林大学考古学院在读硕士研究生
赵菊梅，张学良旧居陈列馆研究馆员）

"大思政课"背景下红色文化协同育人工作探究

——以刘少奇同志纪念馆为例

姜艳辉

2019年8月中共中央办公厅、国务院办公厅印发《关于深化新时代学校思想政治理论课改革创新的若干意见》,为全面贯彻党的教育方针,解决好培养什么人、怎样培养人、为谁培养人这个根本问题,坚持不懈用习近平新时代中国特色社会主义思想铸魂育人,就深化新时代学校思想政治理论课改革创新提出意见。2022年8月,教育部、中宣部、中央网信办等十部门印发《全面推进"大思政课"建设工作方案》。全面推进"大思政课"建设,要坚持以习近平新时代中国特色社会主义思想为指导,聚焦立德树人根本任务,推动用党的创新理论铸魂育人,不断增强针对性、提高有效性,实现入脑入心。坚持开门办思政课,强化问题意识、突出实践导向,充分调动全社会的力量和资源,建设"大课堂"、搭建"大平台"、建好"大师资",建设全国高校思政课教研系统,设立一批实践教学基地,推出一批优质教学资源,做优一批品牌示范活动,支持建设综合改革试验区,推动思政小课堂与社会大课堂相结合,推动各类课程与思政课同向同行,教育引导学生坚定"四个自信",成为堪当民族复兴重任的时代新人。在"大思政课"背景下,红色文化场馆如何运用红色文化协同育人?本文将以国家一级博物馆、全国爱国主义教育示范基地、全国红色经典旅游景区刘少奇同志纪念馆为例作一粗浅探究。

一、红色文化概述

红色文化，是中国共产党以马克思主义为根本指导，在带领中国人民进行革命和建设过程中形成的，代表一定价值准则、精神意志、道德品质、优良作风的独特文化意识形态，是统一共产党人思想、规范共产党人言行的文化指南，属于社会主义先进文化的重要组成部分，是对中国共产党性质宗旨和中华民族精神内核最为集中的生动体现。其中包括不畏强敌、玉汝于成的牺牲文化，迎难而上、攻坚克难的奋斗文化，舍己为人、服务于民的奉献文化，独立自主、自力更生的自强文化。红色文化作为一种重要资源，包括物质和非物质文化两个方面。其中，物质资源表现为遗物、遗址等革命历史遗存与纪念场所；非物质资源表现为井冈山精神、长征精神、延安精神等红色革命精神。

二、"大思政课"背景下红色文化协同育人的重要意义

协同育人体系是指一种综合性的教育模式，旨在通过家庭、学校、社会三方面的合作协同，共同促进学生的全面发展和成长。将红色文化有机融入"大思政课"建设，能发挥天然的不可替代的协同育人的重要作用，有效完成"为党育人、为国育才"的重要使命和根本任务，保证人才培养正确的政治要求和价值取向，培养出服务党和国家事业的社会主义建设者和接班人。

（一）立德树人

教育的目标是培养德、智、体、美、劳全面发展的人，教育不仅要传授知识，更要培养学生的品德和能力。在中国共产党辉煌的历史上出现了诸多杰出的名人，"埋骨何须桑梓地，人生何处不青山"的毛泽东，"为中华之崛起而读书"的周恩来，改名言志的刘少奇，"我不要孝子贤孙，要的是革命事业的接班人"的朱德，"一怕工作少，二怕麻烦人，三怕用钱多"的任弼时……他们拥有不忘初心、对党忠诚的大德，心系人民、为民造福的公德，廉洁奉公、严于律己的私德，将这些红色文化中的精神符号、人格榜样融入"大思政课"内容，必能给学生以启迪以

引领，从而提升品德修养，树立正确三观。

（二）铸魂育人

红色是中国共产党最鲜亮的底色。习近平总书记强调，要讲好党的故事、革命的故事、根据地的故事、英雄和烈士的故事，加强革命传统教育、爱国主义教育、青少年思想道德教育，把红色基因传承好，确保红色江山永不变色。革命故事浓缩着中国革命的伟大实践，记录着中国共产党百年来的伟大历程。革命精神包括老一辈革命家勇于实践、勇于探索、勇于思考、奋发进取的开拓精神，不畏艰险、坚韧不拔、顽强拼搏、攻坚克难的奋斗精神和为党和人民的事业"鞠躬尽瘁、死而后已"的献身精神，是党和国家的宝贵财富。红船精神、井冈山精神、长征精神、延安精神、西柏坡精神、红岩精神、"两弹一星"精神、抗疫精神、脱贫攻坚精神等构成党的伟大精神谱系，这是一代又一代中国共产党人经历生死考验、付出巨大代价形成的，蕴含着催人奋进的伟大力量。"大思政课"建设中有机融入这些革命故事和革命精神，必能给学生以教育，从而坚定信念、凝心铸魂，高扬起迈向新征程、奋进新时代的精神风帆。

（三）以史励人

习近平总书记指出，历史是最好的教科书，也是最好的清醒剂。党的历史是一部充满奋斗和牺牲的壮丽史诗，既有开天辟地的大事变、翻天覆地的大胜利、惊天动地的大跨越，还有许多赴汤蹈火、舍生忘死、气壮山河的党史英模人物。"大思政课"建设结合红色文化中的党史学习教育，激励学生深刻感受党的优良传统和作风，铭记党的苦难与辉煌，汲取党史中的营养与智慧，从而坚定走好新时代长征路的信念，发出"强国有我"的时代强音。

三、"大思政课"背景下红色文化协同育人的实践探究

近年来在"大思政课"背景下，很多学校、博物馆、纪念馆乘势而上、勇于创新、大胆作为，通过馆校联动、结对共建、基地挂牌等形式充分发挥红色文化协同育人作用，打造"大思政课"品牌，创新"大思

政课"模式,培养"大思政课"师资,红色文化协同育人事业蓬勃发展,方兴未艾。如湖南,伟人、名人众多,红色旧址、纪念地星罗棋布。湖南充分挖掘利用红色资源,传承红色基因,主动融入"大思政课"建设,红色文化协同育人成效明显。韶山毛泽东纪念馆推出的"韶山下的思政课"、湖南第一师范学院青年毛泽东纪念馆推出的"重走主席游学路,青春献给党"社会调查活动、刘少奇同志纪念馆推出的双时空情境研学剧《走出炭子冲》、雷锋同志纪念馆推出的"锋华正茂,青春前行,人人都是雷小锋"红色研学活动等"大思政课"反响热烈,成功"破圈",好评如潮。

(一)勇担使命,凸显红色文化协同育人"大思政课"特性

《全面推进"大思政课"建设的工作方案》强调,近年来,随着党中央对思政课的高度重视,思政课的发展环境和整体生态发生根本性转变,思政课教育效果大幅提升。但是,一些地方和学校对思政课建设的重视程度还不够,开门办思政课、调动各种社会资源的意识和能力还不够强,对实践教学认识不足、重视不够,大中小学思政课一体化建设亟需深化,课程思政存在"硬融入""表面化"等现象,"大思政课"建设是解决当前思政课存在的突出问题的有效途径。作为红色文化场馆应顺势而为、勇担使命,充分利用红色文化协同育人,开发出思想性强、针对性强、亲和力强的"大思政课"。

1. 思想性

要对青少年进行革命传统教育、爱国主义教育、思想道德教育,引导他们爱党、爱国、爱人民、爱社会主义,通过"大思政课"传承红色基因,赓续红色血脉。刘少奇同志纪念馆通过"初心与使命"精品课程竞赛活动,深挖刘少奇同志在党的建设、农村经济、军事、工人运动、群众工作、调查研究等方面的史料,研发10堂专题思政课。这10堂课围绕刘少奇同志生平、思想的重要方面进行梳理和阐释,旨在用刘少奇等老一辈无产阶级革命家的崇高精神风范教育人、激励人。

2. 针对性

《关于深化新时代学校思想政治理论课改革创新的若干意见》提出,

思政教育小学阶段重在启蒙道德情感，初中阶段重在打牢思想基础，高中阶段重在提升政治素养，大学阶段重在增强使命担当。红色文化场馆利用红色文化协同育人开发"大思政课"也应充分考虑不同学龄阶段学生的特点、认知水平、实践操作能力开发针对性强的思政课程。如，为了激励和引导广大青少年传承红色基因、扣好人生第一粒扣子，做好革命文物的活化利用工作，2023年刘少奇同志纪念馆联合长沙市文化旅游广电局、共青团长沙市委举办了主题为"感悟少奇故事 追寻光辉记忆"的长沙市红色文物故事创作大赛和宣讲大赛。比赛以中小学生为参赛主体，要求以馆藏文物为依托进行创作，以小见大，构思新颖。最后将优秀作品拍成视频，形成红色文化宣传片。这堂以赛代课的"大思政课"吸引了十多家中小学校近1 000名学生踊跃参与，受到老师、家长和学生的一致好评。2024年7月刘少奇同志纪念馆"工运领袖刘少奇"职工特色思政课在湖南工业职业技术学院开讲，百余名师生共同学习这堂课程。这堂课是为纪念刘少奇同志在领导工人运动、工会工作方面的杰出贡献而打造的。该课程创新采用"专家授课＋讲解员故事宣讲"的模式，课程形式丰富、内容多元，包含《少奇安源"虎山行"》《刘少奇的奋斗》《工人运动的指路明灯——引领工会发展的三本小册子》《指导国家工厂的管理》等6个故事。这堂职工特色思政课兼具理论性、针对性、观赏性，形式新颖、感染力强，深受欢迎。

3. 亲和力

习近平总书记强调，"大思政课"要善用之，要与现实结合起来，不能拿着文件宣读，没有生命、干巴巴的。如何让大思政课成为学生愿上、想上、爱上的课程？需要课程开发者走近他们的心，课程符合他们的身心特点，不仅有意义、有内涵，而且有情感、有温度。刘少奇同志纪念馆开展了以"学习少奇精神，争做先锋少年"为主题的校外辅导员系列活动。小分队队员积极走出馆门，将一堂堂精彩纷呈的课程分别送进了长沙、宁乡、花明楼等地的小学。"校外辅导员"充分发挥自身专业特长，精心开发了十余门课程，讲、学、比、唱、演，样样形式都精彩。课程从"红色""特色"两个角度出发，分为两大系列。"红色育人"系列是依托该馆独有的红色文化教育资源研发的体验课程，包括"革命精神永不忘""品修养 诵国学经典""五彩缤纷智慧筒"等，通过红色歌曲、革命故事、国学经典来激发小学生的爱国热情和民族精神。"特色育人"系列包括"塑造好声音""趣味形体礼仪""强身健体千字文""水稻的前世今生"等课程，希望从"德智体美劳"的素质教育目标出发，促进学生全面发展。在大思政背景下，校外辅导员系列活动走出去，正是实现了从"书上"到"路上"的跨越，致力打造学生喜闻乐见、亲和力强的精品思政课。

（二）有机融合，创新红色文化协同育人"大思政课"模式

"大思政课"背景下，红色文化场馆、各实践教学基地积极创造条件，与各地教育部门、学校建立有效合作工作机制，协同完成好实践教学任务，实现"大思政课"内容与学校教学内容、"大思政课"教育模式与学校教学方式、"大思政课"教学目标与学生培养目标有机融合，拓宽思路、大胆创新，打造红色文化协同育人"大思政课"品牌模式。

1. 实践亲历式

深入实践、亲身体验，才能感受劳动的喜悦、收获实践的真知、体现价值的存在、拥有情感的认同，"实践亲历式"是红色文化协同育人"大思政课"课程中最受欢迎、最有效果、浸润度最高的模式之一。

近年来，刘少奇同志纪念馆持续开展"小小讲解员夏令营、冬令营"活动，吸引来自长沙、宁乡、花明楼等地200多名中小学生参加。活动以丰富的培训课程、科学的培养方案，引导青少年学习革命精神、传承红色基因，培养他们的社会责任感和奉献意识。在这里，小小讲解员沉浸式参观纪念馆，学习红色革命历史、文物、艺术等专业知识，感受红色文化的精神魅力；在这里，他们获得全新的讲解员职业体验，提高公众表达能力，实现自我价值！同时，近年来刘少奇同志纪念馆持续接待和组织开展"大学生暑期三下乡"活动，来自湖南师范大学、湖南农业大学、中南林业科技大学、湖南工程大学、西南大学、湖南财政经济学院等学校100余名大学生走进刘少奇同志纪念馆、走进花明楼。他们在这里当讲解员志愿者，到乡村进行文化、科技宣讲，慰问贫困党员

群众，开展社会调研，接受红色文化洗礼，增强使命担当意识。

2. 感触沉浸式

在当今数字时代，沉浸式体验已成为流行和时尚，互动性、趣味性、科技感是其重要特点，它不仅能给观众视觉上的享受，而且能很好地营造主题氛围，让观众沉浸在震撼的场景中。红色文化协同育人的"大思政课"课程开发，也可巧妙利用沉浸式空间讲述一段历史、一个故事，让观众沉浸其中，了解红色历史。

2020年，刘少奇同志纪念馆联合长沙学院共同研发推出双时空互动情境研学剧《走出炭子冲》。2021年，该剧入选长沙第二届岳麓山青年戏剧节红色剧目，至2024年共公演10次，累计观众达上万人。全剧视频在网络平台推出后，深受观众喜爱。该剧分为"刘九书柜""立志救国""确立信仰"三幕，9个核心故事，通过第一时空舞台话剧演绎、第二时空讲解员现场讲述补充的方式，生动、完整地再现了青少年刘少奇求学、立志、确立信仰的过程。由灯光、布景制造的空间感使演员与舞台浑然一体，通过演员与观众互动等方式，让观众不再是被动接受剧情，而是全身心沉浸于演出，身临其境般地感受剧情故事。

3. 情境体验式

情境体验通常指教师有目的地引入或创设具有一定情绪色彩的、以形象为主体的生动具体的场景，为学生提供情绪态度上的体验，情境体验式的核心在于激发学生的情感。红色文化协同育人的"大思政课"课程开发中，经常采用带领学生实地参观革命旧址、纪念馆、专题展览、讲述和演绎红色故事等方式来激发学生的爱党、爱国情感。如湖南省党史陈列馆以国家二级文物——陈昌甫烈士使用过的木箱为依托，开发出了《唯一的嫁妆》党史情景剧，采用现场讲述、沉浸式展厅讲解与演绎相结合的方式，排演了湖南革命烈士田波扬、陈昌甫夫妇践行"永不叛党"的铮铮誓言而英勇牺牲的故事。刘少奇同志纪念馆开发的"文艺思政课"融讲、唱、演于一体，创作了《刘少奇1949天津之行》《党建理论的不朽篇章》《福禄居的灯光》《大风如歌》《母子情》《天华山上万年松》等20多个节目，多形式多角度宣传刘少奇同志的卓越贡献、光辉思想、高尚情操，并通过"开学第一课"把这堂课送进了湖南大学等几十所大中小学校。红色文化场馆开发独具特色的"大思政课"旨在为培养更多有理想信念、有道德情操、有文化素养的社会主义建设者和接班人作出贡献。

（三）双向赋能，锻造红色文化协同育人"大思政课"师资

1. 搭建"大平台"

在"大思政课"背景下，馆校双方通力合作，构建红色文化协同育人"大体系"，搭建"大平台"是非常必要和重要的。只有这样，才能形成协同育人共识，打破行业壁垒，增强沟通交流，双向赋能，共建共享。刘少奇同志纪念馆为深入贯彻落实习近平总书记关于"大思政课"的重要指示批示精神，根据《教育部办公厅关于组织开展高校"大思政课"实践教学基地结对行动的通知》要求，2024 年 1 月 17 日，与高校共建"大思政课"基地集中揭牌仪式暨研讨会举行，湖南师范大学、湖南农业大学、湖南理工大学等 7 所结对高校马克思主义学院院长、教师代表参加活动。作为首批"大思政课"实践教学基地之一，刘少奇同志纪念馆将充分发挥使命担当，积极探索建立长效机制，形成工作合力，打造服务"大思政课"实践教学的优质平台；着力增强服务意识和提高服务水平，积极与大中小学对接，开发特色课程；结合自身资源和特色优势，力求实现新时代思政教育立德树人的价值目标。

2. 锻造"大师资"

在"大思政课"背景下，红色文化场馆应深挖本馆红色资源，积极探索构建"大思政课"建设新样态。馆校双方应在"大思政课"实践教学基地联盟的框架下，通力打造大中小一体化示范精品思政课程、开展红色文化课题理论研究、让"共同教研""双向互聘"等有利于共同发展的具体工作落地落实，共同锻造出一批政治强、情怀深、思维新、视野广的"大师资"。馆校双方资源共享、优势互补、责任共担，一起出优质作品、出特色品牌、出优秀人才，实现馆校联动，合作共赢。"大思政课"实践教学基地联盟签约后，2024 年 4 月，长沙理工大学马克思主义学院聘请刘少奇同志纪念馆 6 名研究员担任"四史"教育客座教

授，并到马克思主义学院开展红色文化专题讲座。7 月，湖南师范大学、湖南农业大学等马克思主义学院的老师和学生一起走进刘少奇同志纪念馆与纪念馆宣教部的讲解员、文编部的研究员共同研发专题思政课、实践思政课、文艺思政课。

结语

2022 年，国家文物局、教育部联合发文，决定开展以革命文物为主题的"大思政课"优质资源建设推广工作。总的来说，在"大思政课"背景下，红色文化场馆运用红色文化协同育人要注重教育主体的"你我他"融汇，教育目标的"知信行"融达，教育方法的"史事理"融通，不断增强"大思政课"的思想性、针对性、亲和力、感染力、说服力，实现立德树人、铸魂育人、以史励人，为培养德智体美劳全面发展的社会主义建设者和接班人作出新的更大贡献。

（姜艳辉，刘少奇同志纪念馆副研究馆员）

名人故居类纪念馆基本陈列大纲文本构建研究

——以张学良将军生平陈列为例

邓普迎

名人故居的基本陈列是观众了解名人的生平事迹及历史贡献的重要途径，一般以名人的一生或者某一个阶段为主题，以事件发展和时间进程为主线，以其中蕴含的人物精神为暗线，以事证史，以人说史，具有很强的叙事性特点。大纲编写是博物馆、纪念馆的灵魂，文章通过张学良将军生平大纲框架的构建和大纲文本的撰写，探索叙事性表达模式在名人生平展览中的运用。

名人的界定，一直以来存在各种争议。从狭义范围来说，名人是指在政治、军事、科技、教育、文化、医药等领域，对人类及社会的发展作出杰出贡献，德高望重、享有很高知名度、深受人们尊敬与爱戴、缅怀与瞻仰，并以他们的事迹、成就和精神为动力，激励当代人奋发前进的人才群体[1]。《中国文物地图集》（1993 年修订稿）编制细则认为，在近现代旧址类文物中，"故居一般指出生地及幼年居住地，其他居住地称旧居"，属于"与重大历史事件、革命运动或者著名人物有关的以及具有重要纪念意义、教育意义或者重要史料价值的近现代史迹、实物、代表性建筑"。一般的通俗表达，将名人曾经居住生活过的地方称

---

[1] 周振宇、周公宁：《杭州名人故居保护利用研究》，《建筑学报》2003 年第 4 期。

为名人故居，本文也采用这一表述。名人故居纪念馆就是依托名人而建立的纪念性博物馆，以纪念名人对社会的贡献和他们的高尚精神。名人故居纪念馆作为我国博物馆系统的一个重要类别，在促进名人影响力发挥、传播爱国主义精神等方面发挥着重要作用。

一、名人故居基本陈列概况

基本陈列是符合博物馆、纪念馆性质的、相对固定的陈列。名人故居是名人成长和生活的见证，是保存名人信息的场所。如何缩短名人和观众之间的距离，建立一个交流纽带，让观众感受名人对国家的热爱，需要精心安排展陈，通过布展开放，将其历史文化价值、名人精神、名人故事以科学化、视觉化的方式向公众传播，从而起到增强故居教育功能和文化表达的效果，发挥文保单位的历史价值。在"内容为王"的全媒体时代，其基本陈列就显得尤为重要。通过名人故居的基本陈列，观众可以了解名人的生平事迹及历史贡献，解读名人的时代选择和高尚品格，了解故居内发生的历史故事，从而起到诠释、解读、宣传、弘扬名人精神的作用，实现名人故居"以事证史"和"以人说史"的历史功能，凸显名人故居的纪念意义。

罗兰·巴特（Roland Barthes）指出，在几乎无限多样的形式下，叙事存在于各个时期、各种地方和各个社会，它还伴随着人类的历史，在人类的活动中无处不在。[1]名人故居的基本陈列一般是名人的生平陈列或者其在故居工作生活的某一阶段的事迹陈列，通过时间线将名人的生平事迹串联起来，以事件和时间进程为主线，具有很强的叙事性特点。在大纲构建及大纲文本撰写上，可以借鉴叙事学理论，提炼叙事主题，通过"叙事"来讲好名人的故事和精神内涵，最大程度地反映名人的精神实质，让展陈活起来，从而达到见人、见事、见精神的展陈效果。

---

[1] 周庆：《叙事性设计的符号学解读》，《南京艺术学院学报（美术与设计）》2024 年第 4 期。

近年来，博物馆展览逐渐借用"文学叙事"的方法，凸显展览的讲故事功能。从某种程度上说，正是叙事性将展陈各个环节有机结合，从而向观众呈现一个完整的时空概念，让观众在短时间内迅速了解某一主题，从而让观众走进历史，走近人物，从而读懂历史，读懂人物的精神。本文通过分析"张学良将军生平陈列"叙事结构的策划和大纲文本的撰写，探索叙事性表达模式在名人生平展览中的运用，以及如何创新名人故居展览以适应时代发展的需求，以期抛砖引玉，为名人故居类纪念馆的展览水平提升尽一份责任。

二、运用叙事逻辑构建展览大纲框架

人们可以通过叙事的过程来"理解"世界，可以通过叙事来"讲述"世界。叙事学的基本假设是，人们能够把各种类型的艺术创作、传播形式当作故事来进行诠释，这是因为它们存在共同的叙事模式。[1]叙事型展览就是通过运用叙事的方法，结合空间序列、场景组合、造型色彩和多媒体辅助等手段，"以讲故事的方式表达展览意图，具有明确主题思想统领、严密的内容逻辑及结构层次安排"[2]，从而使博物馆、纪念馆更具表达力和感染力，真正做到"让文物活起来""让文物和历史说话"，从而达到历史事件信息的高效传达[3]。其叙事设计所包含的要素如图1所示。名人故居纪念馆的基本陈列大多是叙事型展览，有着明确的主题思想，严密的内容逻辑结构。

展览主题是展览的核心，大纲框架则是展览的实施指南，是支撑展览的筋骨。通过合理的叙事框架将展览的内容尽可能完整地予以表达，是策展的重要目的。一个好的展览大纲框架可以起到串联展览内容元素的作用。人物类展览往往要突出特定历史人物的生平事迹、社会贡献，

[1] 刘佳莹：《历史类展览的时空与节奏——结构主义叙事学的视角》，《中国博物馆》2012年第3期。

[2] 陆建松：《博物馆展示需要更新和突破的几个理念》，《东南文化》2014年第3期。

[3] 高腾：《博物馆展示设计中的叙事性研究——以侵华日军南京大屠杀遇难同胞纪念馆为例》，南京航空航天大学2015年硕士学位论文。

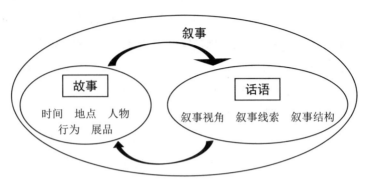

图 1　叙事型展览的叙事要素[1]

以及时代背景和环境变化对人物的影响。张学良是 20 世纪著名的爱国者，他年方弱冠即叱咤疆场，不满而立之年即主政东北，主持东北易帜、调停中原大战、发动西安事变，晚年仍心系海峡两岸和平统一，一生以爱国为重。张学良将军生平陈列聚焦张学良将军的一生，以他的成长经历为时间轴，以不同历史时期的事件为侧翼，通过合理的大纲框架，提炼叙事主题"爱国主义"，通过讲述他在不同历史时期的抉择，表现其爱国的精神内涵。大纲构建中，合理设置展示重点，既要全景式展现张学良波澜壮阔的爱国一生，又要尽量避免将"人物"视为"人物的一生"这一平铺直叙的方式，通过设置不同时间段的叙事重点，突出张学良将军最重要的人生经历节点，寻找最能打动观众的展览亮点，从而提高展览的展示效果和感染力。

　　叙事学起源于文学领域，叙事的本质应当是叙述事件，也就是讲故事。完整的叙事结构应该包括开端、发展、高潮和结局等部分。与之类似，对叙事型展览而言，制定编写结构完整、定位精准、章节合理、文字精练、元素恰当的文本大纲框架，是陈列展览策划工作取得成功的关键。[2]张学良将军的一生与 20 世纪共始终，"张学良将军生平陈列"以

　　[1]　孙震：《名人故居陈展赋能城市文化自信自强的实践探索——以天津市梁启超纪念馆为例》，《中国旅游科学年会论文集》，2023 年。
　　[2]　赵骄健：《对展览文本大纲的几点认识》，《中国文物报》2020 年 6 月 9 日第 4 版。

20 世纪的中国为大的叙事话语时间，以张学良不同人生阶段的历史事件及在事件中所体现的爱国精神为故事时间，时间线索清晰，内容连续性明了，情节化内容突出，具有叙事展览的实体性、低强制性、真实性等基本特征。[1]展览大纲文本框架如表 1 所示：

表 1　展览大纲文本框架

总主题	一级框架	二级框架
张学良将军生平陈列核心叙事主题：爱国	前言	
	第一部分 关东娇子 主政东北	家庭成员
		戎马生涯
		东北易帜
		东北新建设
	第二部分 国难当头 兵谏救国	九一八事变
		局部抗战
		从"剿共"到联共
		兵谏挽狂澜
	第三部分 幽禁岁月 磊落余年	迁徙幽居
		打破沉默　定居美国
		情系祖国
	结束语	

张学良将军生平陈列设立在张学良将军公馆中楼内。旧居一共三层，一楼为半地下室，为临时展览展厅；二、三楼为张学良将军生平陈列。在大纲框架构建过程中，为实现叙事框架的完整，同时充分考虑旧址楼空间的合理利用，丰富展览内容，将 10 间展室及三楼大厅分成两个物理空间。二楼三楼八间形制整齐的房间作为主展厅展示张学良将军赤诚爱国的一生，三楼两间小房间分别复原的是张学良在台湾新竹井上温泉幽禁时的房间以及晚年在夏威夷希尔顿酒店老年公寓的客厅，满足游客了解张学良将军在不同人生阶段的生活情景，活化历史场景，增加展览叙事的生动性。

---

[1]　许婕：《叙事展览的结构与构建研究》，浙江大学 2018 年博士学位论文。

三、运用叙事语言编写陈列展览文本

展览离不开文本，展览文本用书面语言的形式，明确展览传播的基本内容，也就是展览的内容脚本，类似于电影剧本，是展览形式设计的依据。陆建松教授认为，一个好的博物馆展览必定是建立在一个好的内容文本基础上的，如同电影和剧本的关系与意义。展览文本的质量直接影响到展览水准的高低，好的展览需要有明确的主题、清晰的脉络、突出的重点亮点，这三点也是好的展览文本的三大要求。确定陈列展览的叙事主题和基本框架后，合理运用叙事语言编写展览文本内容就成为重中之重。

展览文本是用语言文字打造的故事语境，对展览大纲的深化。一般包括前言、部分、单元和组的文字说明，展览的结构及其层次，展品组合的分镜头，展品说明，辅助展品创作背景说明，展览信息的分类和科学安排，重要展览内容表述方式的提示等[1]。只有详细地编制展览文本，合理规划展览的重点和亮点，才能更加细致地指导形式设计人员开展具体的设计工作。文本内容是展览的叙事主体，从观众的角度来说，内容是他们参观的主要对象，观众通过内容来感知叙事主题和故事线；从文本编写角度来说，展览内容是表达思想、传递信息的重要载体。

展览主题是展览所反映的核心思想，是展览的灵魂，贯穿于展览的全过程，也是通过展览需要达到的传播目的。展览主题提炼是一个从现象到本质，从事实到概念，从具体到一般的高度概括、抽象和升华的过程[2]。名人生平陈列不能仅停留在对人物经历的叙述上，而忽视展览主题的提炼，必须认识到主题是展览的灵魂，展览内容依赖于展览主题的统领。在张学良将军的百年人生中，从青少年时代参加基督教青年会，到劝其父"息争御侮"，再到调停中原大战、主持东北易帜、发动西安事变，每一个历史大事件，他所作出的抉择无不出于爱国情怀。基

---

[1] 方苏晨：《博物馆展览文本结构研究——以地方历史博物馆为例》，复旦大学2011年硕士学位论文。

[2] 陆建松：《展览文本策划的作业流程》，《中国文物报》2005年3月18日。

于此，展览在叙事主题确立上，以爱国主义为核心，讲述张学良将军的百年人生。

大纲文本编写，包括标题、前言、结束语、各级标题、场景、展品的文字说明，要注重科学性，有高度的概括性，也尽量保证其可读性和生动性。标题是陈列展览的名称，是陈列展览的指导思想和内容的高度概括，集中反映展览的主题思想。标题应该高度凝练并统领展览的主要内容，还要呈现展示对象的个性。标题分为单一式和复合式，复合式标题一般主标题突出展览主旨，副标题说明展览内容。张学良生平陈列采用复合式标题，主标题为"赤诚爱国无悔情"，突出爱国这一主题，明确反映展览主题；副标题为"张学良将军生平陈列"，说明展览内容，主副标题共同全面地表现展览主题和特点，表明展览的内容和性质。前言是陈列展览的开场白，开宗明义介绍展览展示的历史、事件或者人物的时间范围、特点、意义，说明陈列展览的中心思想和主要内容，引导观众大致了解展览概况和展览故事的主旨用意，让观众迅速抓住展览的中心思想。张学良生平陈列前言部分，开头即用高度概括的语言对张学良将军的一生作出介绍，简要回顾总结张学良一生几个关键时刻的历史事件，让观众迅速切入主题，了解张学良将军一生大致情况。

具体到展览的一、二级标题、图片及文物展品的说明，这些文本内容是展览的叙事途径，是陈列展览与观众沟通的桥梁，要根据叙事需要，使用陈列语言，便于观众提炼具体陈列板块的小主题，要避免过于简短和过于繁琐。太简短的文字不能让观众理解陈列展览试图表达的内涵；反之过于繁琐冗长的文字容易引发观众产生"博物馆疲劳"。一、二级标题要简短有力概括出展览某一部分的主要内容及关键知识点，构建起展览叙事结构和框架，从而推动情节的发展，能够让观众通过标题预先明确这一部分的主要内容。各标题概括该部分主要内容和主体思想，做到上一级是对下一级的概括，下一级是对上一级的展开，两者共同为展览总主题服务。张学良生平陈列第一部分"关东娇子，主政东北"，言简意赅表现张学良年少得志，主政东北的人生阶段，"娇子"二字让一位意气风发、指点江山的少年统领者的形象跃然眼前。第二部分"国难当头，兵谏救国"，反映张学良在民族危机面前的大义抉择，也是其爱国思想最重要的体现，简明凝练，突出展览重点。第三部分是"幽禁岁月，磊落余年"。三个部分标题字数对应，采用简单的时间递进式表述，呈现一种秩序感。但是，在具体文本编写过程中，不能一味追求四个字或者八个字这样的对仗，不能为了形式牺牲内容。如第二部分第三节的标题"从'剿共'到联共"，虽然和前面第二小节"局部抗战"在字数上并不对应，但却能更贴切地表现张学良思想的转变，为后面发动西安事变做好铺垫，如果刻意使用四字或者八字词语，反而失掉其准确性，得不偿失。大纲文本各个二级标题之间在叙事逻辑上要有关联，共同反映本部分一级标题要表达的内容。这样一来，在参观时间紧张的情况下，观众通过一级标题和二级标题即可大致了解展览内容。

陈列大纲文本要突出重点，尤其对人物类展览，不能平铺直叙，要设置叙事重点，围绕人物主体，筛选上展图片及实物资料，突出人物最重要的经历节点，从而打动观众，提高展览的感染力，达到化语为境的展陈效果。纵观张学良将军的一生，东北易帜、调停中原大战、西安事变，是他一生经历中最重要的事件。这几个板块增加图片和文字条，采用较为详细的叙事方式，通过增强展览叙事细节，加长叙事时距，从而达到叙事理论中的减速处理效果。这样一来，观众可以详尽了解张学良一生的几个重大事件，了解张学良在重大事件面前的历史抉择和其中蕴含的家国情怀。

张学良将军生平陈列基本以图片展板为主，辅以场景复原，因此图片的文字说明条的编写十分重要。说明条文字具有向导性，是观众获取信息和理解展览的一个重要工具，说明条要根据展览叙事重点合理安排文字比重。观众参观一个展览，其时间和耐受力是有限的，因此文字说明条不能过于烦琐，过大的文字量会导致阅读困难，弱化展览整体结构，陈列语言要表述规范、详略得当。但是也要考虑到便于观众理解，不能过于简单。如在展览第一部分第二小节关于郭松龄的图片文字说明条，第一版仅写："1925 年 11 月，奉军将领郭松龄倒戈反奉，兵败被杀，张学良对此深感痛惜。图为郭松龄。"这样的文字表述没有简要介绍郭松龄，会让观众产生不解，第二版改为："郭松龄，曾任张学良在讲武堂学习期间的炮兵科战术教官，与张学良亦师亦友，后一直与张学良共事，任张学良所率军队的副手。1925 年 11 月，奉军将领郭松龄起兵反奉，兵败被杀，张学良对此深感痛惜。图为郭松龄。"这较为清晰地介绍了郭松龄其人其事，便于观众更好理解展览内容及其中的逻辑关系。张学良生平陈列对东北易帜、调停中原大战、西安事变板块中重点图片的说明条文字量就比较多，表述详细。此外，对于博物馆、纪念馆来说，真实性是其提供给观众的最核心的体验，为增强展览内容的权威性，语言要尽量客观，要兼具学术性和生动性，避免过于故事化。

陈列展览是博物馆、纪念馆向社会提供文化服务的重要手段，是其履行社会职能的重要载体，是博物馆、纪念馆的中心工作。在当前"博物馆热"的大好形势下，积极将"讲故事"的叙事策略运用到展览展示理念和展示内容策划中，通过陈列展览讲好名人故事，充分发挥名人故居类纪念馆在爱国主义宣传方面的作用显得尤为重要。合理利用叙事理论和手段，通过讲故事的方法，凭借基本陈列塑造名人饱满的形象，让名人精神深入人心，从而提高其文化影响力，是我们业务人员义不容辞的责任。

（邓普迎，西安事变纪念馆副研究馆员）

名人故居：文化遗产保护与传承的重要载体

林海瑛

名人故居，作为历史上著名人物生活和工作的地方，不仅承载着丰富的历史信息，更是文化传承的重要载体。这些故居通常与历史事件、文化运动或重要成就紧密相连，因而具有较高的历史、文化和教育价值。在现代化和城镇化进程中，名人故居的保护与传承面临着诸多挑战。本文旨在探讨名人故居在文化遗产保护中的地位，分析其保护现状，并结合文旅融合与大思政教育的视角，提出名人故居保护与传承的有效途径。

一、名人故居的历史价值

名人故居不仅是著名人物生活和工作的场所，更是历史事件的见证。这些故居通常与重要的历史时刻、文化运动或社会变革紧密相连。例如，一座文学家的故居可能见证了他创作某部重要作品的时刻，而一位政治家的故居可能见证了他策划或参与重要政治事件的场景。通过这些故居，我们能够更直观地理解历史人物的生活背景和创作环境，从而更深入地把握他们的思想和成就。

（一）名人故居与文化传承的关系

名人故居不仅是静态的历史遗迹，更是文化传承和创新的场所。这些故居通常承载着特定时代的社会风貌、文化特征和艺术风格。通过对故居的参观和学习，人们能够更加直观地感受到特定历史时期的文化氛围，从而加深对历史文化的理解。此外，故居中常设有展览和教育活动，通过这些活动，历史人物的思想和精神得以传承，并激发人们对历史和文化的兴趣。

（二）名人故居的历史教育功能

名人故居在历史教育中扮演着重要角色。它们为公众，尤其是年轻一代，提供了学习历史、感受文化的实体场所。通过参观故居，人们可以更加真切地了解历史人物的生活轨迹和成就，从而加深对历史事件的理解。此外，故居中的展览和教育活动常以互动和体验的形式进行，这使得历史教育更加生动有趣，更容易激发学生的学习兴趣。

（三）名人故居对地方历史的影响

名人故居对当地的历史和文化发展具有重要影响。它们往往是地方历史的重要组成部分，为当地居民提供文化认同感和自豪感。同时，名人故居也是吸引游客的重要资源，通过旅游活动，故居的历史价值得以广泛传播，从而提升当地的文化影响力和知名度。

（四）名人故居的保护与历史价值的维护

保护名人故居是维护其历史价值的关键。随着现代化和城镇化的进程，许多名人故居面临着被拆除或改造的威胁。因此，政府和相关组织应采取措施，确保这些故居得到妥善保护。这不仅是对历史的尊重，也是对文化多样性的维护。

二、名人故居的保护现状

在探讨名人故居的保护现状时，我们可以通过分析一些国内外著名的案例来获得启发。例如，在中国，鲁迅故居的保护和修复工作受到广泛关注。鲁迅故居不仅保留了鲁迅生前的居住环境，还通过展览和教育活动，传承了鲁迅的思想和精神。在国外，如莎士比亚故居的保护也取得了显著成效。该故居不仅得到良好的维护，还成为研究莎士比亚的重要基地。

（一）保护中面临的挑战和问题

尽管一些名人故居得到较好的保护，但许多故居仍面临着诸多挑战和问题。首先，资金短缺是保护名人故居的主要障碍之一。故居的维护和修复需要大量资金，而许多故居由于缺乏足够的资金支持，面临着年久失修的问题。其次，城市规划和发展对名人故居的保护构成威胁。随着城镇化进程的加快，一些故居面临着被拆除或改造的压力。此外，保护意识的不足也是问题之一。公众对名人故居的价值认识不足，导致故居的保护工作得不到足够的支持和关注。

（二）保护策略与措施

为了解决上述问题，需要采取有效的保护策略和措施。首先，政府应加大对名人故居保护的资金投入，并通过立法手段，确保故居得到法律保护。其次，应加强对公众的教育，提高公众对名人故居价值的认识。此外，可以通过与旅游、文化等部门的合作，开发故居的旅游和文化价值，使其成为地方经济发展的一个重要组成部分。

（三）社会参与和协作

名人故居的保护不仅需要政府的支持和投入，还需要社会的广泛参与和协作。可以通过建立保护基金、鼓励民间捐赠、开展志愿活动等方式，吸引更多的社会力量参与名人故居的保护工作。同时，还可以通过与学校、研究机构等的合作，开展故居的研究和主题教育活动，使故居的保护和传承工作得到更广泛的社会支持。

三、文化遗产保护的理论与实践

文化遗产保护是一个复杂而细致的过程，需要遵循一系列原则和方法。首要原则是真实性，即保持文化遗产的原貌和真实，避免过度修复或改变其原始特征。其次是完整性，这意味着保护工作应涵盖文化遗产的各个方面，包括物质和非物质部分。此外，可持续性原则强调在保护文化遗产的同时，要考虑其对环境和社会的影响，确保其长期保护。在方法上，文化遗产保护通常涉及考古学、建筑学、历史学等多学科的合作。科学技术的应用，如遥感技术、数字化记录等，也为文化遗产保护提供了新的工具和手段。

（一）名人故居在文化遗产保护中的地位

名人故居作为文化遗产的一部分，其保护具有重要意义。首先，名人故居是历史的见证，承载着丰富的历史和文化信息。其次，名人故居往往与历史人物的重要成就和思想紧密相连，因此，它们对于理解历史和文化具有重要意义。最后，名人故居的保护也有助于维护文化多样性和促进文化传承。

（二）文化遗产保护的国际合作与交流

文化遗产保护是一个全球性议题，需要国际合作与交流。例如，联合国教科文组织（UNESCO）通过世界遗产名录等方式，推动全球范围的文化遗产保护工作。通过国际合作，可以分享保护经验、技术和管理方法，提高文化遗产保护的水平。

（三）文化遗产保护的挑战与未来趋势

尽管文化遗产保护取得一定成就，但仍然面临许多挑战。其中包括气候变化、自然灾害、战争和冲突等因素对文化遗产的破坏。此外，随着社会的发展，如何平衡文化遗产保护与经济发展之间的关系，也是一个重要议题。未来，文化遗产保护的趋势可能包括更加重视社区参与和本土知识，以及利用数字化技术进行文化遗产的记录和传播。同时，跨学科的合作和全球范围的合作也将继续在文化遗产保护中发挥重要作用。

四、名人故居与文旅融合发展的探讨

文旅融合，即文化与旅游的结合，已成为全球旅游发展的一个重要趋势。将文化元素融入旅游活动，不仅可以提升旅游体验，还可以促进文化的传承和发展。名人故居作为独特的历史文化资源，具有巨大的文旅融合发展潜力。

（一）名人故居在文旅中的作用

名人故居在文旅中扮演着多重角色。首先，它们是吸引游客的重要景点。许多游客对历史人物和他们的生活故事充满兴趣，因此，名人故居成为人们旅游行程中的重要驻足地。其次，名人故居通过展览和教育活动，为游客提供了了解历史人物和文化的机会，从而丰富了他们的旅游体验。最后，名人故居还可以促进当地经济的发展，通过旅游活动，带动餐饮、住宿等相关产业的发展。

（二）文旅融合发展的挑战

尽管文旅融合具有巨大潜力，但也面临着一些挑战。首先，如何平衡旅游开发和文化遗产保护之间的关系是一个重要问题。过多的旅游活动对故居可能会造成损害，影响其历史价值。其次，如何确保旅游活动能够真实、准确地传达历史人物和文化的信息，避免商业化或浅薄的解读，也是一个挑战。

（三）文旅融合发展的策略

为了有效应对这些挑战，需要采取一系列策略。首先，制定合理的旅游规划，确保旅游活动对故居的影响最小化。其次，加强对导游和工作人员的培训，确保他们能够准确生动地传达历史人物和文化的信息。此外，通过开发与名人故居相关的文化产品和服务，如图书、电影、艺术品等，进一步提升游客的体验。

五、名人故居与大思政教育的结合

大思政教育是一种全面的思想政治教育模式，旨在培养学生的社会主义核心价值观，提高他们的道德素质和政治觉悟。这种教育模式强调理论与实践相结合，注重学生的全面发展。

（一）名人故居在大思政教育中的应用

名人故居是大思政教育的理想场所。首先，名人故居承载着历史人物的精神和价值观，通过参观故居，学生可以更直观地感受这些精神和价值观。其次，故居中的展览和教育活动可以帮助学生更深入地了解历史人物的思想和成就，从而加深他们对社会主义核心价值观的理解。最后，名人故居还可以作为实践基地，通过组织学生参与故居的保护和管理工作，培养他们的社会责任感和实践能力。

（二）结合大思政教育的挑战

尽管名人故居在大思政教育中具有重要作用，但也面临着一些挑战。首先，如何确保故居的教育活动与大思政教育目标相一致，是一个重要问题。其次，故居的保护和管理工作需要大量资源，如何有效利用这些资源，同时确保教育活动的质量和效果，也是一个挑战。

（三）结合大思政教育的策略

为了有效应对这些挑战，需要采取一系列策略。首先，加强对故居教育活动的规划和设计，确保其与大思政教育目标相一致。其次，加强故居与大中小学之间的合作，通过组织学生参观、开展教育活动等方式，使故居成为大思政教育的重要基地。此外，还可以通过建立志愿者制度、开展社会实践活动等方式，吸引更多学生参与故居的保护和传承活动。

（四）案例分析

通过分析一些成功的名人故居与大思政教育结合的案例，可以获得更多启示。例如，某些故居通过与大中小学合作，开展特色教育活动，不仅提高学生的思想政治素质，还促进故居的保护和传承。这些成功案例为其他故居的大思政教育提供了借鉴。

六、案例分析：名人故居保护与传承的成功实践

为了深入理解名人故居保护与传承的成功实践，本文选择几个具有代表性的案例进行分析。这些案例涵盖不同地区、不同历史时期和文化背景的名人故居。

案例一，鲁迅故居（上海）。鲁迅故居的保护工作得到政府和社会的大力支持。故居不仅保留鲁迅生前的居住环境，还通过展览和教育活动，传承鲁迅的思想和精神。故居的保护工作注重历史真实性，同时也考虑现代参观者的需求，如提供导览服务、多媒体展示等。

案例二，莎士比亚故居（英国斯特拉特福德）。莎士比亚故居的保护工作取得显著成效。该故居不仅得到良好的维护，还成为研究莎士比亚的重要基地。故居的保护工作注重历史真实性，同时也考虑游客的体验，如提供互动式展览、戏剧表演等。

案例三，凡·高故居（荷兰阿姆斯特丹）。凡·高故居的保护工作

强调与当地社区的互动。故居不仅得到良好的维护，还成为艺术爱好者的聚集地。故居的保护工作注重历史真实性，同时也考虑社区的需求，如举办艺术工作坊、社区活动等。

（一）成功经验与启示

通过对这些案例的分析，可以总结出一些成功的经验和启示。多方合作：成功的保护工作通常涉及政府、社会团体和个人的多方合作。这种合作不仅提供必要的资源，还确保故居保护工作的多元性和可持续性。综合保护策略：成功的保护工作通常采取综合性的策略。包括物质文化遗产的保护、非物质文化遗产的传承，以及与当地社区和旅游业的融合。公众参与：成功的保护工作强调公众的参与。通过教育、展览和活动，吸引公众参与故居的保护和传承工作，不仅提高公众的保护意识，也增强他们对故居的认同感和归属感。

（二）对其他故居保护与传承的启示

这些成功案例为其他名人故居的保护与传承提供有益的启示。首先，故居的保护工作需要多方合作，形成政府、社会和个人的合力。其次，故居的保护工作应采取综合性的策略，注重物质文化遗产和非物质文化遗产的保护与传承。最后，故居的保护工作应注重公众参与，通过教育、展览和活动，提高公众的保护意识，增强他们对故居的认同感和归属感。

七、名人故居保护与传承的未来展望

随着社会的发展和科技的进步，名人故居保护与传承面临着新的机遇和挑战。一方面，数字化技术的应用为故居的保护和内容传播提供了新的工具和手段。例如，通过虚拟现实技术，可以重现故居的历史场景，为公众提供沉浸式的体验。另一方面，全球化和社会变迁也给故居的保护带来新的挑战，如城镇化的快速发展可能对故居的物理环境造成影响。

（一）发展策略和建议

为了应对这些挑战，需要采取一系列发展策略和建议。首先，加强对故居保护的立法和政策支持，确保故居得到法律保护。其次，加大对故居保护的资金投入，同时鼓励社会捐赠和民间参与。此外，应加强故居与教育、旅游等领域的合作，通过文旅融合等方式，提升故居的社会影响力和经济价值。

（二）科技在故居保护与传承中的应用

科技在名人故居保护与传承中扮演着越来越重要的角色。例如，通过遥感技术、数字化记录等方式，可以对故居进行精确的监测和记录，为保护工作提供科学依据。同时，通过社交媒体、网络平台等，可以扩大故居的影响范围，吸引更多的公众关注和参与。

（三）社区参与和对本土知识的重视

未来，社区参与和对本土知识的利用在故居保护与传承中的作用将越来越受到重视。通过与当地社区的紧密合作，可以更好地理解故居的历史和文化价值，同时也可以增强社区对故居的保护意识和责任感。

（四）文化多样性和可持续性的维护

名人故居的保护与传承，应注重文化多样性和可持续性的维护。这意味着在保护故居的同时，也要尊重和传承与之相关的非物质文化遗产，如传统技艺、民俗活动等。同时，应考虑故居保护与当地社会经济发展的平衡，确保故居的保护工作能够持续进行。

八、结论

本文对名人故居的历史价值、保护现状、文化遗产保护的理论与实践、文旅融合发展、大思政教育的结合以及未来展望进行了全面探讨。通过深入分析，我们认识到名人故居不仅是历史的见证，而且是文化传承的重要载体。它们的保护与传承不仅是对历史的尊重，而且是对未来的投资。

（一）名人故居保护与传承的重要性

名人故居的保护与传承对于维护历史连续性、促进文化多样性和提升社会教育水平具有重要意义。通过有效的保护和合理利用，名人故居将继续在文化传承和社会发展中发挥重要作用。

（二）面临的挑战与应对策略

尽管名人故居的保护与传承取得一定的成就，但仍然面临着资金短缺、城市规划冲突、保护意识不足等挑战。应对这些挑战需要政府、社会和个人三方面的共同努力。政府应提供政策和资金支持，社会应增强保护意识，个人应积极参与故居的保护和传承工作。

（三）未来发展的方向

未来，名人故居的保护与传承应注重科技的应用、社区的参与和对本土知识的重视，以及文化多样性和可持续性的维护。通过创新保护和传承方式，名人故居将更好地服务于社会，促进文化的传承和发展。

（四）对名人故居保护与传承的思考

名人故居的保护与传承是一项长期而复杂的工作，需要全社会的共同参与和努力。通过对名人故居的研究，不仅加深了对历史的理解，而且加深了对文化传承的认识。名人故居的保护与传承不仅是对过去的保存，更是对未来的投资，它们将继续在文化传承和社会发展中发挥重要作用。

（林海瑛，铁人王进喜纪念馆副研究馆员）

续写时代故事，
故居不再"孤居"

黄 艳

　　名人故居指那些与历史上重要人物生活和事迹密切相关的建筑遗产，这些建筑物因为其历史和文化价值而成为人们关注和研究的对象。名人故居作为一个城市独特的文化底蕴和人文积淀的重要载体，在传承民族文化、弘扬民族精神方面发挥着独特作用，具有重要的历史价值、文化价值、宣传价值。"故里游""故居游"逐渐成为文旅消费的新赛道、文旅融合的"新引擎"，"看展"已成为新时尚。本文从新时代名人故居独具的时代价值和肩负的现实使命谈起，探讨名人故居教育活动的基本特征和亟须解决的问题。

　　党的十八大以来，习近平总书记站在中华民族伟大复兴战略全局和世界百年未有之大变局的战略高度上，多次就文博工作发表重要讲话，内容涉及增强历史自觉，坚定文化自信，加强文物保护、博物馆建设，让文物活起来，促进文明交流互鉴等方方面面，深刻阐明了当代文博工作者所担负的重要使命任务，为我们做好文博工作指明了前进方向，提供了根本遵循。2023 年，我国博物馆接待观众 12.9 亿人次，创历史新高；全年新增备案博物馆 268 家，全国备案博物馆 6 833 家；全国博物馆举办陈列展览 4 万余个、教育活动 38 万余场，博物馆成为全民终身教育的重要平台。名人故居是博物馆力量的重要组成部分，在新时代承担着重要的政治使命和文化使命。

一、名人故居的时代价值和现实使命

（一）承载历史，启迪未来

名人故居是历史记忆的见证，是一座城市的人文名片和精神地标，在构建中华优秀传统文化传承体系、弘扬社会主义核心价值观、坚定文化自信方面具有重要作用。名人故居的一砖一瓦，都定格了历史岁月中的珍贵片段，它以厚重凝练的文化底蕴散发出独特的人文魅力，为教育实践提供了丰富的文献素材和实物基础。名人故居逐渐成为亲子教育、学校教育、社会美育不可或缺的"第二课堂"，成为广大参观者深入了解历史文化、收获智慧、启迪心灵的重要文化空间。名人故居，是过去的低语，是未来的启示，是永恒的诗篇。

（二）赋彩生活，助推城市

名人故居在城市更新的时代路径中，对地域文化的构建与传承发挥着不可替代的重要作用，成为彰显人文肌理的重要载体。名人故居不仅蕴含着建筑本体经历的各个社会历史时期的国家治理、社会制度、城市规划建设等方面的内涵，更蕴含着产生、造就名人的各种人文因素。在获取知识的渠道更加便捷多元、足不出户就可"行走天下""游历古今"的今天，人们依然热衷于线下实地打卡名人故居，心甘情愿花费时间、精力，跨越空间的距离探访名人故居，就是为了收获那远比隔着屏幕和书本来得真切、动人的第一视角的直观感受和人文情怀。置身先辈曾经生活、工作过的场景，沉浸在特定的时代背景、生活场景之中，聆听人的"故"事，感受"居"的气息，在提炼精神力量的文化场域里回望来时路，在岁月的斑驳中见风雨也见彩虹。

（三）链接世界，同频时代

身处"百年未有之大变局"，亲历着集易变性（volatility）、不确定性（uncertainty）、复杂性（complexity）、模糊性（ambiguity）于一体的VUCA时代，在加速变革的世界，名人故居扮演着促进文化多样性和相互理解的重要角色。世界文明，各美其美、美美与共。在世界文明交流互鉴的当下，名人故居将璀璨的地域文化与世界共享，让"诗和远方"

不再遥远。当我们走进名人故居，在文物荟萃中品读着一篇篇简短有力的说明，倾听历史的低吟，那穿越时空的"久别重逢""一见如故"把名人的生平娓娓道来。通过高质量学术交流合作，推介理论研究成果，服务中华文化走出去，展示中国形象、讲好中国故事，增进世界友人对中国地域文化的优秀传统的了解、理解、尊重和认同，支撑起人类的温暖绵延。

（四）以点带面，助力消费

名人故居是文化和历史的符号，也是旅游产业的珍贵资源。近年来，文旅市场持续升温，消费活力不断释放，文化旅行逐渐成为游客滋养自我、持续成长的重要方式。从"研学热"到文化街区打造，"文化味"与"烟火气"有机融合，既满足了人们的精神需求，又为繁荣文旅市场、推动经济发展作出贡献。消费者愿意为文化买单，对文旅融合的新业态、新场景、新亮点充满期待。在保护好的基础上，借助名人故居将周围可利用、开发的资源利用起来，放大名人效应，将是探寻经济发展的流量密码、带动城市经济发展、提高城市知名度和吸引力的一个重要思路。"文化搭台，经济唱戏"，名人故居正以守正创新的正气和锐气，奋力推动城市文旅融合的高质量发展。

二、新时代名人故居教育活动的基本特征

名人故居纪念馆一般依托遗址建立，没有遗址就失去了建立纪念馆的基础。个别故居纪念馆因种种原因选址新建，所选的馆址也都与纪念的人或事有一定联系。真实具体的建筑、文物为观众在直观上和感性上认知故居文化创造了条件，得天独厚的教育资源使故居纪念馆教育具有很大优势，说服力更强。知识经济和信息时代的到来，为博物馆教育的概念注入更多内涵。博物馆教育是指"博物馆通过展览陈列和相关教育活动的方式，采取相应的辅助手段，将展品和实物的历史、文化、考古、科学和美学等信息传递给观众，从而教育和提高观众科学文化水平与道德水准，推动社会与博物馆事业发展的实践活动"。[1]具体到名人

---

［1］马立伟：《博物馆志愿者教育学》，人民出版社2019年版，第28页。

故居的教育活动，本文认为有以下几个方面特征：

（一）空间的灵活性和形式的非传统性

故居纪念馆作为多重意义交织而成的开放式空间，其教育活动有别于学校教育和家庭教育，是社会教育的重要组成部分，具有鲜明的行业特征。随着展陈手段、教育形式的日益提升，馆内和馆外协同，线上和线下联动，在构建"以观众为中心"路径的不断探索中，名人故居纪念馆为观众创造了更为轻松、有更多趣味的文化环境以汲取知识、陶冶情操、培养道德、提升人文素养。不拘泥于特定的时间和空间，便可随时随地开展或结束教育内容；没有硬性的教学大纲，也可以"圈粉"众人；不受班级制人数限制，也能"强力输出"，分众化满足不同人群的兴趣和要求；不套用传统的教育评估方式，因为场馆教育原本就是一场自发的自我学习。

（二）教育主体的专业性和客体的自主性

名人故居的教育主体是纪念馆的从业人员以及相关领域的专家学者，他们具有丰富的专业知识、行业经验和教育能力。其面向公众提供的教育内容具有绝对意义上的平等性和自主性，所有社会成员都可以根据自己的兴趣所在，自由地出入故居纪念馆的各个陈列空间，有选择地参加场馆组织的各类社教活动。这些来自五湖四海、世界各地，不同年龄、宗教信仰、职业背景和家庭条件的观众，不必受必选课程、学习进度和评估体系的束缚，在完全自由开放的条件下独立自主地完成自我学习。

（三）教育主旨的纯粹性和内容的情感性

相对于博物馆的"博"，纪念馆更加"专"，博物馆具有综合性和地志性，而纪念馆则是一人或一事，主题、主体单一纯粹，个性鲜明。相对于博物馆的"物"，纪念馆更有"情"，博物馆具有客观性，而纪念馆则维系情感、震撼人心、凝聚精神、激发追求。名人故居的教育活动以"透物见人"的思路，一方面为我们呈现了历史当中的大人物大事件，另一方面也为我们聚焦展示了一个不限于历史文献记载的，辽阔的、生动的、蓬勃的基层社会。

三、新时代名人故居策划教育活动需要关注的问题

我国作为文化大国、历史文化古国，近年来文博事业蓬勃发展，作为社会文化教育事业的重要组成部分，切实发挥文博场馆对社会各界的宣传教育职能，必将对国家建设起到重大推进作用。泰戈尔曾经说过："不是棒槌的敲打，而是水的载歌载舞，才造就了美丽的鹅卵石。"名人故居的教育，就是潜移默化地造就"美丽的鹅卵石"。常变常新、打磨策划"出圈"的教育活动不容易，也不简单，但很值得。激活名人故居，需要名人故居以向导、伙伴和激励者的姿态出现，积极与观众沟通，营造蓬勃发展的学习文化。

（一）对意识形态的关注

意识形态又称"社会意识形态""观念形态"，是对社会和自然的各种印象、理解、感情、愿望加以系统化的完整的观念形态，表现为一定体系的社会观、思想学说和政治理论。[1]社会意识形态影响故居纪念馆教育的价值取向和教育思想，社会文化的传统因袭、主流意识和价值取向制约故居纪念馆教育的发展方向、教育内容、教育水平、教育环境和教育模式。故居纪念馆的教育活动作为一种文化形态和文化选择，丰富了社会文化的内涵和外延。故居纪念馆的教育工作者应当充分认识到社会是场馆教育赖以生存的客观环境和生长"土壤"，在实际的教育工作过程中，要不断通过独具特色的爱国主义教育、民俗民风教育等多元化途径，传播正确的价值观，促使公众将道德观念和社会责任感转化为自觉的行动。

（二）对观众的关注

名人故居中的研究员、展览设计师、教育专家一直处于对话观众的舞台中心，他们一方面获取、保护、展示馆藏文物，另一方面对越来越多样化的公众期待作出及时有效的反馈，以最大限度呈现研究水平。习以为常的研究员地位与角色、稳固而僵化的运作程序难以让公众声音进

---

[1] 刘建明主编：《宣传舆论学大辞典》，经济日报出版社1993年版，第43页。

入循规蹈矩的实物工作[1]。长此以往，可能带来的影响是大多数场馆"重物不重人"，出品的展览及配套教育活动对内容和形式考虑得太多，而为目标观众考虑得太少。观众只是计数的工具，能令场馆在定级评估中获得举足轻重的分数，而场馆并不打算真正地了解观众。观众打卡名人故居的真正目的是出于明确的学习目标？是进行"看展式社交"？是渴望受到周围陈设的启发、享受整体环境与氛围带来的体验？我们无从知晓。此外，从世界各国的情况来看，在校学生都是博物馆参观的主要群体，而我国博物馆的宣讲主要针对成熟群体，场馆工作人员对儿童心理学的学习尚不够重视，对儿童方面的教育关注较少。

（三）对故居及衍生教育产品的关注

名人故居纪念馆教育活动的存续，很大程度上关乎教育产品的体验和服务设计。当前名人故居的开发建设如火如荼，也暴露出三个方面问题：一是为了片面追求经济利益，许多历史城镇在进行修缮历史文化遗产时不按照国家所规定的方针、法规来修复；二是不少名人故居有"形"无"魂"，展陈潦草，展览仅限于静态感知，事迹的动态体验不足，缺乏形式美感；三是教育产品的学理性不强，教育内容和施教策略不利于观众的认知发展，教育活动同质化严重，教育内化功力不足，仅给予观众那些简单的、对他们的自我学习不产生任何影响、无意义的甚至引发歧义的教育过程，游客乘兴而来，却不能尽兴而归。究其原因，一是不少景点将重量级名人故居作为自己的 IP，仅是为了利用其知名度达到"吸睛"从而更"吸金"的目的。这不仅与故居保护、利用的原则相悖，也背离了游客参观的初衷，更伤害了大众对名人的向往与敬仰。二是我们举办教育活动、产出教育产品，往往渴望"动之以情"之后再升华出所谓的"晓之以理"，而忽视了"动之以情"本身潜移默化、润物无声的可贵价值。三是"见人、见物、见精神"，故居仅有馆藏是远远不够的，还必须同时拥有与实物藏品相关的信息。换言之，与文物相

---

[1] ［美］彼特·萨米斯（Peter Samis）、［美］米米·迈克尔森（Mimi Michaelson）：《以观众为中心：博物馆的新实践》，尹凯译，科学出版社 2018 年版，第 ix 页。

关的信息挖掘得越充分，信息转化得越成功，观众的记忆点就越多，就越可能达成观众与场馆的双向奔赴。

（四）对可持续发展的关注

进入 21 世纪，人类社会发生天翻地覆的变化，互联网、信息化、智能化和数字化的浪潮改变了人们的生活方式、价值取向和文化诉求，博物馆事业呈现出前所未有的繁荣景象。名人故居是"阳春白雪"、雅俗共赏的文化殿堂，理应不辜负观众的期待，将社会效益、观众利益置于首位，而不以追求盈利为目的，那些媚俗的、功利性的教育行为应坚决杜绝、摒弃。与此同时，在市场经济环境下和知识经济时代的社会背景下，在掌握教育规律和运行机制的前提下，在认清场馆教育效果的长效性和后效应性之后，名人故居也应当树立正确的市场观念，加大自身的推介力度、提高场馆的公众形象、走向社会营造观众市场。在策划教育活动时，积极与商业实体、旅游机构和企业等合作，合理开发创意研学产品、添加创新装置，如增强现实技术、VR 游戏、3D 打印和机器人互动装置等，充实与发展纪念馆自身的潜力。

四、结语

名人故居作为与历史亲密接触的"活化石"，是一部物化了的人类历史书，是浮沉世事的最好见证，记录着一个时代的历史变迁和社会变革。名人故居，过去、现在、将来都是我们的宝贵精神财富。唯有保留建筑外壳、锁住文化内涵、续写时代故事，方能使故居蝶变焕新。

（黄艳，中共一大纪念馆馆员）

聚焦品牌打造　讲好名人故事

——以刘少奇同志纪念馆为例

熊学爱　肖煊一

党的二十大报告指出："弘扬以伟大建党精神为源头的中国共产党人精神谱系，用好红色资源，深入开展社会主义核心价值观宣传教育，深化爱国主义、集体主义、社会主义教育，着力培养担当民族复兴大任的时代新人。"在新的时代背景下，名人故居类纪念馆已经成为促进民族精神弘扬与传播的前沿阵地，承担着更加重要的社会教育责任。如何扩大社会教育效果，是一个长期的课题。研究表明，纪念馆教育文化品牌的建设，有利于提升纪念馆在市场中的竞争力，促进我国教育资源的合理配置，给纪念馆带来实质性的附加价值，同时还可以实现纪念馆教育职能的可持续发展。因此，纪念馆必须做好发展规划，把打造教育品牌提升到战略高度，不断研究和提炼纪念馆的精神内核，从而获得更好的影响及教育效果。本文以刘少奇同志纪念馆为例，回顾梳理五年来宣传教育品牌的创建、发展过程，以期为名人故居类纪念馆的品牌建设提供有益参考。

一、刘少奇同志纪念馆宣教品牌建设的发展依托与现状分析

（一）博物馆宣教品牌建设的依据

党的二十大报告指出："坚守中华文化立场，提炼展示中华文明的精神标识和文化精髓，加快构建中国话语和中国叙事体系，讲好中国故

事、传播好中国声音，展现可信、可爱、可敬的中国形象。"这表明如何讲好中国故事、传播好中国声音，已经成为加强我国国际传播能力建设的重要任务。习近平总书记强调，坚持以人民为中心的创作导向，坚持"二为"方向、"双百"方针，坚持创造性转化、创新性发展，精益求精、潜心磨砺，以传世之心打造传世之作，不断创作生产优秀作品。这为纪念馆如何强化创新理念，打造高质量教育品牌提供了理论依据，指明了方向。

回顾我国博物馆（纪念馆）的发展历程，宣传教育和文化服务产品总是伴随国家、人民的发展需求而不断更新迭代。在宣传教育和文化服务产品发展的过程中，许多博物馆（纪念馆）依托教育活动或文化产品打造出特色鲜明的"教育品牌"，在博物馆行业、人民群众中引起了强烈反响。如，由中央电视台围绕博物馆藏品与各大博物馆联袂打造的节目《国家宝藏》；故宫博物院围绕文物修复工作深入参与打造的节目《我在故宫修文物》等等。整体而言，代表博物馆（纪念馆）自身特性，能够有效链接群众认知水平、观赏需求的"教育品牌"，普遍受到群众的欢迎，能更好地实现博物馆（纪念馆）教育产品制作的目标。

（二）刘少奇同志纪念馆宣教品牌建设的优势

刘少奇同志是伟大的马克思主义者，伟大的无产阶级革命家、政治家、理论家，党和国家主要领导人之一，中华人民共和国开国元勋，是党的第一代中央领导集体的重要成员。他在经济、政治、军事、文化、教育、外交和党的建设等领域都建立了卓著功勋，是中国共产党人和中国人民学习的光辉榜样。刘少奇同志纪念馆是全国唯一一座系统完整地介绍刘少奇生平业绩的人物类专题纪念馆，具有名人故居类纪念馆蕴含的历史价值。该馆长期致力于收集、研究刘少奇思想生平相关文物资料，在打造与之相关的宣传教育品牌方面有较大的优势。馆藏文物总数达 17 551 件/套。其中，一级文物 71 件（套）、二级文物 368 件（套）、三级文物 2 385 件（套），馆藏藏书 9 000 多本，并建立了刘少奇相关研究的数据库和红色基因库，广泛涵盖刘少奇社会主义革命、建设各个时期的珍贵资料与研究成果。以刘少奇同志精神内核和丰富馆藏为基础，创造性地打造刘少奇同志纪念馆的宣教品牌，有助于人们认识和学习刘少奇生平史，感悟红色精神、激发爱国热情。这不仅是对刘少奇同志纪念馆红色文化资源的有效利用，也是对老一辈无产阶级革命家伟大精神的继承和发扬。

（三）刘少奇同志纪念馆宣教品牌建设的不足

尽管刘少奇同志纪念馆品牌化建设具有诸多优势，但是名人纪念馆宣教工作发展整体比较滞后，存在一些通病不容忽视，主要包括以下几点：

第一，教育形式单一，项目定位和目标模糊，以灌输式教育为主，枯燥乏味；第二，资源利用率低，文化传播作用未受重视，社会影响力、市场接受度和到达率不高；第三，品牌价值挖掘浅，主题不突出、内涵不丰富；第四，研究碎片化，内容分散、堆叠，不成体系；第五，教育产品设计自身不明，忽略教育对象的感受与情绪，分众教育不够。

二、刘少奇同志纪念馆宣教品牌实践探索

作为国家首批一级博物馆，刘少奇同志纪念馆始终把宣传教育作为优先和重点发展方向，本着"聚焦品牌建设 讲好少奇故事"的新发展理念，以创新思路为引领，大胆探索、不断实践，在充分挖掘馆藏资源教育内涵的前提下，打造一系列具有影响力的红色宣教品牌，包括"三送六进""'修养'志愿宣讲团""走近少奇——百集微故事""花明大讲堂""花明楼讲解员培训班""《走出炭子冲》双时空互动情境研学剧""开学第一课""大学生暑期三下乡""小小讲解员夏（冬）令营""校外辅导员"等。这些品牌均统一在刘少奇同志纪念馆的主品牌之下，互为补充，形成合力。

下文以三个品牌为例，简要介绍品牌的建设过程。

（一）"花明大讲堂"

"花明大讲堂"是以刘少奇故里——花明楼为举办场所的文化讲坛，致力于传播意义深刻、形式多样、观众喜爱的文化内容。"花明大讲堂"用通俗易懂的宣讲内容、独具特色的渗透方式，多维度、立体化展现了

刘少奇同志的崇高品德和高尚情操，切实解决思想政治教育空洞说教、枯燥无味等问题，以满足群众日益增长的精神文化需求。花明大讲堂包括四大课程，分别是特色思政课、专题思政课、文艺思政课和云上思政课。

特色思政课是"花明大讲堂"的一张王牌，是 2019 年刘少奇同志纪念馆根据中共中央"不忘初心　牢记使命"主题教育精神和习近平总书记在纪念刘少奇同志诞辰 120 周年座谈会上的重要讲话精神而推出的，并不断优化升级以紧跟时代步伐。课程着力在宣讲内容、宣讲形式、反馈机制上创新，做到"实、活、严"。宣讲内容求实，保证真实、有据、可信；宣讲形式求活，包括故事讲述、音诗画、情景剧等；反馈机制求严，每次宣讲结束后都进行观众满意度调查，便于及时分析不足，总结经验，实现提升。此外，还结合不同年龄、不同身份等特点，设计制定不同主题的执行课件。观众可根据自己的需求，进行课程的自行选择与搭配，形成定制化、个性化的"特色思政课"。

"花明大讲堂"成立以来，每年为 200 多个单位和基层党组织提供党史学习教育服务，累计听课人数超百万。

（二）《走出炭子冲》双时空互动情境研学剧

《走出炭子冲》是一部双时空互动情境研学剧，分为"刘九书柜""立志报国""确立信仰"三幕，共计 9 个核心故事，生动完整地再现了青少年刘少奇求学、立志、确立信仰的过程。该剧是刘少奇同志纪念馆与长沙学院影视艺术与文化传播学院开展的一次馆校深度合作的成果，2020 年，由双方组建专业创编团队历时一年完成。剧本由中共中央党史和文献研究院与纪念馆党史专家共同审核，编剧、导演、舞美等幕后人员由长沙学院负责，演员全部由纪念馆干部、职工担任。

截至 2024 年，《走出炭子冲》双时空互动情境研学剧已公演 11 次，辐射现场观众数万人，被学习强国、《中国文化报》、搜狐网、《湖南日报》等媒体报道 20 余次，影响广泛。2020 年 9 月，该剧在长沙学院首演，剧中双时空设计（第一时空为舞台话剧演绎、第二时空为讲解员现场讲述）和互动环节吸引现场的青少年参与其中，爱国之情、奋斗之志被一次次点燃，颇具震撼力和感染力，观众满意度高达 96.83％。2021年，该剧得到中共长沙市委宣传部高度重视和大力支持，成功入选长沙第二届岳麓山青年戏剧节红色剧目，在党成立一百周年之际面向全市观众连续公演 2 场，得到社会各界一致好评。全剧视频在中新网、掌上长沙、星辰头条等平台上受到广泛关注，点击量破 10 万。《走出炭子冲》作为生动的党史学习教育课堂，已成为湖南省中小学生来馆开展红色革命教育和研学活动的有力支撑，实现了纪念场馆教育与学校思政工作的同频共振，是全方位构造"大思政课"体系极其重要的一环，具有投入低、效果好、可复制、易推广等优点。

（三）走近少奇——百集微故事

刘少奇同志纪念馆立足党的百年历史新起点，以"内容为王"的宣教品牌意识，以学习强国平台为宣发阵地，特别策划打造了以弘扬少奇思想、歌颂建党精神为目标的"走近少奇——百集微故事"课程项目，共分五年完成。2021 年完成"共产党人刘少奇"系列 27 个微故事，2022 年完成"光辉榜样刘少奇"系列 23 个微故事，2023 年完成"感悟少奇故事，追寻光辉印记"系列 10 个微故事以及"工运领袖刘少奇"系列 10 个微故事，2024 年完成"人民心中的少奇"系列 30 个微故事，计划于 2025 年完成《走近少奇——百集微故事》书籍出版发行、开展"百课进百校，百人开百讲"大赛（分为大、中、小学组）、组织"走近少奇"全国巡讲。

百集微故事课程包含线下和线上两种宣传方式，是在新时代语境下讲好少奇故事的一次有益尝试，以系列化的主题、专题化的内容、多样化的视角展现刘少奇同志在救国救民、强国富民道路上的艰辛探索和卓著贡献，具有政治导向积极、受众群体广泛、传播效果显著、具备推广价值等特点。每个系列都按照"线下开发系列微党课、出版微故事读本，线上通过'一网两微三号四台'新媒体宣传矩阵同时推送"的方式，打通线上线下两条公共服务渠道，从单一灌输式宣讲向剧本式、对话式、自述式的多项体验式转变，让少奇故事"遍地开花""触手可及"。

至 2024 年，百集微故事系列视频在学习强国等平台播放量超 5 000

万次。"共产党人刘少奇"系列微故事案例被评为 2022 年度全国文博社教百强案例，"光辉榜样刘少奇"微视频获得湖南省党员教育电视片观摩交流优秀作品一等奖。

三、名人故居类纪念馆宣教品牌建设的思考

宣教品牌建设是名人故居类纪念馆提升知名度和影响力、持续增加社会参与和关注的有效手段。未来，名人故居类纪念馆要综合利用不同的途径，打造良好的宣教品牌。

（一）找准定位，实现差异化发展

在策划之初，宣教品牌就要明确功能定位，避免各项活动出现同质化、单一化，最好能做到功能互补、品牌呼应。例如，在刘少奇同志纪念馆的宣教品牌中，根据各自的特点不同，功能上可做以下区分：从受众群体出发，有面向党员干部的，也有面向中小学生的；在表现形式上，有理论宣讲，有文艺表演，也有情景话剧；在宣传方式上，有线下的大型会演、小型微课，也有线上的精品短视频。

（二）立足优势，品牌建设要有系统性、连贯性

宣教活动之所以能成为品牌，必须有时间上的延续性，不能孤零零只做一场、搞一次，否则很容易被社会忽略，难以聚成能量。刘少奇同志纪念馆的宣教活动，在策划和实践中比较注重系统性和连贯性，尤其是在设计"走近少奇——百集微故事"这一项目时，充分考虑了这一点。活动历时五年，基本每年都设立一个主题，分别是"共产党人刘少奇""光辉榜样刘少奇""感悟少奇故事　追寻光辉印记""工运领袖刘少奇"以及"人民心中的刘少奇"。该品牌创立时，首先以征文比赛的名义在馆内发起，之后逐步发展成一场全社会参与的征文活动。活动又非单一的征文比赛，而是一场贯穿全年的系列项目，具体分为宣传发动、前期创作、中期提质、后期评奖以及宣传推广五个阶段。在每一个阶段，都有子方案穿插其间，这样既丰富了整体项目，又环环相扣，具有连贯性。比如，在中期创作阶段，举办专题培训对参赛选手进行专业指导；在后期评奖阶段，邀请专业评委评选获奖选手和作品，并将优秀

作品编辑出版；在宣传推广阶段，将获奖作品转化成微视频，在新媒体矩阵上广泛宣传。这种系统性和连贯性，提高了宣教品牌的生命力、传播力和影响力。

（三）跨界融合，增加品牌附加值

打造宣教品牌如果仅仅依靠纪念馆自身的努力，很难获得理想的社会影响和教育效果。因此，纪念馆应主动拓展教育形式，争取包括学校、社区、协会、媒体等组织的广泛关注和支持，全方位、多角度地将伟人精神融入人们的日常生活之中，最终达到增加红色文化广泛传播的目标。刘少奇同志纪念馆的《走出炭子冲》双时空互动情境研学剧首演，经过多次努力，最终由长沙学院、共青团长沙市委、刘少奇同志纪念馆联合主办，中共长沙市直属机关工作委员会协办，以期获得政府层面、教育系统、专业机构的共同支持。这样，在多家单位的集体联动和推进下，品牌活动达到全体关注、专业指导、广泛覆盖的目的。

名人故居类纪念馆宣教品牌在参与当代文化建设，提升文化实力，传播红色文化和革命精神方面，发挥着重要作用。随着社会经济的快速发展，人们精神文化需求日益增长，这对文博事业发展提出了更高的要求。在新的时代背景下，刘少奇同志纪念馆以历史人物为中心，立足时代积极创新转化，在宣传、教育方面大胆尝试、勇于实践，不断发挥文化品牌的作用，努力让历史说话、让文物"活"起来，让人民群众更有获得感！

（熊学爱，刘少奇同志纪念馆副馆长

肖煊一，刘少奇同志纪念馆馆员）

关于毛泽东同志旧居开展
思政教育的几点做法

余 青

在武昌都府堤 41 号坐落着一幢晚清江南风格的民宅，它坐东朝西，砖木结构，三进三天井，面积为 436 平方米。正门上方的红色牌匾写有"毛泽东同志旧居"七个金色大字，是郭沫若的题字。

1927 年，毛泽东任中共中央农委书记，为满足毛泽东在武汉从事革命活动需要，经党组织秘密安排，租用了武昌都府堤 41 号这栋民宅作为他的办公和居住地。这里是毛泽东携杨开慧、毛岸英、毛岸青、毛岸龙生活工作过的地方，他对这里有很深的感情，很大一部分原因是这里承载了他们一家团聚的温馨美好时刻，承载了他对革命伴侣杨开慧的深情礼赞，更承载了他浓浓的家国情怀。毛泽东同志旧居是毛泽东一家最后团聚的地方，也是中共中央农委的办公地，著名的《湖南农民运动考察报告》就是在这里诞生的。观众进入旧居，不仅可以直观感受晚清建筑的美，而且通过讲解、情景剧表演或微党课等方式更能身临其境感受毛泽东的生活和精神。在发挥毛泽东同志旧居思政教育功能方面，武汉革命博物馆一直在探索尝试。

一、利用天然优势，办展参观

毛泽东同志旧居是武汉革命博物馆下辖的一个重要场馆，也是全国重点文物保护单位。作为博物馆的一部分，它具有博物馆的一般属性，就是公益性、开放性。为了更好满足观众的参观需求，让观众了解更多发生在毛泽东同志旧居里面的故事及旧居所体现的革命精神，武汉革命博物馆除开放旧居供观众参观外，还在毛泽东同志旧居内开办了"毛泽东在武汉"图片展，通过一张张图片展示毛泽东与武汉的情缘。在讲解方面，除专业讲解员外，武汉革命博物馆还吸纳了大批不同年龄、不同岗位的志愿者参与到日常的讲解中。讲解员带领观众从建筑讲到人，从人讲到精神，让观众全面了解旧居的历史及生活在里面的人，最后再升华到精神，给观众提供从视觉到听觉的盛宴，也让观众接受一次精神上的洗礼，充分发挥旧居的思政教育作用。

讲解参观是展现博物馆文化传承的基础，为更好传播毛泽东同志旧居蕴含的红色文化，传承红色精神，在讲解参观的形式、内容方面，武汉革命博物馆也在不断开拓创新。

一方面更新、拓展讲解内容。为了深入挖掘在毛泽东同志旧居里发生的故事，更好向观众讲述1927年毛泽东在这里居住期间发生的重大事件等内容，武汉革命博物馆邀请知名党史专家根据讲解员的讲述审阅讲解词的内容，让讲解更具准确性，同时给宣教部讲解员解读发生在此的感人故事、一些历史事件的发展脉络及所蕴含的伟大精神等。这不仅拓宽了讲解员的知识面，为他们提供养分，而且确保了讲述内容的权威性，让讲解员更有底气传播发生在这里的一系列真实感人故事。武汉革命博物馆为进一步增强故事的真实性、生活性，还与毛泽东的家庭保姆陈玉英进行深入交谈。陈玉英是杨开慧为了照顾孩子从湖南带过来的，当时她与毛泽东一家都居住在武昌都府堤41号。她的回忆，让我们更细致地了解毛泽东一家在这里居住时的工作和生活情况，也让我们从生活的点点滴滴中感受到了毛泽东一家的生活气，让讲解也更接地气。同时，在复原毛泽东同志旧居的过程中，武汉革命博物馆还专门走访了曾在这里居住的老人，并根据他们的回忆复原了房屋的室内陈设，让观众更直观地感受当年毛泽东及其他革命者在这里居住时的生活环境。

另一方面拓宽讲解人群。为满足不同观众的讲解需求，同时也为丰富讲解形式，武汉革命博物馆自2008年起招募志愿者，经过十多年的探索和发展，建立了系统完善的志愿服务及管理体系，打造了一支广覆盖、形式新、有担当、办实事、讲奉献的专业志愿服务队——"我在红巷讲党史"志愿者团队。志愿者团队由社区离退休干部群众、在校大学生和中小学生分别组成"红巷爷爷""红巷青马""红巷苗苗"特色团队，同时还广泛吸纳高校师生、企业员工、社区工作者等社会志愿者，总计 3 000 多人。毛泽东同志旧居还根据不同年龄段的志愿者特点调整了讲解内容和形式，比如"红巷苗苗"因为年龄小，所以讲解的内容比较浅显易懂，同时还穿插相应的革命歌曲及毛泽东诗词等内容，通过朗诵和唱歌的方式让中小学生的讲解更加生动。

这些讲解上的创新和拓展让观众有了更好的思政教育体验。

二、资源融合，打造沉浸式情景剧

武昌都府堤 41 号是 1927 年毛泽东一家居住的地方，当时还有许多著名的革命者为探讨农民运动、开展革命、汇报情况等事宜在此居住过，包括蔡和森、毛泽民、毛泽覃、彭湃等人。为了让观众更直观了解发生在此的历史故事，也为更充分发挥名人旧居的思政教育作用，武汉革命博物馆与专业院团合作，以毛泽东同志旧居为依托，共同研发了沉浸式情景剧《最后的团聚》。以真实发生在旧居里的故事为脚本，专业演员扮演毛泽东、杨开慧、陈玉英、基层农民运动的干部等人，演员展现了毛泽东一家在这里居住时的时光和工作情况，观众跟着演员穿越时空，如临其境，如见其人，如闻其声。沉浸式情景剧《最后的团聚》不仅给观众思想上的教育，同时带给了观众生活上的启迪。

整个表演的时间在 20 分钟左右，时间很短但是内容很深刻。在形式上，以讲解员实地解读必要历史背景，专业演员穿着逼真的服装，让观众与历史人物和历史故事零距离互动，在几乎身临其境的历史氛围中，使党史学习教育入脑入心。这种与观众互动式的表演更能直击观众内心，这种创新的参观方式让教育更有温度和深度，整个过程不需要过多的描述性语言，每个人看完都有自己独特的感受。这种沉浸式表演促进了博物馆高质量发展，也是红色精神、红色文化传播的重要方式，适用于不同年龄段，深受观众喜爱。

武汉革命博物馆下辖的包括毛泽东同志旧居在内的四个场馆都集中在被称作"红巷"的一条长 417 米的街上，随着 2023 年 5 月初以中共五大会址为依托的沉浸式实景剧《监委主席王荷波》的推出，武汉革命博物馆实现了沉浸式情景剧四个场馆的全覆盖，让革命旧址成为思政教育的"实景舞台"。

三、微党课，思政教育入脑入心

党史学习教育只有进行时，没有完成时。为进一步发挥毛泽东同志旧居的思政教育功能，全方位开展党史学习教育，武汉革命博物馆还在旧居内不定时安排理论宣讲、党史理论学习、名人讲座等活动。教授、党史专家通过深入解读和理论讲述等方式，解读毛泽东思想的形成过程、党百年的奋斗历程以及优秀党员的红色故事、红色精神等内容，向大家展现了一堂别开生面、内容丰富的微党课。在解读毛泽东思想形成的过程中让受众进一步了解了中国共产党的发展史、奋斗史。

微党课的形式多样，内容丰富，通过讲、演、展吸引观众的注意力，通过深化内容、研究讨论增强观众的参与度，再通过听、看、悟、写等让观众深入其中，让思政教育入脑入心。同时，观众在参观的过程中加入微党课活动，微党课成为观众开展主题党日活动的创新形式。

微党课开创了一种新型的思政教育形式，武汉革命博物馆以毛泽东同志旧居为载体，打造了一堂堂行走的思政课。

四、特色活动，开拓思政教育新模式

为丰富思政教育形式，武汉革命博物馆打破固有思维，将思政教育从课堂搬到博物馆，以"出圈"的形式，"出彩"的内容，为观众提供"出心"的感受，突破教育局限，拓宽思维，让思政教育也能"走新"更"走心"。武汉革命博物馆借助毛泽东同志旧居深厚的历史底蕴，名人的魅力和影响力，在旧居举办了毛泽东诗词鉴赏、毛泽东相关书籍品读及红色音乐会等特色活动。

2024 年元旦佳节来临之际，武汉革命博物馆联合武汉音乐学院演艺学院党总支在毛泽东同志旧居推出"2024 迎新音乐会"。广大青年以诗以歌讲述红色故事，用心用情礼赞新时代新征程。音乐如同一道跨越时空的桥梁，引领着观众踏入历史的洪流，感受革命先烈的英勇与激情。活动现场，旋律激昂，歌声动人，一曲曲红色经典，一首首豪放诗篇吸引了市民热情参与。大家在红色歌曲的熏陶下感受革命先辈们为新中国的成立、发展等事业热血奋斗的伟大精神。

为弘扬和传播红色文化，推广全民阅读，武汉革命博物馆在毛泽东同志旧居推出"红巷书香"活动，每个月举办一场，分享和解读红色好书，引导观众感受经典之美，尽享读书之乐。《毛泽东与武汉》就是其中的一本，通过 200 余幅珍贵的图片资料，以历史为脉络，再现了毛泽东与武汉的特殊情缘。

这些特色活动的开展，以创新的形式，深刻的内容，充分实现了博物馆的教育功能，同时也充分发挥了名人故居在思政教育、红色文化传播方面的重要作用。

五、小结

名人故居是历史记忆的见证，能够直观呈现当时的社会风貌和文化背景；它代表着一种文化传承和积淀，是文化交流、传承和创新的重要载体；它是不可替代的教育资源，通过参观名人故居旧址，人们可以得到思想的启迪和精神的熏陶；它具有美学价值，从建筑风格到家具装饰等体现着时代的审美，带给人美的享受。

武汉革命博物馆是全国爱国主义教育示范基地、全国关心下一代党史国史教育基地、全国首批"大思政课"实践教学基地，在充分发挥博物馆公益性、对外开放的功能外，还基于本馆红色资源，创新思路，打造极具特色的思政教育品牌，包括"红巷里的思政课"项目入选 2023 年国家文物局、教育部主办的以革命文物为主题的"大思政课"优质资源示范项目等等。毛泽东同志旧居是武汉革命博物馆的一个重要组成部分，它承担的历史使命与教育使命是显而易见的，发挥了重要的思政教育作用。

为了防止思政教育流于形式，毛泽东同志旧居开展的各类思政教育活动用创新的形式吸引观众，用深刻的内涵直击人心，让观众感受思政教育的魅力，也让观众从精神上满载而归。思政教育是中国共产党的优良传统和重要工作内容。进入新时代，思政教育呈现出新特点，更加强调知识性和价值性的统一、理论与情感的统一、教学外在形式和教育对象内生动力的统一。毛泽东同志旧居在做好思政教育工作方面任重道远，在创新形式、丰富内容方面一直在行动。

（余青，武汉革命博物馆馆员）

上海市红色场馆综合利用水平探究

王子安

一、上海市红色场馆发展现状

上海是一座具有光荣革命历史传统的城市，中国共产党诞生于此，同时上海也见证了党史上的多个"第一"。比如上海诞生了第一个共产党组织——上海共产主义小组；上海也创立了中国第一个青年团组织；上海同样创建了中国共产党第一个干部培训学校——外国语学社，等等。与此同时，许多革命先辈留下了光辉足迹。这些丰富的红色资源包括红色场馆资源。近年来大力弘扬爱国主义教育，开展党史学习，红色场馆也经历了长足的发展。

（一）红色场馆发展运营势头迅猛

近年来，打卡红色场馆成为市民游客出行的重要选择之一，红色场馆也迎来强劲的发展势头。以游客参观量为例，2018 年中共一大纪念馆接待观众 146 万人次，上海历史博物馆接待观众 137 万人次，陈云纪念馆接待观众 110 万人次，上海市年观众量位列前 10 的博物馆中，红色场馆占 60％；2019 年中共一大会址纪念馆接待观众 140 万人次，上海历史博物馆接待观众 124 万人次，陈云纪念馆接待观众 89 万人次，上海市年观众量位列前 10 的博物馆中，红色场馆占 50％，2019 年上海 30 多座革命类博物馆共接待观众 946.7 万人次[1]，红色场馆的火爆程度可见一斑。

为了更好地迎接访客，红色场馆也积极对自己的展陈布局和设施设备进行改造升级。2015 年 6 月，陈云纪念馆为迎接陈云同志诞辰 115 周年对主馆部分进行升级改造并新建了陈云文物馆；2018 年上海龙华烈士陵园完成纪念馆展厅部分的改造升级，并且在 2021 年 6 月完成上海龙华历史风貌区的改造提升；2021 年 6 月，中共一大纪念馆在保留原先会址的情况下，通过各方努力，在上海市黄浦区新建了纪念馆主体建筑。尽管在资金和施工中出现了一系列的困难，但是新建和改建场馆的举措，让红色场馆的功能辐射和管理效能得到全面提升，让市民游客参观体验感和获得感全面增强。

（二）单体红色场馆宣教功能凸显

近年来，上海作为党的诞生地，涌现出一大批高质量，受欢迎的红色场馆。这些红色场馆，在上海诸多场馆中脱颖而出，成为观众争相打卡的红色教育圣地，中共一大纪念馆、龙华烈士陵园、陈云纪念馆等一批红色场馆的观众量屡创新高，红色文化服务宣传深入人心，单体红色场馆宣教功能凸显。

以陈云纪念馆为例，近年来，陈云纪念馆积极发挥自身优势，打造了自身的红色精品文化品牌。第一是增强宣讲效果，通过展陈更新，从宣讲方式、宣讲形式、宣讲效果上下功夫，实行"分众宣讲"。参观讲解逐渐从"单向输出"转变为"双向互动"，提升观众的参观体验。第二是丰富宣传载体，打造了形式多样、因人因时施教的特色专题党课以及内容丰富的微信公众平台线上宣传。第三是统筹宣传资源，探索"多边"合作机制，组建红色文化联盟，打造红色文化宣传教育和交流的平台。同时，陈云纪念馆也注重学术研究，充实场馆的文化内容，加强专题研究、搭建研究平台、整合研究资源。

红色场馆的工作重心是宣传红色文化，无论是物质文化、还是精神

---

[1] 顾一琼：《上海 600 多处红色遗迹遗址和纪念场馆将红色基因融入城市血脉》，《文汇报》2022 年 7 月 1 日。

文化，落脚点永远在教育。

（三）馆际合作交流机制初步形成

博物馆之间的合作交流历史由来已久，各地博物馆跨省市交流合作，举办艺术交流展、大型特展等方式的文物交流展览，让观众在家门口就能欣赏不同城市文化特色的展品。但是这样的馆际交流在红色场馆之间并不多见。

2015 年 1 月，中共中央办公厅、国务院办公厅出台的《关于加快构建现代公共文化服务体系的意见》，倡导共建共享原则，要求"加强统筹管理，建立协同机制，明确责任，优化配置各方资源，做到物尽其用、人尽其才，发挥整体优势，提升综合效益"。该意见的出台，实际上就是鼓励博物馆、红色纪念馆、私人博物馆、文化单位等积极开展协作交流。红色场馆也积极响应，以红色联盟为依托，积极开展馆际交流。以陈云纪念馆为例，不仅将自己的优秀展览送出去，同时引进其他省份不同文博单位优秀的展览。如"陈云精神风范"专题展先后在绍兴鲁迅纪念馆、邓小平故居陈列馆、松江烈士陵园、方松社区文化中心、上海政法大学展出，以鲜明的主题、丰富的展品赢得观众的一致好评。同时，也引进了"初心之地——上海红色革命纪念地图片展""芳馨遗远　春温永存——上海鲁迅纪念馆藏中国现代作家手稿展""运筹千秋——中国珠算文化展"等临时特展，为自身的参观访客提供了多重的参观选择和独特的参观体验。

二、上海市红色场馆利用存在的主要问题

总体而言，红色场馆是传播红色文化的重要载体和展现平台，近年来的发展势头也十分迅猛，得到社会较多的关注和认可。虽然红色场馆在发挥其功能中做了许多努力，但是仍面临诸多难点痛点，其综合利用效能仍有不足，需要探索研究对策。

（一）红色场馆综合宣传效果不佳

2020 年年初新冠疫情暴发，为了疫情防控需要，上海各大文博场馆包括红色场馆在内都暂停开放。为了让游客更加直观地继续参观游

览，中共一大纪念馆、上海龙华烈士陵园等单位组织举办了各式各样的直播宣传活动，让观众大饱眼福。但是在开展活动过程中，各场馆呈现了严重不均衡性，大型红色场馆因为经费充足、人员整齐，可以自行进行媒体宣传，但是一些规模小、位置偏的场馆如青浦西乡革命烈士园，由于资源有限，难以单独开展对外宣传活动。另外，各场馆虽然借助移动、联通、腾讯等平台进行直播，但开展宣传的效果并不好。

这些活动的开展需要事前的活动预告宣传，也同样需要事后的剪影回顾，尽管"红途"平台可以为场馆进行活动预告，但是在活动推送过程中，往往以传统红色"大馆"为主，一些偏远且规模较小的场馆仍旧无法被纳入"红途"平台。且在线宣传方式没有创新和丰富的内容支撑，无法吸引观众的眼球。

（二）红色场馆协同体验效果不足

上海大多数红色场馆通过官方微信公众号以及电话等预约。虽然像"游上海""红途"等 App 提供了场馆的集中预约途径，但是仅仅是将场馆的预约信息进行整合，能否参观仍需场馆确认。而有些观众在第三方平台成功预约后，因第三方的预约信息与场馆并不一致，没有进行及时有效对接，导致观众到场馆后发现参观名额已不足。

红色场馆之间同时还缺乏统筹协同，场馆与场馆之间缺乏联动，一些场馆如张闻天故居、陈云纪念馆等，地处远郊，不仅公共交通不便利，往往需要观众自驾前往，而且周边缺乏餐饮、休闲等配套设施，前往参观往往会出现"驱车 4 小时，参观 1 小时"的情况。

全市的红色文旅路线仅仅做了区域性的针对红色场馆的串联，没有实现跨界融合的深度体验规划，观众无法利用有限的时间，尽可能地增加红色文化感受。而在"红途"平台上的城市阅读板块，虽然按照不同主题提供了丰富的红色旅游参考方案，但是仍需观众自行前往预约打卡，没有形成有效的商业化参观模式，让更多的观众感悟红色文化。且其中的红色旅游路线几乎都处于上海市中心，郊区红色场馆和红色纪念地所组成的线路寥寥无几，像位于上海市松江的农民武装暴动纪念馆，由于缺乏联动，多年来门可罗雀，严重影响了人们对红色文化的体验。

（三）红色场馆深度社会利用欠缺

1. 观众群体构成单一

2019 年和 2020 年，上海市年观众量位于前 10 的博物馆中，红色场馆占比超 50％，重要场馆接待人数更是超过百万。无论是像 2021 年中共一大纪念馆改建后重新开馆的"伟大的开端——中国共产党创建历史陈列"这样的长期固定展览，还是像 2019 年"城市荣光——庆祝上海解放 70 周年"主题展这样的临时展览，参观人数均突破 100 万大关。但是根据调查研究的结果和实际情况来看，上海红色场馆参观群体仍是以党政机关、企事业单位为主，个人散客参观比率仍然偏低，如 2019 年中共一大纪念馆、陈云纪念馆，散客人数占总参观人数的比率分别是 16％和 14％。截至 2021 年 9 月，陈云纪念馆的散客比例略有提升，但是也仅为 19％。

2. 文创产品购买不便

文创产品就是文化、创意、产品的结合，在当下红色文化流行下，众多红色场馆推出了许多人气较高的文创产品，如中共一大纪念馆的"中共一大代表'起点'浮雕笔筒"，周公馆的"大鸾腾飞笔记本"等，但是观众的购买渠道单一。虽然"红途"平台的海上文创板块提供了大量的文创产品，也提供了对应的图片和简单文字描述，但是其仅支持在线浏览并不支持在线购买，大多文创产品需要到红色场馆实地挑选。

3. 场馆意见反馈不健全

观众在参观红色场馆途中，对场馆展陈有任何意见，线下反馈以信箱留言和前台记录两种方式为主，而线上的意见多以微信公众号推送的形式反馈，但大多没有得到馆方的回应。

因为对红色场馆而言，没有构建一套即时性的综合场馆信息反馈机制，观众的需求和改善参观体验的建议就难以得到有效反馈，难以激发个体对红色文化的热情，这与红色场馆传播红色文化、开展红色教育的初衷不符。

（四）红色场馆信息整合共享不畅

1. 党课资源枝分叶散

许多红色场馆开发自己的特色党课，并不断丰富自己的特色红色展品，如龙华烈士陵园打造了自己的特色话剧《那年桃花》《流火》，陈云纪念馆针对"四史"教育录制了"四史"专题党课，上海鲁迅纪念馆精心编演了原创短剧《我以我血荐轩辕》，陈望道故居展出了《共产党宣言》首本中文译本等。但这些党课和文物，大多只能由观众到现场体验，或者在各红色场馆的微信公众号上进行线上宣传。且这些线下的党课资源，大多也仅针对团队观众开放，散客并不具备上党课的条件。线上公开的党课资源也没有进行分类整合，形成完整的"党史"教育在线学习资料库。

2. 学术成果难觅踪迹

目前许多红色场馆都配备文物或文献资料的研究部门，像中共一大纪念馆设有藏品保管部和陈列研究部，陈云纪念馆设有文物保管部和陈列编研部。这些部门的研究人员无论是出于自身的学术爱好，还是为了文博专业职称的评定，往往都拥有红色资源相关研究成果。但是这些学术成果，公开发表后仅仅被知网、万方等数据库收录，有些特别优秀的论文也仅仅是在报刊和微信公众号上登出。其中大部分的学术成果难觅踪迹，研究人员在引用参考时，往往只能前往知网、万方等平台进行关键词搜索，没有相关的机构和平台进行统一整理归纳，成果难以受到广泛关注与宣传。

3. 讲解水平参差不齐

各红色场馆讲解员存在讲解水平参差不齐的现象。部分优秀的讲解员可以在全国红色故事讲解员大赛上斩获佳绩，这部分讲解员不仅可以在台上通过动人的讲述让台下的观众潸然泪下，也可以在场馆中让观众沉浸其中，成为问不倒的"百科全书"。但是与此同时，也存在部分场馆的讲解员只能对固定讲解词死记硬背，对讲解词范围外的党史知识一知半解。在讲解表现形式上，生搬硬套，让观众觉得枯燥乏味，兴致全无。同样也存在一些旅行社的导游，缺乏标准化训练，在商业化运作中在免费的红色场馆跳过场馆讲解员由旅行社或者第三方平台自行安排人员进行收费讲解，但是讲解不尊重历史史实，给观众灌输错误的思想，造成不良的社会影响。

三、提升红色场馆综合利用水平的具体对策建议

（一）吸引多方力量参与，构建多元化红色联盟

1. 红色文化业态

可以尝试红色场馆＋高校＋科研院所＋X的合作模式，形成以红色场馆为核心的红色产业链，形成红色资源的多元产业格局，并融入当地的产业体系。其中的X可以是文旅局和相关旅游产业机构，即充分利用红色场馆所在地的产业基础，实现文旅融合，相互促进发展。积极将红色场馆引入创意影视作品拍摄、文艺作品演出以及推出互动参与式实景演艺产品，像上海积极打造的舞剧《永不消逝的电波》、杂技剧《战上海》等让人耳目一新，在搬上舞台后，社会反响十分热烈。同时也可以结合重大节日和纪念日，推出相应红色旅游产品，如纪念币、纪念章、纪念邮票等，以创新实践打造多维旅游商品体系。

2. 社会组织资源

全国拥有丰富的社会组织资源，据统计，截至2020年年底，全国共有175万个社会组织，其中志愿者人数接近2亿。[1]由于现阶段红色场馆的馆内人员数量有限，尤其是在讲解岗位上，面对源源不断的大客流，场馆方面会显得力不从心。志愿服务作为社会公益事业的重要组成部分，奉献、友爱、互助、进步的服务精神在推进红色场馆发展中起着越来越突出的作用。志愿者的加入，充分发挥志愿者的功能，可以有效缓解场馆讲解和秩序维护的压力。对志愿者而言，这是一次难忘的经历，在提升自我讲解水平的同时，也沉浸式地体验了红色文化；对场馆而言，在保证秩序井然的同时，也积极发挥了红色文化爱国主义教育的示范作用。

3. 社会企业资源

充分利用社会资源，尤其是与非公有制企业合作，也可以为红色场馆另辟一条创新发展之路。相当一部分红色场馆的行政性质都是直属各

---

[1] 广东省民政厅：《我国社会组织超过175万家》，http://smzt.gd.gov.cn/gkmlpt/content/4/4219/post_4219884.html＃1753。

不同党政机关的事业单位，然而在未来规划，比如在制定预算编制时，会碰到一些限于体制制度的难点、痛点问题，用常规的办法很难解决。例如无法编制预算资金订购红色场馆的讲解员制服，无法通过政府采购购买适合场馆宣传使用的设备等等。而与社会组织、非公有制企业的相互合作，可以有效打破行政体制的束缚，以企业共建、党建引领的形式，为企业和社会组织提供爱国主义教育的学习场所和教育服务，而企业和社会组织也能解决场馆的实际困难，实现双赢。

4. 文化执法机构

将文化执法机构纳入紧密型协同网络，可以帮助规范意识形态，防范违规行为。意识形态领域工作是党的一项极端重要的工作，红色场馆作为宣传革命精神和光荣历史的基地，承担着极其重要的意识形态安全保障工作。过去，面对在场馆内出现的缺乏相应资质的社会人员进行歪曲历史、不尊重史实的错误讲解时，场馆方没有行政执法权力，发现后只能进行制止和劝离，如果相关人员拒不配合，也只能采取报警的措施。然而，将文化执法机构吸纳进红色联盟中，采取第三方平台监管、从业人员资质审核，将从根本上杜绝胡乱讲解的行业乱象。守好红色场馆的意识形态主阵地，确保意识形态时刻安全。

（二）充分利用组织框架，加强红色文化宣传水平

讲解员作为红色文化宣传阵地的一线守护者，是红色场馆面向观众的"门面"，讲解员个人能力的高低，直接影响了红色文化的宣传水平。红色场馆可以探索开放式的资源供给，充分利用开放性、多元化参与的组织框架，借助红色场馆和高校、党史研究等相关机构的帮助，创建红色宣讲的专业化课程体系，对红色场馆讲解员从业人员进行标准化管理，定期进行线上线下的讲解员队伍专业培训，建立起针对讲解员的常态化培训机制，形成课堂理论教学、实地体验教学、现场互动教学的培训体系，将讲解内容与技巧进行规范化。由各地政府部门的党史研究室、党校等机构构建统一的讲解员资格认证体系，红色场馆讲解员需持证上岗，并定期对讲解内容进行考核，确保讲解的真实性，配齐配强红色文化讲解员队伍。

同时在人才队伍建设上，也要制定和完善红色场馆讲解员激励政策，联合场馆、文旅局、人社局等多方机构，例如在职称晋升和工资待遇上加大正向激励，将讲解场次、观众评价等与职称晋升挂钩，营造讲解员队伍建设的浓厚氛围和良好环境。在合理提升讲解员薪资待遇的同时，也可以吸引更多的高学历人才加入讲解员队伍，激发红色讲解员队伍活力。

（三）尝试整合评价体系，完善红色场馆评价系统

从上海市来看，上海市委宣传部、上海市文旅局、上海市文明办等单位，均有针对上海红色场馆的评价体系，且评价标准不完全一致，内容不够完善。多层级的重复评价体系，增加了红色场馆的运营负担，内容的不够完善，客观上无法充分评价红色场馆。或可在中共中央、国务院《新时代爱国主义教育实施纲要》、中共中央办公厅和国务院办公厅《关于加强革命历史类纪念设施、遗址和全国爱国主义教育示范基地工作的意见》，中宣部《全国爱国主义教育示范基地测评体系（试行）》，上海市公布的《上海市红色资源传承弘扬和保护利用条例》的基础上，充分体现红色场馆保护、建设、管理、使用四个环节功能，凸显功能发挥，制定五项基础共性指标进行评价。由上海市委宣传部、市教委、团市委联合各区委宣传部等，统一定期组织对上海市红色场馆进行评估考核，最终进行评选和表彰。依据综合评估标准，创新评价工具和模式，采用网络上传、主管单位审核、专家评审等方式方法，采集数据，同类比较，功能互补，并且将此次评价标准作为上海市的权威评价考核体系，不仅确保全面、真实、准确、公正、有效，而且还能让红色场馆在评价考核中"减负"。而上海市针对红色场馆的综合评价体系顺利应用后，可以在全国进行推广，争取成为红色场馆评价的全国标准。

（四）探索延时开放模式，提供多元社会化服务

长期以来，红色场馆的开放时间相对固定，开放时间也相对统一，为早上九点到下午五点。在工作日的这个时间段，大多数的上班族正在忙工作，如果想要参观，只能选在周末或者节假日，而此时往往又会遇上大客流，参观体验感不佳。

所以，在每年夏季，红色场馆可以探索延时开放，在夜间组织各类文化活动，为白天紧张忙碌的市民或匆忙观光的游客提供独特的夜间参观体验并以此刺激夜间经济。2019 年，中共一大纪念馆、上海历史博物馆等 4 家红色场馆在 7 到 9 月间率先试点延时服务，但仅仅是在周五晚上延长开放时间。尤其是 7、8 月，作为红色文化体验的高峰时段，扩大开放延迟服务的红色场馆数量，增加延时开放的时间和日期，有助于实现红色文化服务的供需平衡，实现文化和旅游的创新性融合，把红色场馆在合理的限度内转变为休闲娱乐的文化场所，发展夜间经济。部分场馆在白天参观人流量接近饱和，游客需求市场大，但承载力达不到，如果夜间开放可以有效缓解。红色场馆作为公益性的文化传播机构和爱国主义教育基地，观众在参观过程中往往心生敬畏之情，夜间开放可以将传统的说教模式转变为大众休闲，让场馆更接地气，让观众更了解展览的内涵和实质。

开放红色场馆的延时服务可操作性强，尽管对红色场馆的管理细节提出了更高的要求，但是场馆馆藏完备，相应的文物保护设施齐全，投资小，只要做好后期对人力资源的有效管理即可实现。当夜游红色场馆成为社会一种新风尚时，势必带动城市的文化需求，这是红色场馆传统运营模式的创新，也可为观众提供一种新的文化消费选择。

（五）深入挖掘自身潜力，推动区域融合发展

除了要促进各红色场馆协同发展外，场馆也要充分结合自身情况，发挥自身优势。以陈云纪念馆为例，地处上海市青浦区，紧邻具有千年历史的练塘古镇，在积极打造"红色、绿色、古色"的三色练塘中，陈云纪念馆找准定位，依托丰富的原生态古镇旅游资源，开展丰富多彩的红色故事宣讲活动。在 2021 年 7 月成功举办"百年风华铸丰碑"——

红色故事大讲堂，邀请了全国六大伟人纪念馆和五大革命圣地的红色场馆讲解员来馆讲述动人的红色故事，吸引了高校学者、学生、游客等上百人参加活动，通过讲述、朗诵、快板书、评弹等艺术表现形式，展演一个个党史故事，激发了观众学习中国共产党历史的兴趣。

　　红色场馆在发展过程中，不仅要满足不同层次观众的需求，还要延伸红色旅游产业链，讲好红色文化故事，增强身份认同；创新红色文化展示，增强文化体验；激活旅游消费，增强产业活力，在提升城市文化软实力的同时，推进文化经济社会融合发展。

（王子安，陈云纪念馆馆员）

名人故居在大思政课中的发展现状分析

徐紫薇

随着中国特色社会主义进入新时代，思想政治教育面临着新的机遇与挑战。大思政课作为高校思想政治教育的重要形式，内容与方法的创新显得尤为重要。名人故居作为历史文化的载体，蕴含着丰富的教育价值，在大思政课中的应用为传统思政教育注入了新的活力。

习近平总书记指出，"'大思政课'我们要善用之，一定要跟现实结合起来"。在新时代背景下，思想政治教育不断探索与时俱进的教育方式与内容。名人故居作为历史与文化的载体，承载着优良的革命传统和优秀的文化遗产，是开展思想政治教育的宝贵资源。将名人故居融入大思政课教学，不仅能增强课程的实践性和生动性，还能有效促进学生的历史责任感和使命感的培养。

一、名人故居在大思政课中的教育价值

（一）增强历史文化认同感

名人故居作为历史见证，记录了名人的生活痕迹和精神风貌，是传统文化与革命文化的集中体现。通过参观名人故居，学生能直观感受名人的生活环境，激发国家和民族情感。同时名人故居展示的历史物件和故事有助于传承优秀传统文化的价值观。

（二）促进爱国主义教育

名人故居往往与国家重大历史事件相关联，是培养学生爱国情怀的重要场所，不仅能够激励年轻一代树立正确的人生观和价值观，同时也能激发学生的国家责任感和使命感，是对学生进行思想道德教育的重要资源，有助于学生树立正确的价值观和人生观。

二、名人故居在大思政课中的利用情况

名人故居在大思政课中的利用具有显著的教育价值和实践意义。名人故居作为历史文化的载体，不仅是对历史人物的纪念，更是传承和弘扬优秀传统文化、革命文化的重要场所。

（一）育人模式构建

名人故居作为红色文化资源的重要组成部分，具有鲜明的政治引领性。通过展示名人的生活轨迹和精神风貌，可以有效增强学生的思想政治认同。不仅如此，名人故居承载着丰富的红色基因，是传承红色文化的重要场所。参观学习在强化青年政治归属感方面意义深远，为增强理想信念，确保红色基因代代相传提供了重要的政治保障，并为思政教育提供了丰富的素材和案例。具体的历史场景和人物故事，能使学生在情境中体验历史，加深对历史的理解和认识，激发学生的情感共鸣和思想共振。通过参观名人故居，学生可以在潜移默化中接受爱国主义教育和社会主义核心价值观的熏陶。

（二）红色场馆育人

首先，名人故居在传承红色文化、推进思政课综合改革方面发挥着重要作用。展览、讲解等形式，可使学生深入了解党的光辉历程和英雄人物的伟大事迹。其次，名人故居的利用适应了新时代大思政课综合改革的需求，有助于提升铸魂育人水平。创新教学方式，可使思政课更加生动、贴近实际。同时，名人故居为思政课教学提供了广阔的空间，丰富了教学内容和形式。实地参观、体验，可增强学生的学习兴趣和实践能力。

（三）实践教学活动

通过组织"走进名人故居，传承爱国精神"等主题的实践教学活

动，让学生亲身感受名人的生活环境，倾听他们的故事，从而激发爱国情怀和社会责任感。并在现场教学活动中，结合教学内容组织学生展开讨论，提高学生的参与度和思考能力。其中一些名人故居场馆，以情景体验模式和最大限度地还原历史场景的方式，为学生提供沉浸式的体验，促使其深刻感知和内化红色文化。再通过多元化合作，共建共享教育资源，提升红色场馆的育人效果。

名人故居为思政课提供了丰富的教学内容和素材，使学生能够更直观地了解历史和人物。真实的历史故事和人物，为思政教育提供了有力的支撑和依据。要善用历史文物，将名人故居中的故事和精神讲深讲透，激发学生的学习兴趣和思考深度，讲活大思政课。再利用人工智能、虚拟现实等现代信息技术手段，为学生提供沉浸式、交互式的学习体验，增强教育的吸引力和感染力。

综上所述，名人故居在大思政课中的利用呈现出多样化和深层次的特点。从构建红色场馆育人模式到实践教学活动的深入开展，再到优质资源项目的建设，各个方面均充分体现了名人故居在思想政治教育中的重要价值。未来，应继续加强对名人故居资源的挖掘与利用，不断创新教学方式和方法，提高思政教育的质量和效果，为培养新时代有理想、有本领、有担当的青年作出新的更大的贡献。

三、名人故居在大思政课中面临的挑战

名人故居在大思政课中的利用正面临着多重挑战，这不仅涉及教育资源的整合和利用，还涉及教育方式的创新和实践。

（一）资源整合的挑战

名人故居作为红色文化资源的重要组成部分，存在红色资源分布不均的情况。一些地区名人故居较多，而另一些地区则资源相对缺乏，这导致资源整合上存在难度。同时，不同地区的名人故居往往分属不同的管理部门，缺乏统一的协调和管理机制，这使得资源整合和共享变得更加困难。

（二）教育方式的挑战

传统的以讲授为主的教学模式在名人故居的教学中效果有限，无法充分激发学生的学习兴趣和参与热情。因此，创新教学方式，使之更加生动和具有互动性，成为一大挑战。在实践教学活动中，如何提高学生的参与度和思考能力，使他们能够更深刻地理解和感悟名人精神，是教育方式改进的关键。将名人故居所蕴含的丰富历史文化内容与大思政课的理论知识相结合，需要教师具备较高的专业素养和创新能力。如何培养和提升教师的这些能力，是名人故居面临的一大挑战。

（三）技术应用的挑战

虽然现代技术如人工智能、虚拟现实等为名人故居的教学提供了新的可能性，但在实际应用中还存在诸多技术瓶颈和成本问题。另外，名人故居的数字化资源开发需要大量的资金和技术投入，很多故居在这方面的工作还比较滞后。如何加大投入，提升数字化资源的质量和数量，是一个重要的挑战。

（四）文化传承的挑战

在文化传承上，名人故居不仅面临传承与创新的平衡难度，同样面临红色基因传承形式单一的问题。在利用名人故居进行思政教育时，如何平衡好传统文化的传承与现代教育的创新之间的关系，是一个需要深思熟虑的问题。并且名人故居在传承红色基因方面主要依靠现场参观和讲解，形式相对单一。如何开发更多富有创意和感染力的传承形式，是一大挑战。

（五）社会认知的挑战

一些名人故居在社会中的认知度还不够高，特别是年轻一代，对名人故居的了解和重视程度有限。如何提升名人故居的社会认知度，是一个亟待解决的问题。与此同时，社会各界对名人故居在公共教育中的重要性认识有待提升，导致资源利用和教育推广受到限制。如何加强公共教育意识，提高社会对名人故居教育价值的认可，是一个长期的挑战。

四、名人故居在大思政课中的利用面临困难的对策

名人故居在面对大思政课的利用中遇到挑战，可以采取一系列对策

来提升其教育价值和实践效果。这些对策不仅涉及资源配置、教育方式的创新，还包括技术应用、文化传承和社会认知等方面的改进。

（一）整合资源

通过建立区域合作机制，促进不同地区名人故居资源的共享与交流，解决资源分布不均的问题。同时，鼓励社会资本投入名人故居的修缮与维护，减轻政府财政压力，提高故居复原和保护的质量。并且建立统一的管理机构或协调机制，促进不同部门之间的沟通与协作，提高管理效率。

（二）创新教育方式

引入互动式教学元素，如角色扮演、情景模拟等，增强学生的参与度和体验感，提升教学效果。将名人故居的教学与历史、文学、艺术等多学科内容相结合，丰富教学内容，激发学生的学习兴趣。定期组织教师参加专业培训，提升他们在名人故居相关教学中的专业素养和创新能力。

（三）拓展技术应用

充分利用虚拟现实、增强现实等现代信息技术，为学生提供沉浸式学习体验，突破传统教学的局限。加大资金和技术投入，开发名人故居的数字化资源，如虚拟导览、在线互动平台等，扩大教育资源的影响力和使用范围。

（四）强化文化传承

除了现场参观和讲解外，还可以开发名人故事动画、纪录片、图书等多种形式的文化产品，增强红色基因传承的吸引力和感染力。同时，结合时代特点，不断更新和丰富传承内容，使之更具时代感和吸引力，更好地满足年轻一代的需求。

（五）提升社会认知

通过举办名人故居主题活动、社会实践项目等多样化的宣传活动，提升其在社会中的认知度和影响力。利用媒体宣传、社会教育等途径，提升社会各界对名人故居在公共教育中重要性的认识，进一步形成良好的社会氛围。

名人故居在大思政课中的利用面临多种挑战，需要采取综合措施加以应对。通过资源整合、教育方式创新、技术应用拓展、文化传承强化以及社会认知提升等多方面的努力，可以有效提升名人故居在大思政课中的教育价值和实践效果。未来，需要继续探索和创新，让名人故居更好地服务于思想政治教育，培养新时代有理想、有本领、有担当的青年。

五、名人故居在大思政课中的未来发展趋势

名人故居作为历史文化的重要载体，将在大思政课中发挥越来越重要的作用。随着社会对优秀传统文化传承的重视，以及对革命历史教育的强调，名人故居的教育功能将得到进一步的发挥。教学内容将更加注重与现代社会价值的结合，通过创新教学方法，如情景模拟、互动体验等，提高学生的学习兴趣和参与度。同时，技术的应用，如虚拟现实、增强现实等，将使名人故居的教育形式多样化，学习体验更丰富。

六、结语

名人故居作为独特的教育资源，在大思政课中发挥着重要作用。通过对名人故居的合理利用，不仅可以丰富思政课的教学内容，还能提高学生的历史文化素养和思想政治觉悟。然而，要充分发挥名人故居在大思政课中的作用，还需要解决资源配置、教学方法、教学内容等方面的问题。应进一步加强资源整合，创新教学手段，深化教学内容，不断提升名人故居在大思政课中的应用效果，为培养具有良好思想政治素质的高素质人才作出自身的贡献。通过这种方式，我们不仅能传承和弘扬中华民族的优秀文化，还能够激发年轻一代的民族自豪感和爱国情怀，有助于为社会主义现代化建设培养更多的栋梁之材。

（徐紫薇，陈云纪念馆馆员）

运用革命文物加强高校
"大思政课"建设新实践

——以周恩来邓颖超纪念馆为例

李　琳

名人故居、纪念馆拥有丰富的革命文物资源，在立德树人的任务上，始终保持与高校思想政治工作同向前行。在具体实践中，名人故居、纪念馆积极推进革命文物资源与大思政课建设相融合，坚持馆校共育，打造"纪念馆里的大思政课"；践行"以文化人"，融入校园红色文化建设；深化志愿服务活动，为大学生校外实践提供平台；丰富育人载体，优化网络育人功能。

习近平总书记指出："革命文物承载党和人民英勇奋斗的光荣历史，记载中国革命的伟大历程和感人事迹，是党和国家的宝贵财富，是弘扬革命传统和革命文化、加强社会主义精神文明建设、激发爱国热情、振奋民族精神的生动教材。"革命文物以物讲史、以物传情，具有天然的育人功能，对加强和改进高校思想政治工作，推进新时代"大思政课"建设意义重大。

2022年，教育部等十部门联合印发的《全面推进"大思政课"建设的工作方案》指出："全面推进'大思政课'建设，要坚持以习近平新时代中国特色社会主义思想为指导，聚焦立德树人根本任务，推动用党的创新理论铸魂育人，不断增强针对性、提高有效性，实现入脑入心。"这为新时代"大思政课"建设指明了方向。近年来，各地名人故居、纪念馆与高校坚持资源共享，携手共育时代新人，发挥革命文物在"大思政课"建设方面的独特作用，取得了丰硕成果。本文对运用革命文物加强"大思政课"建设的必要性及近年来这项工作中表现出的新特点进行了分析，介绍了周恩来邓颖超纪念馆在这方面的具体工作实践。

一、运用革命文物加强高校"大思政课"建设的必要性

（一）高校思想政治工作任重道远，需要全社会共同关心与支持

我国高等教育肩负着培养德智体美劳全面发展的社会主义事业建设者和接班人的重大任务，必须坚持正确的政治方向。高校以马克思主义为指导，全面贯彻党的教育方针，落实立德树人根本任务，思想政治工作要始终坚持正确导向，加强对大学生的引导，不断提高他们的思想水平、道德品质和文化素养，让学生成为德才兼备、全面发展的人才。革命文物传达的历史信息，蕴含的红色精神，正是对大学生进行思想政治教育的宝贵素材。

2023 年全国共有高等学校 3 074 所，各种形式的高等教育在学总规模 4 763.19 万人。[1] 数量庞大的大学生队伍，为国民经济各项事业的发展储备了丰富的人才，其世界观、人生观和价值观的塑造，也直接决定了他们今后将成为什么样的人，以及为谁服务等一系列问题。

青年处在三观形成和确立的关键时期。当代大学生思维活跃，关注社会，善于思考，获得信息的途径越发广泛，数量越发庞大。在错综复杂、瞬息万变的价值输出中，高校及名人故居、纪念馆在内的所有社会教育共同体，有责任引导大学生以科学的理论武装头脑，运用正确的历史观了解、客观评价中国历史和文化，抵制历史虚无主义思想，深刻把握人类历史发展的客观规律，在对历史的深入了解和思考中汲取智慧和力量。

---

[1] 教育部发展规划司：《2023 年全国教育事业发展基本情况》，中华人民共和国教育部，2024 年 3 月 1 日，http://www.moe.gov.cn/fbh/live/2024/55831/sfcl/202403/t20240301_1117517.html。

（二）高校学生是名人故居、纪念馆运用革命文物实施教育的重点对象

名人故居、纪念馆是爱国主义教育示范基地的重要组成部分，是公众进行终身学习的社会机构。它们全方位、全景式地展现了中国人民英勇奋斗的光辉历程和壮丽篇章，成为加强革命传统教育、爱国主义教育、思想道德教育的重要场所。大学生是名人故居、纪念馆运用革命文物实施教育的重点对象。革命文物是推动新时代高校思想政治教育工作走深、走实的重要源头活水[1]。《博物馆条例》规定，博物馆应当对学校开展各类相关教育教学活动提供支持和帮助。在设计展览、策划活动的过程中，应始终关注大学生，利用革命文物资源服务高校学生成长成才。做好高校"大思政课"建设，纪念馆要坚持以马克思主义为指导，坚持不懈传播马克思主义科学理论，坚持不懈弘扬社会主义核心价值观，坚持不懈讲好党史，为大学生奠定正确的思想基础。革命文物价值内涵的输出可以让当代青年从党的百年奋斗历史中汲取智慧和力量，唤起年轻一辈对红色文化的情感认同，从而坚定理想信念，努力成为担当民族复兴大任的时代新人。

（三）馆校强强联手共同推动"大思政课"建设势在必行

以往革命文物资源应用于高校思想政治工作时可能存在着形式和内容较为单一，教育针对性和时效性不强，红色文化在校园文化中影响力不足，在学生的认识中有偏差等问题[2]，导致学生感到枯燥乏味，校园文化建设中红色文化资源气息不够浓厚，未能充分发挥革命文物资源在校园文化建设中的影响力、感染力和凝聚力。

党的十八大以来，党中央高度重视高校思想政治教育及革命文物资源保护与利用工作，两者均获得充分发展。2021 年 7 月，教育部、国家文物局印发《关于充分运用革命文物资源加强新时代高校思想政治工作

［1］《全国革命文物与新时代高校思想政治工作融合发展论坛发言摘要》，《中国文物报》2021 年 11 月 2 日第 3 版。

［2］潘伟玲：《探究红色文化资源在高校思想政治教育中的应用——以陈云纪念馆"伟人精神进高校"为例》，《中国纪念馆研究》2015 年第 2 辑。

的意见》；2022 年 7 月，教育部等十部门联合印发《全面推进"大思政课"建设的工作方案》，加强了顶层设计，为名人故居、纪念馆与高校强强联手开展育人工作指明了方向。名人故居、纪念馆作为革命文物收藏、保护、展示、教育、传播的重要阵地，利用自身特有的资源优势，在立德树人任务上与高校思想政治工作同向前行，因此要进一步加强与高校的合作，深入研究大学生这一受众群体特点，打造协同育人体系，积极推进革命文物资源融入高校"大思政课"，坚持把立德树人、协同育人作为自身重要的职责担当。

二、新时代运用革命文物加强高校"大思政课"建设的新特点

新时代，名人故居、纪念馆在运用革命文物加强高校"大思政课"建设的具体实践中也呈现出一些新特点，集中表现在以下方面：

（一）理念上坚持守正创新、深挖特色，精准服务高校学生

与其他教育责任体相比，名人故居、纪念馆最大的优势在于拥有丰富的革命文物资源，这是最雄厚的"家底"。其展示、宣传和教育等工作，均围绕着革命文物资源展开。近年来，各地名人故居、纪念馆坚持守正创新，深耕革命文物资源内涵，在革命文物保护利用的探索与实践中，纷纷走出具有自身特色的发展之路。同时，名人故居、纪念馆为了更好地服务观众、发挥教育功能，加强了分众化策略研究，对公众多元化需求的理解不断加深，并且根据不同的目标观众进行分类组织与计划。名人故居、纪念馆重视研究分析当代大学生的身心特点，找准切入点推动革命文物与大学生的思想政治教育工作紧密融合，精准做好服务大学生的工作，结合时代需要为大学生努力讲好红色文物背后的故事，坚持以文化人，以德润心，以革命文物唤醒初心记忆。

（二）行动上以更加积极开放的姿态融入高校"大思政课"建设场域

与传统的馆校互动方式不同，新时代名人故居、纪念馆坚持馆校共育，追求高质量、全方位地参与高校"思政课堂"和"课堂思政"各环

节，融入高校思想政治工作及校园文化各领域，推进高校"大思政课"建设方兴未艾，顶层设计上也更鼓励馆校双方联合开展革命文物学术研究，这些都为产出一批高水平理论成果和实践成果打下良好基础。

（三）路径上教育与服务的形式日益多样化，育人载体不断丰富

数字科技、自媒体网络蓬勃发展，传统的参观模式受到极大挑战，名人故居、纪念馆在运用革命文物加强展示、传播的过程中同样需要寻求突破。要紧握时代脉搏，致力于提升革命文物资源的现代传播力，搭建线上平台有效实现物与人的对接、交流与互动，让革命文物资源从展馆延伸到网络，让更多受众能够更便捷地享受文博场馆带来的红色文化盛宴。近年来，各地名人故居、纪念馆依托科技手段与互联网络，在展示、教育、传播等方面拓展出更多形式，有效利用融媒体平台宣传红色文化，让革命文物真正"活"起来。这些也恰恰契合了新时代大学生的日常行为习惯。新元素、新路径的运用，促使革命文物的大众展示与时俱进，以一种更为受欢迎、润物无声的方式融入大学生活，增强了教育活动的震撼性、生动性和趣味性。

三、周恩来邓颖超纪念馆运用革命文物加强高校"大思政课"建设的新实践

周恩来是伟大的马克思主义者，伟大的无产阶级革命家、政治家、军事家、外交家，党和国家主要领导人之一，中国人民解放军主要创建人之一，中华人民共和国的开国元勋，是以毛泽东同志为核心的党的第一代中央领导集体的重要成员。2018年，在纪念周恩来同志诞辰120周年座谈会上，习近平总书记发表重要讲话，以"六个杰出楷模"高度概括了周恩来同志的崇高精神风范。周恩来同志半个多世纪奋斗的人生历程是中国共产党不忘初心、牢记使命历史的一个生动缩影。周恩来邓颖超纪念馆坐落于天津，这是周恩来、邓颖超两位革命家早年求学、投身革命的地方。纪念馆以强化大学生理想信念教育为核心，积极发挥红色场馆培根铸魂、协同育人的作用，充分利用好革命文物资源，推动新时代高校"大思政课"建设，扎实开展了一系列工作。

（一）坚持馆校共育，打造"纪念馆里的大思政课"

革命文物资源育人功能的发挥，与高校思想政治理论课在价值取向上具有一致性。名人故居、纪念馆要增强历史责任感和社会责任感，寻找自身与高校思想政治工作的关联点、革命文物与高校师生情感的共振点[1]，打通"第一课堂"和"第二课堂"的联结，帮助学生在学习和体验的过程中，做到学思交融、知行合一。

周恩来邓颖超纪念馆是全国爱国主义教育示范基地、全国廉政教育基地、全国民族团结进步教育基地、国家一级博物馆和国家四A级旅游景区。为发挥好革命文物资源在高校"大思政课"建设中的独特作用，纪念馆主动出击，加强馆校互动、资源共享，起草了面向高校的《思想政治理论教育教学实践基地协议》，多年来已与多所高校签署该协议，达成了馆校共建共育关系。《协议》明确了馆校双方在运用革命文物资源加强新时代高校思想政治工作、推动新时代"大思政课"建设中的责任义务，为以后更加有针对性地在高校中开展红色教育，弘扬革命精神奠定了坚实基础，切实推动大学生的理想信念教育。

同时，纪念馆重视人才培养工作，社教领域人才辈出。其中有五人入选天津市教育两委、市文旅局开展的市级优秀讲解员担任兼职思政课教师推荐人员名单，有全国大赛"金牌讲解员"称号获得者，四位全国红色旅游"五好讲解员"，多人在国家级、省部级大赛中斩获殊荣。这些人才和师资的储备为"大思政课"的研发与推广奠定了坚实的基础。

周恩来邓颖超纪念馆认真梳理革命文物资源蕴含的思想政治教育元素和所承载的思想政治教育功能，在利用文物策划展览时，就考虑到不同受众的观展需求。天津是周恩来的第二故乡，在这里他度过了求知若渴、勤奋学习的中学时代，开始了探求真理、投身"五四运动"的火热革命生涯。周恩来为天津近代革命历史留下了浓墨重彩的一笔，写下了光辉的篇章。因此，天津保留的这一时期关于周恩来的革命文物、文史

[1] 库来西·依布拉音：《运用革命文物加强新时代高校思想政治工作探究》，《学校党建与思想教育》2021年第24期。

122

资料是最丰富、最具特色的。青少年、青年时代的周恩来恰恰与高校学生年龄相仿，于学生而言最具示范和学习意义，能让广大高校学生从百年前青年走过的人生道路中获得启发。在纪念馆的"人民总理周恩来"基本陈列就呈现了周恩来在南开学校教室的复原场景、容止格言以及周恩来在南开大学开学典礼时的合影、在南开大学的入学注册表等照片、文物等资料。社教人员在面向大学生进行现场教学的过程中，做到因人施讲，周恩来的这段在津历史是施讲的重点内容，结合文物、复原场景、视频资料等再现革命家的青春奋斗历程，以此拉近与大学生的距离，引发情感共鸣。

周恩来邓颖超纪念馆欢迎高校师生走进纪念馆开展现场教学，打造"纪念馆里的大思政课"。在具体实施过程中，采取馆内社教人员与高校思政老师共同讲授的方式，由社教人员先讲述历史背景、文物及背后的故事，再由高校思政教师结合课程目标和教学内容进行综合评述、系统归纳和引申，将体验式教学和理论教学有机结合，引导学生从革命家的生平事迹中感悟历史、汲取力量。这种体验式、沉浸式、分享式的教学模式，有效增强了高校思政课的感染力、说服力和吸引力，推动了高校课堂教学与实践教学的深度融合。

（二）践行"以文化人"，融入校园红色文化建设

校园文化能够对大学生的思想观念、政治信仰、生活方式、价值取向和行为习惯产生潜移默化、深远持久的影响。[1]纪念馆坚持以文化人、以史育人，加强革命文物资源在高校中的宣传推广应用，真正走近高校师生，融入高校校园文化建设。纪念馆要找准切入点，坚持创新，不断深化对革命文物资源时代价值的深度挖掘、提炼，根据大学生的特点，创新红色文化传播方式，用心、用情做好革命文物资源新时代价值的阐释工作。纪念馆可以通过组织策划精品展览进校园、主题宣讲、红色文化论坛、艺术展演等形式传达革命文物资源的内核精神，让学生在

[1] 张丽、肖盈：《红色资源有效融入大学生思想政治教育探析》，《学校党建与思想教育》2021年第16期。

潜移默化中接受红色文化的洗礼，补足精神之钙。

为发挥红色文物所承载的思想政治教育功能，周恩来邓颖超纪念馆积极举办走进高校、贴近师生的流动展览。2024 年，结合中法建交 60 周年，纪念馆联合南开大学外国语学院举办了"历史共鸣铸友谊　未来携手绘希望"周恩来青年时期主题展览。展览集中展示了周恩来青年时代的人格魅力和高尚品质，激励南开外院学子立志以杰出校友周恩来为榜样，秉承以天下为己任的家国情怀，加深对中法合作精神的理解，为中国的外交事业与中法全面战略伙伴关系建设添砖加瓦。该活动被中央广电总台国际在线、中宏网等多家主流媒体报道。

同时，纪念馆还创新宣教模式，提升宣讲能力，推出"弘扬伟人精神　凝聚奋进力量"思政课堂，深刻阐述"六个杰出楷模"的内涵，并精心编排了多个周恩来总理在工作和生活中细小、朴实的故事，由宣讲人声情并茂地讲述，配以照片和视频制作的多媒体资料，在声音和影像的衬托下，使宣讲更具感染力和观赏性。通过这种贴近学生、人们喜闻乐见的形式努力讲好党的故事、革命的故事，让广大师生感动感悟、共情共鸣。

周恩来邓颖超纪念馆努力推进革命文物资源融入高校各领域，积极响应高校教育教学和科研需要，为高校开展学术研究、师德师风建设等提供尽可能的帮助和支持。

（三）深化志愿服务活动，为大学生校外实践提供平台

大学生在馆从事志愿服务、校外实践是高校进行思想政治教育的有效途径，是"大思政课"的有效、生动拓展，有助于大学生将学习与实践有机结合，增强责任感和使命感，实现自我学习、自我提升，通过砥砺意志品质、增长才干，做到学思用贯通、知信行相统一，从而更好地了解国情、奉献社会。名人故居、纪念馆为大学生从事志愿服务提供了优质的实践平台。在工作开展具体过程中，持续完善志愿服务长效机制，明确志愿者权利与义务，采取有效激励措施。

周恩来邓颖超纪念馆历来重视志愿者工作，而大学生又是馆内志愿服务团队的主力军。多年来，纪念馆积极发挥高校团学组织在志愿服务团队中的桥梁和纽带作用，对大学生志愿服务团队进行科学管理，先后出台《志愿者岗位安排与职责》《志愿者服务公约》等文件。在大学生志愿者招募方面，馆内有着严格的流程。有意向者需先填写申请表，并经过馆内工作人员的初轮面试。从事义务讲解的同学还要在短时间内熟练背诵、掌握讲解词，最后经过考核和展厅内肢体语言等相关专业辅导，方能正式上岗。纪念馆为志愿服务团队专门配备了"志愿者之家"及工牌、工作装，在馆从事志愿服务满一年的，会为其开具志愿服务证明，并优先推送优秀志愿者参加各级各类讲解比赛。

2024年国际博物馆日期间，纪念馆举行了志愿服务团队授旗仪式。以周恩来最爱的海棠花命名团队，馆内志愿服务团队正式更名为"海棠红志愿服务队"，同时成立"海棠果青少年志愿服务队"和"星火志愿宣讲团"。上述点点滴滴，让大学生切身感受到纪念馆对他们的关注，让大家在馆从事志愿服务时有获得感、归属感和幸福感。更重要的是，广大大学生志愿者在提供义务讲解的过程中，通过讲述革命故事，不仅潜移默化地接受着革命精神的洗礼和熏陶，另一方面，也由被动的受教者转变为红色故事的讲述人、传播者和社会文明新风的践行者，表达、交往能力与思想境界都有了显著提高。在纪念馆服务观众的过程中，大学生志愿者自觉践行"奉献、友爱、互助、进步"的志愿精神，践行着文明新风尚，真正从"旁观者"变成"参与者"，在社会的"大课堂"中上好"大思政课"，从红色文化基因中汲取不懈奋斗的力量。

（四）丰富育人载体，优化网络育人功能

纪念馆抢抓机遇，实现革命文物资源数字化、可视化、互动化，让革命文物资源凭借新的展示平台进行宣传。"两微一端"、虚拟展厅、短视频及直播云课堂、网络慕课等新媒介的运用，为纪念馆开展大思政课建设开辟了新路径。纪念馆利用各类网络新媒体，以更加开放包容的姿态探索，创新革命文物传播方式，将物、人、数据等进行整合，加强对大学生的爱国主义教育，实现课堂内外、线上线下的有效联结。在馆校具体对接的过程中，双方发挥了各自优势，强强联手，推进革命文物资源高质量、全方位融入新时代高校"大思政课"建设。

这些年来，周恩来邓颖超纪念馆积极与高校开展交流合作，创新"大思政课"育人形式，通过网络等媒介推进革命文物资源深度融入高校思想政治教育，打造精品网络课程。如，参与常州大学"全国三十位馆长讲授爱国主义主题教育课"活动，为该校师生录制"砥砺无悔初心 青春扬帆远航"爱国主义教育课程视频；与南开大学合作，录制"人民总理周恩来、邓颖超——20世纪中国妇女运动的先驱"系列微课视频，通过网络弘扬正能量，增强红色文化的传播力，有效教育广大在校大学生不忘初心，追思和学习周恩来作为中国共产党人杰出楷模的伟大精神，不负韶华，砥砺奋进。

在构建"大思政"的格局下，名人故居、纪念馆要牢记"初心使命"，紧盯"大思政课"教育的目标导向、问题导向、需求导向、效果导向，肩负起全方位构建高校思政育人共同体的社会职责，以实际行动积极推进"大思政课"综合改革，不断增强名人故居、纪念馆大思政课的亲和力与吸引力，深入推进革命文物资源高质量、全方位融入新时代高校思想政治教育工作，确保立德树人根本任务落地落实，切实为培养一批又一批堪当民族复兴重任的时代新人提供坚强保障。

（李琳，周恩来邓颖超纪念馆馆员）

博物馆（纪念馆）纸质门票的发展现状研究

张　兰

门票作为博物馆（纪念馆）参观游玩的第一指南，具有较高的纪念意义和收藏价值。随着数字技术的蓬勃发展，无纸化技术的兴起，游客只需要线上预约，现场扫二维码即可入馆参观，纸质门票逐步被电子二维码门票代替。相对于纸质门票，电子票具有高效性、便捷性、环保性。博物馆（纪念馆）本身就具有收藏功能，在电子票盛行的时代，也应该将收藏价值体现在票据上，让受众也体验到收藏的意义。本文通过调研湖南 14 家博物馆（纪念馆）门票使用情况，分析纸质门票运用方面的做法和困境，并以丁玲纪念馆为例，探讨纸质门票发展的方向。

一、博物馆（纪念馆）纸质门票使用情况

为了解湖南博物馆（纪念馆）的门票使用情况，我联系韶山毛泽东同志纪念馆、刘少奇同志纪念馆、湖南省博物院、长沙博物馆、长沙简牍博物馆、湖南省地质博物馆、秋收起义文家市会师纪念馆、株洲博物馆、湖南党史陈列馆、常德博物馆、贺龙纪念馆、雷锋纪念馆、胡耀邦同志纪念馆、常德市丁玲纪念馆相关人员等进行线下和线上调研学习，了解纸质门票及参观打卡纪念物，大致搞清了各馆使用纸质门票的情况，及纸质门票的主要内容和打卡纪念物品使用情况。

据了解，以上有 13 家博物馆（纪念馆）支持线上预约，凭二维码

入馆参观。而以上博物馆（纪念馆）现存纸质门票的仅有刘少奇同志纪念馆、秋收起义文家市会师纪念馆、胡耀邦同志纪念馆、常德市丁玲纪念馆、长沙博物馆、长沙简牍博物馆、常德博物馆 7 家。以上博物馆（纪念馆）纸质门票内容如下：

刘少奇同志纪念馆：门票正面以蓝绿色、红色为主，正中央为景区（故居）远观图，上方印有红色形象 logo 及"刘少奇故里·花明楼景区"字样；底部印有 5 大国家级荣誉称号，门票凸显景色优美特点。门票左侧为刘少奇彩色画像，及刘少奇手迹"坚持真理　修正错误"字样。门票反面为二维码智能导览系统使用指南及具体操作流程图示。该门票也有副券部分，正面印有智能导览系统二维码宣传提示信息，副券反面为中英文标识的"参观券"提示字样及票号。

秋收起义文家市会师纪念馆：纸质门票为普通白底黑字票据，无背景图，显示秋收起义纪念园及相关票务信息（人数、订单号、有效期），并附带电子扫描二维码。

胡耀邦同志纪念馆门票正面：整体以绿色、白色为主，左侧 3/4 部分以苍坊旅游区全貌图为背景，印有"耀邦故里　清秀苍坊"宣传标语；同时，印有六大国家级荣誉称号及大致地理区位，用于更全面展示景区（纪念馆）的社会价值。门票反面：1/2 版面印有苍坊旅游区全景导览图，并标记胡耀邦同志纪念馆、胡耀邦故居等的具体位置信息。同时，印有景区公众号二维码、官方网站网址等，并附有 5 条简要的游客参观须知。此外，门票还有副券部分，正面主要包含预约此门票的基本信息（单价、人数、订单号、凭证号及有效期）及生成的票务信息二维码，反面印有景区、故里标志性 logo 以及全年开放时间和咨询、投诉、急救电话等。

常德市丁玲纪念馆：门票以白色为主，正面背景图为浅褐色丁玲纪念馆展厅外观图，左上方印丁玲纪念馆红色形象 logo，右上方为场馆官方网站、微信号二维码，并公布开放时间；底部是票号及具体地址和官方电话。门票反面印制 11 条参观须知（中英双语）及票据使用范围提示。副券部分双面印制丁玲纪念馆红色形象 logo。值得注意的是，2024

128

年是丁玲同志诞辰 120 周年，馆内还推出了周年纪念票。与传统门票不同的是，纪念票以丁玲灰色雕像为背景，并配有专用票号。反面除了两大宣传媒介微信微博的二维码，还添加丁玲纪念馆简介，详细介绍丁玲纪念馆自成立以来的发展情况。以上两种门票作为纪念票据，共同使用。

长沙博物馆：门票白色和古铜色相间，正面除古铜色博物馆形象 logo 及名称外，运用点状构图，呈现其馆建筑的大致外观状貌；右侧是开馆时间信息及官方微信的二维码；反面印制 11 条参观须知（中英双语）及票据使用范围提示，同时在右侧空白处加盖清晰的馆藏蓝色 logo 印章。该票无副券部分。

长沙简牍博物馆：门票正面以浅蓝色和灰褐色为主，左上角除了红色 logo 标识及名称外，主要展示展厅入口处建筑物外观状貌，底部黑色部分显示预约电话和开放时间。反面印制开放时间和咨询电话，以及乘车路线（公交和地铁）；还有简牍博物馆具体地址和地理位置缩略图，及微信公众号和二维码、官方网站、微博、邮政编码等。副券正面部分含简牍字样及票号；反面含长沙简牍博物馆设计字样和红色形象 logo。

常德博物馆：门票正面为常德博物馆正大门全貌图，左上角为常德博物馆设计字样和形象 logo，右上角为"参观票"字样及票号，底部为具体地址和联系电话。反面左侧为地理位置缩略图，右侧为常德博物馆设计字样和形象 logo 及中英双语的开放时间，底部为具体地址和联系电话。副券正面为常德博物馆设计字样和形象 logo，反面则为常德博物馆微信公众号参观二维码。

二、纸质门票使用的特点

随着电子信息技术在文博行业的广泛运用，纸质门票已逐步被电子门票代替，但纸质门票仍然有其存在的价值。除了显而易见的收藏价值，它更是我们走进博物馆，了解博物馆的第一张名片。电子网络记录形式多样，运用广泛，但纸质门票的记录功能也有其独特优势。虽然两者都有记录功能，但门票呈现出来的纪念收藏价值是电子门票无法比拟的。纸质门票能够从不同方面展现各博物馆（纪念馆）的重点信息、馆藏特色、主要价值等。从调研的结果来看，主要有以下四个特点：

（一）内容丰富，实用性较高

目前博物馆（纪念馆）仍在使用的纸质票据均能准确展现各自的基本信息，包括提供预约、咨询、救助、投诉等各类服务的联系电话，并附带（中英双语）参观须知，让游客第一时间了解参观注意事项。有的还提供交通服务指引及地理位置图等，为游客提供更细致便捷的服务项目。从调研结果来看，大部分纸质门票分为正副票券，副券上面多数是宣传推广的相关信息，能够让游客更快速、直观、具体地掌握场馆相关重要信息。

（二）各具特色，颇具收藏价值

在现有的使用纸质门票的博物馆中，大部分都直接或间接地将开放时间标注在显眼位置，同时，各大博物馆均展示颇具特色的全貌图及馆标 logo，让人能一眼记住场馆的大致状貌、突出特点等。各大博物馆（纪念馆）随着时间的推移，基础设施建设逐渐完善，相关信息也将不断更新，其历史价值将越来越高。最显著的变化就是，官方网站、微信二维码信息的使用。相对于只简单公布网址的传统门票，更新过后的纸质门票正面都会印有用于推广的微信官方平台二维码、微博、官网等信息，很大程度上能让游客持续关注博物馆（纪念馆）的最新动态。

（三）精心设计，与科技相结合

随着电子票据的广泛运用，纸质门票面临被淘汰的境地。从调研数据来看，纸质门票被电子二维码彻底取代的已不在少数，但仍有使用纸质门票的场馆，其纸质票据版面虽然简洁，但设计精美。票据从正副券到正反面都设计得十分巧妙，有左中右布局，有上中下布局，有些门票版式还严格遵循对角分布与留白设计，充分运用明暗色彩、虚实背景等审美构图，十分精美。纸质门票在追求审美的同时，还与网络技术相结合。有些场馆在网上预约后，会考虑游客的需求，可自愿在自助取票机上兑换纸质门票，此时打印的门票含有由参观游客的信息生成的电子二维码，是独一无二的。此时的纸质票据与二维码电子票相辅相成，能够在后台票据系统直接统计游客量、性别、年龄段等相关信息。这充分体现了游客、科学技术、博物馆（纪念馆）三者的互动关系。

三、纸质门票发展的困境

文化场馆的门票不仅是一张入馆凭证，还是博物馆（纪念馆）等文化场馆的一张名片，能够架起与观众沟通的桥梁。然而，随着电子网络技术的发展，纸质门票有面临消失的风险。

（一）重视环保，高效便捷，但忽视收藏价值

随着环保理念的盛行，越来越多的地方推行无纸化办公，减少纸张等纸制品的使用。因此，电子门票也被视为落实环保政策的一种手段。但从纸质门票的印制规格来看，小巧便携，且采用的是硬度较高的纸品，质量较好，具有收藏价值，也能重复利用，做书签、装饰卡片等。为环保放弃纸质门票，可能是博物馆、游客的一大损失。另外，随着电子门票的普及，观众在入馆时仅需拿手机或身份证件扫一扫即可入馆，节约了观众的入馆时间，更方便工作人员管理，保证参观秩序和场馆环境。然而，在部分中小城市，有些场馆采用电子二维码门票，却忽视了一些老年人的需求。有些老人没有智能手机，不能网络预约，电子门票就成为一道无形的门槛。即使为这个特殊群体设置绿色通道，他们离馆时也两手空空。因此，纸质门票仍有存在的价值。

（二）信息重复，忽视受众需要，无纪念意义

博物馆（纪念馆）纸质门票虽然遵循简洁大方的设计理念，但存在诸多信息重复的现象。如：票据的正反面反复出现具体地址，咨询电话、开放时间等基础信息，场馆的官方微信二维码也存在重复出现的状况。在副券部分，场馆名称和形象 logo 均印制在正反两面。这种重复出现的信息标识，可以加深观众的印象，但让原本小巧的纸质门票给观众留下信息不精细的印象。甚至，有的纸质门票用整版印制场馆微信公众号的操作流程，内容简单，没有更多信息，让纸质门票丧失了收藏的价值。

（三）时间久远，信息滞后，缺乏信息交互渠道

从调研数据中，还能发现有些场馆的基础信息在官网已经更新，但

票据上仍是老旧信息。如官方网站的网址已变更，微信官方公众号的名称及二维码也更换了，但纸质票据仍在使用。有些门票上有印制公交车线路指引，但公交线路已调整，造成信息滞后，这让纸质票据的参考价值大打折扣。另外，还有的门票上面印制了国家荣誉等相关信息，随着场馆的建设越来越好，荣誉也逐年增多，但票面上没能及时调整，定期增加，容易造成信息滞后的现象。门票作为博物馆（纪念馆）"行走的广告"，充分发挥了主动展示的功能，但展示信息是单向流动的，很难与观众产生互动。未来，可以考虑在纸质门票部分，设置一定的互动留念空间，供观众盖纪念戳或写下自己的感悟，甚至留言等，这样更有收藏意义，也能更好地延续观众的参观记忆。

四、未来纸质门票的开发路径

博物馆（纪念馆）门票是每个游客参观游览后的一份特殊纪念品，是无偿赠送的具有收藏价值的票据。在当下"特种兵式"打卡旅游热的当下，小巧精致的门票能够让更多的人体验"文化＋旅游"的乐趣。纸质门票既是每个文化场馆的"超级前锋"，更是"行走的广告"。因此，为了更好地架起博物馆（纪念馆）与观众的沟通桥梁，应该从种类、样式、材质、用途等方面入手，开发更多具有文化底蕴、纪念意义、收藏价值的纸质门票。

从调研数据来看，纸质门票的种类较为单一，仅有一家纪念馆推出了周年纪念票，但并不是传统意义上的门票。该纪念票用于馆内打卡后，与普通门票一同赠予游客。未来，各大博物馆（纪念馆）也可以推出周年纪念票或者邮票、明信片等不同类型的纪念门票，这种具有打卡纪念性质的票据，更能展现博物馆（纪念馆）的深厚文化底蕴，更有纪念意义，让纪念馆走向更广阔的世界。

据调查，全世界博物馆（纪念馆）门票形状各异，除了常规的长方形，还有可穿戴手环形式、立体凹凸形、叶片形、圆形、扇形等，让人倍感新奇。未来，博物馆要继续拓宽其功能价值，需要在细节上创新，抓住游客游玩的价值需求，从常规中寻找新意，获得更多观众的青睐。

从材质上看，普通纸质门票运用广泛，且方便携带。但随着电子取票机、人工智能机器人等的运用，也出现了金、银、铜等不同金属材质的纪念币、纪念卡、胸针、冰箱贴等新兴文创产品。未来，我们也可以在门票上运用。在自助取票机上设置可供选择的票据种类、款式等，做到周期性地更新信息，让门票成为集收藏、纪念、创新于一体的新的旅游打卡亮点，真正成为博物馆（纪念馆）的文化名片。

在用途上，作为门票，它既能发挥入场凭证的实用功能，同时，又兼具纪念收藏意义，因此有长久地存在的价值。调研发现，一些较为成熟的博物馆（纪念馆）已推出一批自助打卡盖章的体验活动，但这仅限于文创产品领域。通常在大型展览、研学活动中，博物馆（纪念馆）会设计制作一批圆饼形、滚筒形、方形等有特色的文创纪念章，内容包括馆藏特色文物、卡通人物、特色建筑、形象 logo 等，用于纪念实践活动，让青少年打卡纪念。这也具有一定的收藏价值，拓宽了博物馆（纪念馆）的文化功能。未来，可以把这种自助实践打卡纪念的方式运用到门票上，让游客能够拿到自己亲手制作的门票，充分体现参观游览的趣味性。

文化场馆的门票从最为简陋的橡皮大小的纸质门票，发展为形制各异的门票，其价值也从单纯的具有经济价值升华为具有更深层次的文化价值、艺术价值乃至社会价值。未来，博物馆（纪念馆）的门票会成为文化事业繁荣发展的一个缩影，其开发还有很多可以拓展的空间。外观精巧、信息精准、设计精美的纸质票据，将受到更多游客的喜爱。门票的发展之路，是文博事业在新时代继续蓬勃发展的最好见证，我们不能做简单的印刷品，而是要在数字化盛行的时代，让观众和博物馆（纪念馆）实现双赢。

（张兰，常德市丁玲纪念馆馆员）

文学名人故居教育活动的策划实践和思考

茹　佳

　　文学名人的故居，需要明确自身优势、开掘自身资源，并认真分析和对待，认准自身定位，确定教育和研究的主要方向。巴金先生的作家身份，和广受读者欢迎的丰富的作品，决定了巴金故居必须以引导公众阅读他以及其同时代人的作品为己任，在此基础上进行各项活动的策划和实践。巴金故居的教育活动，均是从巴金及同时代人的经典作品出发，选取合适的切入点，策划相关主题，各个环节强调阅读转化，以及互动性和体验感，并在前、中、后阶段分别有所侧重，探索独具特色的教育活动打造方式。

　　"博物馆不在于它拥有什么，而在于它以其有用的资源做了什么。"这是一句被博物馆人奉为经典并贯彻于具体的实践之中的至理名言。乔治·布朗·古德于1895年指出，"一座用途广泛而且享有一定声誉的博物馆必须在教育或研究领域富有创新"。"博物馆是复合型的文化机构，教育是所有博物馆活动的全部目的。"[1]随着时代的发展，博物馆教育功能正在提升至前所未有的高度。2015年颁布的《中国博物馆条例》将博物馆教育功能列于首位，彰显了"教育"工作的必要性和重要性。

　　习近平总书记强调，一所博物馆就是一所大学校。"从老子、孔子、

---

[1]《博物馆工作指南》，广西师范大学出版社2023年版，第381页。

庄子、孟子、屈原、王羲之、李白、杜甫、苏轼、辛弃疾、关汉卿、曹雪芹，到'鲁郭茅巴老曹'（鲁迅、郭沫若、茅盾、巴金、老舍、曹禺），……从五四时期新文化运动、新中国成立到改革开放的今天，产生了灿若星辰的文艺大师，留下了浩如烟海的文艺精品，不仅为中华民族提供了丰厚滋养，而且为世界文明贡献了华彩篇章。"

"鲁郭茅巴老曹"等文学大师留下的文艺精品，是中华民族文明宝库的重要组成部分，是珍贵的文化遗产。作家以其作品书写和记录了人民的伟大实践、时代的进步要求，反映了时代精神在新时代需要进一步继承、发扬和推广。而文学名人故居作为人物类的特殊博物馆，需要独特的教育活动策划方式，既需要发挥文学作品的影响力和作家的精神影响力，又需要顺应时代发展，创新文化服务形式，将经典作家和经典作品送到观众心中。

一、原则：原典精读

名人故居、纪念馆类的博物馆与其他类型的博物馆有所不同。故居是名人曾经居住、生活、学习、工作的场所，其建筑、家具、器物等都因名人的居住使用被赋予了特殊的意义和价值。而其中发生的故事、经历的历史，以及内部陈设、使用痕迹等，无不凝结着名人的价值取舍、文化取向、精神传承，具有独特的文化意义。

文学名人故居更是不同。作家以其文字影响读者、影响世界，文字组成的作品是众多观众参观故居、纪念馆的缘由，读者因作品影响了思想，因作品产生了解的意愿进而走进故居。随着岁月的流转，作家作品的魅力是否会减弱呢？当作家的影响力使读者（观众）留恋和纪念以至于故居能够整修并向公众开放，其作品应堪称"经典"。那么，在新媒介环境的转换之下，"经典"作品是否需要改变呈现形式以迎合新环境下的观众？

在近年来的教育活动策划与实践中，巴金故居秉持的原则是"原典精读"，即"'原汁原味'地传达经典文学作品的核心内容和精神，而不采取娱乐化的方式讨好公众、获取流量，这是根本；而在这一根本保证下，积极探索'新媒介环境下'多元的传播方式和各种手段，培养公众的阅读和接受兴趣。同时，还要力争避免在这样的'教育'中惯有的'教导'和'灌输'的模式，而是充分打开和阐发文学经典的魅力，用它们感染人、打动人，激发他们的兴趣，积极调动他们的参与热情，让他们自己去发现文学经典不凡的魅力"。[1]

巴金的经典作品有很多，长篇小说《家》是 20 世纪中国销量最高的小说之一，在 1949 年以前就出了三十几版，后来人民文学出版社的各种《家》的版本累计印刷 90 次，总数达 437 万册；且已有四十余个语种的译本。而集先生晚年思想精华于一体的《随想录》，最初十年间印数超过 13 万册，《真话集》印数高达 153 000 册。2006 年 5 月，《随想录》配图版单行本上市半年即发行 15 000 套。作家出版社 2005 年 10 月推出《随想录》新版，三个月就印了 12 万册。可见受读者欢迎的程度和影响力。其他如《寒夜》《憩园》《第四病室》《爱情的三部曲》《新生》《死去的太阳》等，以及文笔精准优美的十卷本译作，都是受到读者喜爱的优秀作品。

文学名人故居，需要明确自身优势、开掘自身资源，并且认真分析和对待，认准自身定位，确定教育和研究的主要方向。巴金先生的作家身份，和广受读者欢迎的丰富的作品，决定了巴金故居必须以引导公众阅读他以及他同时代人的作品为己任，在此基础上进行各项活动的策划和实践。"根据巴金故居的特点，我们确定从文本出发，通过立体的方式，对文本展开细读，从而满足受众的需求"[2]，也即"原典精读"方法。

二、从作品出发的互动体验活动

巴金故居自 2017 年推出"猫博士"带你品故居系列互动体验课后，一直致力于策划、研发既具有文化深度、文学特色，又具有趣味性，还

[1][2] 周立民：《搭起一座微信平台》，《广州大学学报》（社会科学版）2021 年第 5 期。

能够提供专业知识和思维的拓展和深化的青少年活动，并且几乎都取名为"互动体验课"，强调其全程互动、沉浸体验的特点。下面主要以巴金故居 2023 年"探访巴金的家"活动为例进行分析，辅以之前举办的其他活动进行阐释。

（一）内容：从作品中来，回作品中去

以巴金的作品（文字）为活动的设计出发点是巴金故居青少年活动的基本原则。

"猫博士"带你品故居活动结合了思维导图绘制、巴金童话研读再创作、巴金上海旧居定向寻访等活动，均是从巴金先生的文字出发，强调史料的真实性和权威性，但又从适合于青少年理解和挖掘的角度进行设计。"雕刻时光"版画互动体验活动选取了巴金作品中较适合用画面进行展现的文字，比如《小狗包弟》、巴金和妻子萧珊的家书、《最初的回忆》中的鸡"军队"等，结合恰当的版画制作形式设计专属课程。

2023 年"探访巴金的家"活动与以往的活动不同之处在于，为活动专门定制了"二咪和巴金的家"探访手册。该探访手册是上海市徐汇区"家门口的博物馆"系列的项目之一，由故居提供策划创意和图文资料，经多次设计修改完成，主题是对巴金的"家"的探访，因此如何对故居的空间和展品进行有机呈现是重点和难点。展品可以展现人物个性品质、讲述背后故事、反映时代背景，有各种各样的阐释方式，但是从巴金作品出发依然是故居"出品"不变的原则。在这本橙色为主色调，巴金故居外墙细卵石墙面的灰色为辅色调的手册中，一个页面展现巴金故居的一个空间，一个空间对应巴金的一部/套作品，配以相应的体验形式，对应的作品都有相应的书影和书中的名言印制在页面的角落，实现以空间来对应作品，以作品来阐释空间，让故居的参观打上相应的文学印记。

比如，对于巴金先生最具影响力的作品"激流三部曲"，手册使用两个页面跨页展示，对应的空间是巴金故居的展厅，而重点呈现的展品是展厅墙上悬挂的巴金和大哥李尧枚的合影。作为中国人看得最多的小说之一，《家》几十年来受到无数读者的欢迎，其中的主人公高家三兄弟的大哥高觉新的原型即为李尧枚。这张合影是小说《家》的具象化展现，在馆内参观游览时，找到了合影就找到了与《家》联系的纽带。带着对主角的鲜活印象，参观者可在右跨页读到《家》中高家大家族吃年夜饭的场景，并从文字中寻找线索，完成年夜饭圆桌座次的推算，进一步深入品读作品。这一段年夜饭的文字，既是大家族之"大"的展现，也是大家族长幼有序的展现，更是年轻生命力鲜活碰撞的展现。页面下方附有书中的巴金名句："我始终记住：青春是美丽的东西。而且这一直是我的鼓舞的泉源。"

再比如，对于巴金的一部讲述家庭生活、父子感情的小说《憩园》，手册将其设计搭载于巴金故居的餐厅，具体呈现的展品是餐厅的钢琴和墙上的照片。钢琴是巴金妻子萧珊用翻译作品的稿费购买的送给女儿李小林的礼物，墙上的照片则是巴金儿子李小棠的周岁生日照。这个空间是家庭气息最为浓郁的，可以直观地感受到主人公夫妇与儿女的亲情，而《憩园》讲述的就是一个落魄潦倒的父亲与倔强的儿子之间的亲情故事。其中的一段文字讲述了作品的主旨："我在这个人间看见那么多的痛苦和不幸，可是我又看见更多的爱。我仿佛在书里面听到了感激的满足的笑声，我的心常常暖得像在春天一样。或者究竟是一件美丽的事。"这段文字被设计成对应的标注句读的游戏，让参与者在游戏中仔细阅读，进一步加深对作品的理解。

以上设计均是从巴金先生的主要著作和译作出发，用亲近青少年的展现方式，引起孩子对阅读的兴趣，或者在参观中阅读、思索部分文字，与经典作品进行初步的接触。

（二）形式：多元结合，生动转化

1. 线上线下结合

信息科技的更新，新媒体的发展，使观众与博物馆的联系更为便捷、紧密，也为博物馆教育活动提供了更多形式、更多环节，让观众在活动前可全面准确地了解活动信息，进行前期准备，活动中使用图文视频等多种形式理解、记忆、参与活动内容，活动后及时反馈体验与感受，提出意见，与博物馆保持长期有效的联系。在某些活动环节中，线上线下是紧密联系缺一不可的。

巴金故居互动体验系列活动均在网上发布招募公告、提供背景信息、发布报名表单，让观众完成必要的前期学习和思考。比如"雕刻时光"版画互动体验活动中"爱的家书"这一期，以巴金先生和萧珊女士的爱情故事为主题，报名表单的要求则是手抄一个两人家书的片段，拍照后上传。这样的阅读和抄写，让人静下心来了解两人之间的相处细节，提取最为感动的片段，而手写则让人更有体验感和参与感。写下的家书，抄写上传后，既成为报名审核的一个条件，又成为巴金故居教育活动的后期展示宣传资料，还是一种观众的反馈和解读的数据来源。再比如，"猫博士"带你品故居活动中的巴金上海旧居寻访活动，全程在线上进行，线下并无工作人员现场解说。但是每个旧居与巴金先生的关联、在当地的居住经历、创作作品，均有详细的介绍。而打卡任务也是五花八门，但都在线上完成。如找到南昌路旧居后门的邻居是谁，答题提交，如拍下巴金先生原先居住房间的窗户，上传至表单。这些阅读和打卡，把线上与线下紧密地结合起来，让参与者在行动中阅读，在趣味中学习，加深了参与者对文化名人旧居的现场印象，也具有深度的体验感，还能够锻炼参与者的观察能力、沟通能力、逻辑思维能力等。

2. 虚实结合

名人故居因其历史与现实交汇的特质，建筑与展品都可以经由主人公的特质、影响、贡献进行再解读，让历史时空与眼前事物产生交集。比如，"探访巴金的家"活动的导览手册，是以故居馆猫"李二咪"的视角和漫画形象作为切入点，带领青少年参观故居，阅读作品。馆猫"李二咪"就生活在巴金故居，是活生生的故事主角。当参观者来到故居，打开手册，眼前的李二咪仿佛以二次元的身份再一次在手册中活跃起来。

当然，巴金故居教育活动虚实结合，但重点依然落在作家的作品上。让展品讲述作品故事，让展品带领参观者进入作品阅读，让文字带领参观者回归历史。比如，"雕刻时光"版画互动体验活动中"童年时光"这一期，邀请参与者一起寻找巴金故居的童年印记，从巴金与家人的来往家书、日记、散文中选取其儿女幼时在故居的成长记忆，包括女儿练琴所用的钢琴、儿子小棠的周岁照、外孙女端端喜爱的布偶等等，在文字中走进历史，感受家庭的温情，引起参与者的共鸣。而这些寻找，最后转变成版画制作的元素，由大家亲手印制在 T 恤上，把童年欢乐穿在身上，留在心里。

3. 艺术转化

俗话说，文学与艺术不分家。文学是文字表达的语言艺术，与绘画、音乐、雕塑等艺术形式有着天然的相通相融性。将文学内容进行艺术化的表达，既能够跨越文字理解的障碍，又能够扩大文字意蕴的表达外延，更能够增强形象记忆和互动体验，重塑参与者的博物馆记忆。

"雕刻时光"版画互动体验活动即是以版画艺术来进行文学内容转化的案例。在"确认'李二咪'的眼神儿"主题中，作为本系列活动的第一期，活动将巴金先生的名篇《小狗包弟》作为切入点，提炼出"小动物"的主题元素，并扩展到巴金故居现存的小动物——馆猫"李二咪"上，结合对猫咪的现场接触，进行动物主题的版画制作。如何选择相应的版画制作形式，也是一个重要环节。动物版画需要生动并富有韵味——既需要色彩生动，又需要柔和的细节和韵味，因此，活动选择水印套色版画形式，由版画师提前定制套色刻板，既具有印制的互动体验感，又降低了参与难度。

"探索巴金的家"系列活动与前述活动不同，是多种转化方式的集合。其中一期以"热爱文字中的大自然"为主题，从巴金笔下优美的大自然出发，描写故居景物，在探索巴金故居后，面对绿草茵茵的花园，请参与者用画笔描绘出巴金故乡的花园，并邀请上海中国画院的画家为大家讲述描绘工笔草木的秘诀。以艺术表现文字，用具象化的描写，拓展文字的意蕴，让参与者进一步解读巴金的作品。

4. 游戏转化

参与式学习是当下一个较有影响力的概念。"参与"是体验感的来源。博物馆教育活动长期以说教式的课堂形式存在，如今也向参与式学习方向不断演化。对青少年来说，游戏是不可多得的参与方式，它在一定的时间内，以特定的规则和场景给人以较强的刺激和满足。设计集趣味性、互动性、专业性于一体的游戏，尤其是与巴金的作品以及同时代作家相关，也是一个重要的尝试。

巴金故居历来的青少年活动都强调互动感、体验感，早早便开始了游戏设计。不论是"猫博士"带人们品故居系列中的巴金故居书桌寻找游戏，还是思维导图绘制游戏，抑或"雕刻时光"版画互动体验活动中的动物寻访、植物辨认、标本学习、根据儿时记忆猜作者等，都是游戏化的尝试。而在"探索巴金的家"系列活动中，最具代表性和最受欢迎的一个游戏是：根据巴金先生《家》中吃年夜饭玩飞花令的一段文字，排列现场年轻人的座次。这个游戏，不论男女老幼，只要识字，能够理解规则，并且具有基本的逻辑判断能力，都能够推断出来。现场活动中，除了排列座次，还邀请在场的青少年现场竞赛一局"飞花令"，再现了年夜饭中的这一场景。

（三）过程：参观前、中、后，全程体验中

相关研究表明，"美国博物馆教育活动的开展，通常以观众的实地参观为界，将教育活动划分为观众参观前、中、后三个阶段，并且三阶段活动相互关联，逐次推进，甚至可循环往复，同属于博物馆教育活动的大系统。博物馆普遍重视中间阶段，这毋庸置疑，但仅仅做好观众参观阶段的教育工作还不够，因为参观前阶段是其前提和基础，而参观后阶段则是其补充和延伸，故都须重视"。教育活动分前中后三阶段已成为一个普遍的认识，但实施中仍有不少难题，比如如何提高人们背景学习的兴趣，如何确认报名者的有效了解程度，如何在参观后做好延伸和拓展，实现资源多重利用，等等。

在实践摸索中，巴金故居意识到参观前的参与者准备对于活动顺利开展的必要性。并且在每一项活动中都预设了报名门槛，以信息反馈、资料整理、个人思考、观点共享等作为报名资格审核的参考依据。因其对于文字理解和表达的要求，以及互动体验的特质，巴金故居教育活动的目标参与者是三年级到初中阶段的学生，而报名表格常用开放式提问，或者采取体现参与者个性化理解的表现方式。比如在"雕刻时光"

版画互动体验课的"童年时光"主题中，邀请孩子们分享自己童年最爱的一件物品或记忆深刻的一件事，并询问对巴金先生回忆童年文字的感受。比如在"探索巴金的家"活动的"巴金《家》里的古诗词——让经典融入身心"主题中，参与者需要分享自己最喜爱或印象最深刻的古诗，并写出自己的理解。同时，预告了活动中需要参加"飞花令"比拼，并以附有复旦大学中文系教授签名的书为奖品，邀请大家丰富古诗储备，共同参与。种种要求，只为让参与者具备活动体验的前提，拥有更好的参与感、体验感，这也是一种更深层次的阅读。

参观中阶段的活动设计无疑是整个活动中最关键的部分。无论是从经典作品中提取的关键元素，还是与之相匹配的艺术形式选择，符合现场环境又具有趣味性、沉浸感的游戏设计，以及学术专家的知识拓展，都是有机的整体，互动感和体验感是每一个环节设计的重点。

复旦大学郑奕教授称，"按照国际上博物馆业发达国家的理念和做法，观众离开博物馆后，并不等于教育活动的终结。确切地说，只是馆内活动的暂告一段落。从某种程度上说，它意味着又一阶段的教育项目的开始"。参观后阶段的工作常常被我国博物馆忽视，但其实这是教育活动效果的一个长效延伸和保持。对教育活动做及时认真的整理报道是一个重要的部分。参与者将看到学习过程的展现，和部分学习成果的展示，这能够再次强化对活动的体验，加深参与者的阅读需求，增强其对场馆的信任度，甚至成为忠实拥趸。此外，收集活动参与者的信息，建立社群也是一个行之有效的方法。参与者的累积，能够形成教育活动报名沟通的资源池，可以获得及时的信息反馈，作为再次设计活动的重要依据。

三、结尾：不足和展望

巴金故居正在建设"亲近经典——现当代作家作品赏读微平台"，将各种经典作家、经典作品以多种形式上"云"，获得更灵活方便的触达和延伸。故居的各项活动并不限于巴金先生相关内容，还扩展至巴金同时代人及部分的当代作家作品解读，故居教育活动也是如此。经典作品的解读和转化方式也趋于多样化和复合化，不再是单一的手段。但囿于巴金故居的空间，线下活动的人数和频次较为有限，无法满足更多青少年的需求。故居的各项教育活动主要面向中小学生，限于文字阅读理解水平，在幼儿阶段尚未开始探索。并无面向成年人的教育活动。此外，故居还未探索到馆校合作的有效方式，来实现离开场馆到校园进一步展开文学教育。社会对博物馆教育的需求增长迅速，秉持着传承巴金精神，以及为社会提供优质文化公共服务的责任，我们将踔厉奋发、勇毅前行。

（茹佳，巴金故居馆员）

"大思政课"视域下名人故居
红色资源育人路径探究

金　秋

党的十八大以来，党中央把学校思政课建设放在教育工作的重要位置。"新时代新征程上，思政课建设面临新形势新任务，必须有新气象新作为。"2024 年 5 月，习近平总书记对全国思政课建设作出重要指示强调，"以中华优秀传统文化、革命文化和社会主义先进文化为力量根基"[1]，明确了文化赋能思政课建设的鲜明导向。作为承载中华优秀传统文化、革命文化的重要载体，名人故居在传承红色基因、赓续红色血脉、进行爱国主义教育和精神文明建设中发挥着很大作用，理应成为构建"大思政课"的积极参与者。如何紧扣新时代新征程教育使命，在大思政课视域下充分挖掘名人故居独特的红色资源，探索育人实践新路径，打造特色鲜明、朗朗上口的大思政课品牌，不仅是充分发挥名人故居社会育人功能的现实需要，也是让名人故居焕发新活力、实现高质量发展的有效路径。

一、"大思政课"的基本内涵与时代要求

思政课是我国对青少年学生进行思想政治教育的主渠道、主阵地。

---

[1]《守正创新推动思政课建设内涵式发展（深入学习贯彻习近平新时代中国特色社会主义思想）》,《人民日报》2024 年 5 月 30 日。

144

习近平总书记在 2019 年学校思想政治理论课教师座谈会上强调，思政课是落实立德树人根本任务的关键课程，思政课作用不可替代。"办好思政课，最根本的是要全面贯彻党的教育方针，解决好培养什么人、怎样培养人、为谁培养人这个根本问题。"[1]作为立德树人建设的关键举措，思政课建设蕴含着深刻的时代价值和实践意涵，是培养一代又一代社会主义建设者和接班人的重要保障。

大思政课建设的根基是思政课，是在站稳课堂教学主阵地的基础上，对育人空间的拓展和提升。大思政课建设理念是坚持马克思主义为指导，以培养德智体美劳全面发展的社会主义建设者和接班人为目标，以人的全面发展理论和立德树人理论为理论基础的，要求思政课教师的情感认同、知识体系、能力结构、核心价值观都必须适应新时代思政课建设和教学需要的，采用系统方法论作为具体实施路径的，具有思想性、价值性、理论性、系统性、发展性等鲜明特征的新时代思政课理念。[2]

近年来，习近平总书记对大思政课建设作出了系列重要讲话、指示批示，擘画了思政课改革发展的战略蓝图，为深入推进大思政课发展提供了根本遵循，指明了前进方向。善用大思政课需要明确教育导向，打通教育场域，串联教育内容，让思政课与时代同向、与现实同频、与实践同行，真正发挥培根铸魂、启智润心的作用。全面推进大思政课建设是时代呼唤、大势所趋，同时还是思想政治教育发展的必然要求。"当前形势下，办好思政课，要放在世界百年未有之大变局、党和国家事业发展全局中来看待，要从坚持和发展中国特色社会主义、建设社会主义现代化强国、实现中华民族伟大复兴的高度来对待。"[3]2022 年 7 月，教育部等十部门印发《全面推进"大思政课"建设的工作方案》，要求

[1] 习近平：《思政课是落实立德树人根本任务的关键课程》，《实践》（党的教育版）2020 年第 9 期。

[2] 孙福胜：《论新时代"大思政课"建设理念的缘起、要义与意义》，《焦作师范高等专科学校学报》2024 年第 6 期。

[3] 习近平：《思政课是落实立德树人根本任务的关键课程》，《实践》（党的教育版）2020 年第 9 期。

充分调动全社会力量和资源，建设"大课堂"、搭建"大平台"、建好"大师资"，为高校思想政治工作创新性、内涵式发展指明了方向。[1]

二、名人故居红色资源融入思政教育的时代价值

（一）是培育担当民族复兴大任的时代新人的创新实践

习近平总书记多次使用扣好"第一粒扣子"的比喻强调引导青少年树立正确价值观、帮助青少年迈好人生第一个台阶的重要性。教育是国之大计、党之大计。育人的根本在于立德，要培养德智体美劳全面发展的社会主义建设者和接班人。

名人故居是人文精神的延续，是灿烂文化的遗存，是一种特殊且具有强大精神力量的文化载体。"要抓好青少年学习教育，着力讲好党的故事、革命的故事、英雄的故事，厚植爱党、爱国、爱社会主义的情感，让红色基因、革命薪火代代传承。"历史是最好的教科书。学习名人故居蕴含的历史事件，青少年学生可以更好地走近和了解中国革命的历史进程，充分感受党和国家取得的光辉成就和今天幸福生活的来之不易，把握历史规律、增强理论自觉，不忘初心、牢记使命，为实现中华民族伟大复兴的中国梦而努力奋斗。通过学习名人故居中的榜样人物，青少年学生可以近距离了解榜样人物的崇高品质和精神内涵，从他们的奋斗精神、进取意识、崇高品德以及优良家风中汲取奋进力量，有助于帮助青年学生培养高尚的人生追求、理想信念、爱国情怀和道德品质。因此，打通校园和红色场馆之间的"墙"，将名人故居红色资源真正融入思政教育，真正把名人故居变成红色基因传承和教育的宝贵资源，是培育担当民族复兴大任的时代新人的创新实践。

（二）是助力思政教育善用社会大课堂的重要载体

习近平总书记在2021年看望参加全国政协会议的医药卫生界教育界委员时指出，"'大思政课'我们要善用之，一定要跟现实结合起来。

[1] 见 http://www.moe.gov.cn/srcsite/A13/moe_772/202208/t20220818_653672.html。

上思政课不能拿着文件宣读，没有生命、干巴巴的"。[1]传统上，思政课建设以学校为主体，教师为主导，形成了思政的单一化发展模式。学校、家庭、社会协同推动思政课建设的合力没有完全形成，全党全社会关心支持思政课建设的氛围不够浓厚。新时代的大思政课建设开始摒弃传统发展路径，坚持上下联动，谐融共进，有序促进大思政课建设向上向善发展。[2]

大思政课强调开放性、创新性，鼓励打破校内校外等限制，将教育场景扩展到日常生活、社会等更广阔的领域，利用多样化的教育资源和平台来拓宽教学视野，增强课程的吸引力。而名人故居所蕴含的丰富历史文化，正是讲好大思政课的教学资源宝库，也是开展大思政课实践的重要平台。榜样的力量是无穷的，名人故居的红色文化中蕴含着革命精神、集体主义精神和共产主义追求。青年学生在实地参观名人故居、切身感受名人生长足迹、近距离学习名人品质等教育过程中，能够在情感的共鸣和思想的共振中得到精神的滋养，切实增强责任感和使命感。这种对于榜样人物的近距离学习和感悟，更容易触动青少年的心弦，能够引导学生将个人的发展、理想追求更好地融入党和国家事业之中，号召学生争做为中国式现代化挺膺担当的先锋闯将，有力增强了"大思政课"的亲和力和感染力，有助于传承红色文化的精神血脉，是助力思政教育善用社会大课堂、搭建大资源平台的有效途径。

（三）是推动名人故居焕发时代活力的有力推手

习近平总书记 2020 年在湖南考察时强调，要把课堂教学和实践教学有机结合起来，充分运用丰富的历史文化资源，紧密联系中国共产党和中国人民的奋斗历程，深刻领悟马克思主义中国化的内在道理，深刻领悟为什么历史和人民选择了中国共产党和社会主义，进一步坚定"四个自信"。作为历史的记忆和再现，名人故居有着丰富的历史价值和文化价值，是不可替代和再生的宝贵财富。作为社会教育系统的重要组成

[1] 《"'大思政课'我们要善用之"》，《人民日报》2021 年 3 月 7 日。
[2] 《精准把握"大思政课"建设的深刻意涵》，《中国青年报》2023 年 5 月 24 日。

部分，名人故居应当成为大思政教育工作的主动参与者、有力支撑者。

但在发挥重要社会价值的同时，名人故居也存在天生的"短板"：空间相对局促，现代化布展和大型活动难以施展，从而难以发挥更大的宣教作用。在此背景下，应深入挖掘名人故居的资源内涵，与大中小学校联合起来，充分利用红色资源，将红色文化融入学校思政教育，不仅引进来，也送出去，赋予有限的空间更大的延伸性，从而实现更广范围、更深层次的宣教作用，为广大青少年学生树立可亲可敬可信可学的精神榜样，让"大思政课"涌动红色血脉，传承红色基因，培养更多让党放心、爱国奉献、担当民族复兴重任的时代新人，让名人故居丰富的文化内涵真正传承下去。由此可见，将名人故居的红色资源融入大思政教育，与大中小学校协同使其成为铸魂育人的最大增量，是名人故居焕发时代活力的重要实践途径。这样能够让名人故事和品质更好地融入校园、班级和家庭，成为引领青少年健康成长的精神力量，更好地发挥名人故居作为爱国主义教育基地的重要宣教作用，开创名人故居新时代思政教育新局面。

三、"大思政课"视域下名人故居红色资源的育人路径

（一）找准定位，挖掘"特色亮点"打造"精品课程"

"新时代新征程，世界百年未有之大变局加速演进，中华民族伟大复兴进入关键时期，战略机遇和风险挑战并存，宣传思想文化工作面临新形势新任务，必须要有新气象新作为。"[1]习近平总书记的这一重要指示，为大思政课怎么上提供了重要遵循。大思政课视域下名人故居红色资源发挥资政育人作用，首先要找准定位，深度挖掘时代内涵，打造精品课程。

以淮安周恩来故居为例，作为总理周恩来的诞生地和童年生活的摇篮，这里留下了周恩来人生的第一行足迹。在淮安 12 年的生活和学习

---

[1]《担负起新的文化使命的强大思想武器和科学行动指南（深入学习贯彻习近平新时代中国特色社会主义思想）》，《人民日报》2023 年 10 月 24 日。

经历，为周恩来青少年时期成长成才和优秀品德的形成打下了良好基础，留下了许许多多催人奋进的励志故事。因此，找准定位，深度挖掘周恩来崇高品质的时代价值、社会价值、文化价值，讲好红色故事，传承红色基因，是周恩来故居的重要使命。近年来，周恩来故居立足红色资源，遵循习近平总书记提出的"注重家庭、注重家教、注重家风"指示精神，围绕故居"家"的特点，开辟了"家事""家乡""家庭"等特色鲜明、内涵丰富的系列展览，擦亮了以周恩来家风为主的红色宣教淮安名片。一方面，周恩来总理从小勤奋读书、少年立志，是青少年儿童学习的好榜样，有助于青少年社会主义核心价值观的树立和践行；另一方面，周恩来总理严教后辈，严格要求晚辈工作上服从国家利益、生活上不准搞特殊等诸多生动事例，为广大青年学生传承好家风，树立正确的人生观、价值观和择业观提供了宝贵的精神财富；此外，周恩来、邓颖超是中国共产党人革命伴侣、模范夫妻的光辉典范，他俩的婚恋观是中华民族优良传统与中国共产党人崇高品质的完美融合，他们坚守对共产主义理想的初心，纯洁美好、忠贞不渝的革命爱情，为广大青年学生树立正确的爱情观和婚恋观也提供了很好的范本。

（二）优势互补，善用"大资源"汇聚"大合力"

大部分名人故居受场地大小、房屋结构等条件限制，难以发挥很大的思政育人作用。因此，在大思政课视域下，要充分利用名人故居丰富的红色资源，大力发挥资政育人的宣教作用，必须联合其他力量，凝聚合力。一方面，需要以内涵赋能名人故居，用好名人故居实景课堂载体，开展"场馆里的思政课"，让思想政治教育变得具体化；另一方面，应用好地方区域资源，实现资源共享和优势互补，打造特色研学课程，并通过有效规划，推进研学实践连点串线、连线成圈，形成一批研学精品路线。

以周恩来故居为例，淮安周恩来纪念景区下辖周恩来纪念馆、周恩来故居、周恩来童年读书旧址，三家各具特色、互为补充，形成包括"周馆、周家、周塾"在内的综合性纪念景区。作为全国首批爱国主义教育示范基地和全国青少年教育基地，周恩来纪念地深入贯彻落实习近平总书记关于大思政课的重要指示精神，始终把立德树人作为宣教工作的根本任务，把思想教育作为铸魂育人的重要抓手，以入选教育部等八部委联合设立的全国首批"大思政课"实践教学基地为契机，大力整合"周馆、周家、周塾"少儿励志资源，创新打造集研学、阅读、文艺、宣讲等多种功能于一体的"四大课堂"，让思政课与时代同向、与现实同频、与实践同行。通过举办《周恩来的青少年时代》新书发布会活动、与人民日报出版社等签订四方战略合作协议、打造"红色基因代代传——纪念馆里的思政课"、开展一系列形式多样内容丰富的纪念周恩来诞辰 126 周年活动等创新举措，用心打造在全国有重要影响力的青少年思政教育新高地，获得社会各界的热烈反响和广泛好评。作为周恩来纪念地精心打造的大思政课线路中的重要一环，周恩来故居是周恩来总理的诞生地和童年生活的摇篮，将思政教育融合的重点落于"家"的氛围。青少年学生通过到周恩来故居开展生动的红色基地实境思政课，实地体验童年周恩来生活学习的点点滴滴，亲身感悟周恩来少年立志发出"为中华之崛起"而读书最强音的成长氛围，并通过在故居的水井打水浇灌小菜地，沉浸式地感受周恩来总理小时候的劳动生活，在劳动体验中饮水思源，感恩今天的幸福生活。此种整合资源、联合其他力量的方式，更好地发挥了名人故居红色资源的资政育人作用。

（三）打响品牌，"思政小课堂"融入"社会大课堂"

丰富有趣的"大思政课"，是"善用之"的具体实践，也是课堂与时代进行有机融合的有益探索。引导广大青少年扣好人生中的"第一粒扣子"，需要全面推动名人故居红色资源融入学校大思政课建设，融合课内"思政小课堂"与课外"社会大课堂"，坚持不懈用党的创新理论铸魂育人，厚植红色基因，真正打响"大思政课"品牌。

为深入贯彻落实习近平总书记在全国高校思想政治工作会议及学校思想政治理论课教师座谈会上的重要讲话精神，充分发挥全国首批大思政课实践教学基地作用，周恩来纪念地管理局携手中国传媒大学政府与公共事务学院，深入推动思政课实践教学改革创新，组织学生走出教室、走出校园，以"传承红色精神，勇担强国使命"为主题，融合课内

"思政小课堂"与课外"社会大课堂",开展"行走的思政课"——"追寻周恩来红色足迹"研学班。从淮安启程,到天津、南昌、遵义、北京等五地开展红色精神研学之旅,共同探寻周恩来同志出生成长、求学求索、革命实践的光辉历程,让红色研学之旅成为一场与革命文物"面对面"对话的励志之旅,真正让思政教育活起来、实起来、强起来。在此次研学之旅中,学员不再局限于传统的教材、封闭的教学、简单的参观,而是通过边听边学边讲的方式,重走周恩来同志走过的路,追寻红色记忆、汲取精神力量、激发奋进动能,在生动的实践体验中立志要向周恩来总理等老一辈无产阶级革命家学习,不负韶华,不负时代,传播好中国声音,讲好新时代故事,为实现中华民族伟大复兴的中国梦贡献青春与力量。

名人故居蕴含着宝贵的红色文化资源,承载着丰富的思想政治内涵,是将红色基因融入时代新人铸魂工程的重要载体,是建设大思政课的重要一环。在大思政课视域下,名人故居与学校、社会协同育人,对善用社会大课堂、搭建资源大平台、推动思政育人工作提质增效很有意义。新时代呼唤新作为,名人故居将以鲜亮的红色基因为特色资源,讲好新时代故事,探寻大思政课视域下名人故居红色资源育人最佳路径,进一步形成大思政课建设的强大合力,努力开创名人故居红色资源助力思政教育新局面,帮助培养更多让党放心、爱国奉献、担当民族复兴重任的时代新人。

(金秋,周恩来故居管理处馆员)

打造红色地标，开创人物类纪念馆教育研究新局面

焦连斌

文化是城市的灵魂，是城市最好的底色。而文化地标就是这个灵魂的外化物，是将抽象文化历史具象化、符号化的最佳载体。经过上百年的沉淀，纪念馆已成为承载历史记忆的红色地标，既是一笔传之久远的宝贵财富，更是凝聚人心、强基造血的澎湃动力。打造更具标识度和影响力的文化地标，点亮红色地标，纪念馆人责无旁贷。

一、红色地标的功能探析

党的二十大报告强调："弘扬以伟大建党精神为源头的中国共产党人精神谱系，深化爱国主义、集体主义、社会主义教育，推进文化自信自强。"伟大建党精神发轫于中国共产党成立以来的伟大实践，贯穿于党的百年奋斗历史，鲜活地体现在纪念馆、博物馆、党史馆及革命文化遗址中。习近平总书记强调："红色资源是我们党艰辛而辉煌奋斗历程的见证，是最宝贵的精神财富。"[1]要建设好、守护好中国共产党人的精神家园，大力弘扬伟大建党精神，离不开对红色资源的保护开发。每一处红色地标，都凝聚着鲜活的红色基因和伟大建党精神。

---

[1] 习近平：《用好红色资源，赓续红色血脉，努力创造无愧于历史和人民的新业绩》，《求是》2021年第19期。

红色地标是城市的名片，是增强城市辨识度的重要依托。俗话说，一方水土养一方人。实际上，水土与人之间的中介就是文化。水土孕育了文化，文化滋养了人。好的文化地标，只要一说起它，人们自然而然地就会联想到相应的城市。缺失文化地标，城市就失去了文化审美对象、识别符号、认同载体和文化发展的物证，失去了在历史长河中积累的深厚文化底蕴。作为我国优秀传统文化的继承和发展，红色文化蕴含着丰富的革命精神和厚重的历史文化内涵。有生命力的红色地标，有助于进一步提升城市品位，丰富城市的内涵，更好地反映城市的历史和时代风貌。

红色地标是城市形象建构和传播的重要组成，对提升城市文化品位、展示城市精神特质、塑造城市形象品牌具有重要意义。"近代以来，随着旅游业的发展，地标正在成为很多地方最著名的景观。地标不仅是一种城市摆设，也不仅是为了让人们记住和识别，地标往往成为城市的'文化名片'，是城市文化精神的象征。"[1]红色地标，新时代最有生命力的文化地标，不仅在外观上体现了人文之美，表现了城市的综合实力，在内容上也极大丰富了城市的文化载体，彰显了城市的精神特质。

红色地标是红色基因代代相传的重要承载。每一个历史事件、每一位革命英雄、每一种革命精神、每一件革命文物，都浓缩着一段党的光辉历史，寄寓着中国共产党人理想信念、精神血脉的世代传承。保护好、管理好、运用好红色资源，是我们发展红色教育事业的迫切需要。红色地标见证了一段段峥嵘岁月，具有真实性、现场感、沉浸感、仪式感和不可复制、不可替代等鲜明特点，是红色文化传承的真实记载，是开展爱国主义教育、革命传统教育、理想信念教育最生动的教材。

红色地标在传播社会正能量、弘扬主旋律、引领社会共识等方面发挥着重要作用。实践是最好的传承，红色地标对党的发展壮大具有里程碑意义，能够使人们在其中致敬历史，在红色精神谱系里接受洗礼。红色地标的价值，不仅在于其承载的信息，更在于其彰显的伟大精神，能

---

[1] 李勍：《文化地标：一座城市的 DNA》，《建筑与文化》2012 年第 9 期。

带给人们思想启迪和精神滋养。对公众道德修养、思想水平和行为习惯的养成，具有良好的导向和积极引领作用。在文旅新技术的加持下，红色地标的表现形式不断丰富，红色精神的传播辐射力度更加强大。寻求红色文化与旅游融合的途径，点亮红色地标，是引领经济社会发展、增强文化认同感、实现红色文化品牌价值的共赢举措。

二、红色地标建设面临的现实困难

缺乏科学规划引导，难以形成具有联动性的红色文化传播生态链。由于历史原因，红色地标涉及的产权和隶属关系极为复杂，同一红色资源多头管理；一些比较重要的红色资源，市、区乃至镇、村都在开发利用，责任主体不明确。日常管理中，由于没有权威明确的主管部门，不同层级的部门各自行使职能调度指挥。缺乏协同共赢发展理念，上下级业务部门协同联动不畅，跨部门、跨领域、跨区域横向协同建设推进缓慢，致使红色资源保护开发难以形成合力，难以构建统一的品牌形象。

缺少系统性、整体性的深入挖掘，创新不足，导致价值转化乏力。红色地标建设同质化严重，表达方式千篇一律。有的只是简单的红色点位打造，场馆建设缺少亮点、特色，以简单复制、模仿热门为主，对红色地标内在精神价值研究缺乏深度。"红色"资源与"绿色"资源缺少结合和互动，未能与当地的人文历史、风土人情等资源和要素进行深度融合，只有"故事"而没有承载"故事"的实物载体。

资金短缺，专业人才匮乏，持续开发保护的长效机制有待完善。红色地标建设是一项长期而艰巨的系统工程。资金来源单一、投入不足，导致开发运维保障乏力。有的展陈长期不变，形式单调，功能单一，缺乏互动性和感染力。监督约束机制不完善，重开发、轻规划，重建设、轻维护，致使场馆运营维护、人员保障等难以持续。

三、点亮红色地标的实践路径分析

作为齐鲁文化的发祥地，以及中国共产党较早开展革命活动的地区之一，淄博拥有数不胜数的红色宝藏和红色故事。对于淄博这座老工业城市来说,百年党史,又是一部红色工业发展史、民族产业振兴史、先锋精神淬炼史。一个个英雄的展馆,呈现了革命先辈舍生忘死、不折不挠的求索历程;一处处红色的地标,印证了淄博人民继往开来、砥砺前行的奋斗精神。早在中国共产党成立之初,王尽美、邓恩铭等革命先驱就开始在这里传播马克思主义学说。县委书记的榜样焦裕禄更是一个感染了无数中国人的响亮名字,焦裕禄纪念馆无疑是淄博市最闪亮的红色地标。习近平总书记指出:"焦裕禄精神跨越时空,永远不会过时,我们要结合时代特点不断发扬光大。"[1]在实现中华民族伟大复兴的征程上,如何点亮红色地标,增加红色资源新内涵,使红色故事更加具有生命力,成为助力经济社会发展的强大动力,值得我们思考。结合工作实践,试对相关路径作探讨分析。

红色地标建设,应当以红色文化为基础,以红色精神为灵魂,融入历史文化和地理环境,科学规划、修复、建造,合理适度转化,"丰富其审美内涵,完善其服务功能,让其在与公众的'紧密连接'中收获持久口碑和影响"。[2]

深入挖掘红色资源,注重逻辑梳理,将红色故事的内涵结合新时代进行阐释。

知所从来,方明所去。习近平总书记指出,研究确定一批重要标识地,讲好党的故事、革命的故事、英雄的故事,要设计符合青少年认知特点的教育活动,引导他们从小在心里树立红色理想。[3]一处红色地标就是一座精神丰碑,一段英雄事迹就是一本红色教材。

开展专项调查,加强红色资源实体维护和梳理整合。围绕革命、建设、改革、复兴各个历史时期的重大事件、重大节点,组织开展史料调查、征集工作,摸清"红色家底"。集中人力物力,开展详细摸排,明确资源范畴和文物品级,制定分类和评定标准。分析革命文物的类型,

[1] 习近平:《在中国政法大学考察时的讲话》,《人民日报》2017年5月4日。
[2] 智春丽:《打造有生命力的文化地标》,《人民日报》2020年10月21日。
[3] 习近平:《用好红色资源,赓续红色血脉,努力创造无愧于历史和人民的新业绩》,《求是》2021年第19期。

科学归类，建立红色地标名录，搭建红色文化数字化共享平台，共享红色资源大数据库。

开展系统研究，深入挖掘红色地标的内涵。梳理红色地标的历史渊源、事件演变，以及对过去、现在、未来的影响等，进行深入探究，揭示那些充满人文精神和情怀的"闪光点"。依托红色资源，讲好故事、讲清道理。凝聚专家学者、文化产业人士的力量，发挥其专业优势。结合时代要求和红色精神，邀请亲历者、知情人口述历史记忆。深入挖掘文物内涵，让每一张照片、每一件实物、每一份文献都有不一样的故事。鼓励年轻人投入红色资源研究中，以研究带动传承。根据不同群体的认知规律和接受特点，把红色故事讲深、讲实、讲透。以开放的视野，通过发掘提炼，赋予红色地标新的时代内涵和现代表达形式，彰显红色地标的独特魅力。

创新传播方式和手段，采用人们喜闻乐见的表达形式，做到"形神兼备"。推进创新转化，讲好红色故事。红色故事是党的历史的生动体现和情景再现，是对党的革命实践的历史叙事。将红色故事转化为生活化和网络化的表达，讲透红色故事，把握主题，汲取精神内涵，客观、真实、有效地融入现实生活场景，不仅从宏观的历史背景去深挖，还要从微观细节的人、事入手，解读人物的情感世界、精神世界以及思想境界，使人感同身受，引起思考和共鸣。必须尊重历史，敬畏历史，确保可信性、可读性和时代性，选取能够突出时代意义的素材。灵活运用全息投影、AR 互动、VR 仿真等技术，通过技术手段穿越时空，对话革命先烈，讲好波澜壮阔的历史故事。

将红色地标和革命历史的脉络线相结合。根据红色地标涉及的时间和事件，明确所处的社会发展阶段，加以大数据技术支撑，将分散的红色资源点串联并置于历史脉络中，让人们既知悉具体事件、重要人物精神，又扩展掌握所处历史阶段的背景，进而对革命历史有更为清晰的整体把握。

协同推进，体制创新，完善红色地标管理的制度机制。

加强协作配合，健全机制，整合优化。做好科学的顶层设计，平衡好发展与利益的关系，使红色地标的主体、空间、传播维度形成合力，建立自上而下的组织管理机构，摆脱各自为战的局面，打破长期存在于不同区域、部门间的壁垒，确保整体协同推进。制定可行性强又兼顾长远发展需要的保护开发规划，实施跨区域整合战略。或可在国家有关部委或省级党委的统一领导下，依据各地红色资源的分布、开发情况实行统一规划、统一开发、统一管理，构建多部门、多地区联动的工作机制和协同机制，统一指导红色地标的保护开发。在品牌设置、活动设计、环境营造、项目开发等方面精心谋划，统一布局，定期召开联席会议，及时协调解决红色场馆隶属关系复杂、管理体制分割等问题，加强保护修复和开发利用，全面推进红色资源研究、保护等工作。

凝聚社会共识，充分挖掘文化内涵与精神价值，加强对红色地标的整体性开发。利用红色地标蕴含的文化和精神，做好伟大建党精神的传承弘扬。红色地标的价值，需要在整体景观框架中更好体现。利用红色地标相关资源建设的旅游景区、文化产业园区，要重视原有物态结构和社会结构，在保持原有格局、结构、样式和风貌的基础上，结合周围的环境以及当地发展进行利用。加大对红色地标和特色人文环境建设方面的投入，关注当地群众的生活方式、生存状态和情感经验，更好地满足和回应社会需求和关注。

创新合作模式，积极鼓励社会力量广泛参与，实现融合发展。公众参与是红色地标建设的重要支撑，必须以开放的态度接触社会，鼓励吸引公众参与。纳入文化产业投融资体系支持和服务范围，设立专项引导资金或基金，鼓励社会资本参与，对重点红色文化项目给予资金倾斜。推进纪念馆、博物馆、党史馆、烈士纪念设施的联合，统筹高校、社科研究院所等机构的力量。把握导向，聚焦主题，用史实说话，用心做好"红色＋研究""红色＋实践""红色＋互联网"等结合文章。引导社会资本进入红色地标保护利用领域，在利用中保护传承。通过加强红色地标价值及重要性的宣传，提升社会公众的关注度，让社会公众真正参与到红色地标建设中来。

加快推进品牌建设，优化配置，让红色地标"热"起来，让红色精神"火"起来。

充分挖掘展示红色地标的文化内涵和历史价值，全面提升核心吸引力和带动力，打造具有影响力和本地区特色的红色品牌，使红色资源焕发出新的生机与活力。通过纪念活动、理论研究、旅游推介、展陈布置、场馆开放、社教宣传、创作演播、馆际互动、志愿服务等多种形式，营造良好氛围。

应时而动，顺势而为，讲好红色故事，弘扬红色精神。在全媒体传播时代，红色地标要占据主流媒体的高地，牢牢抓住传播的话语权。当前微博、微信公众号、短视频、直播等平台成了人们日常生活接收信息的主渠道，也为传播红色文化提供了便利条件。8月28日，中国互联网络信息中心（CNNIC）在京发布第52次《中国互联网络发展状况统计报告》。截至2023年6月，我国网民规模达10.79亿人，较2022年12月增加1 109万人，互联网普及率达76.4%……即时通信、网络视频、短视频的用户规模仍稳居前三，用户规模分别达10.47亿人、10.44亿人、10.26亿人，用户使用率分别为97.1%、96.8%、95.2%[1]。充分利用新媒体平台，从大众文化层面赢得广泛认可。借助"指尖"传播，搭建交流平台，提升品牌的知名度和美誉度。2024年春夏以来，"淄博烧烤"的成功运作，创造了一个现象级别的网络热潮，吸引了大量的游客和消费者。利用文艺作品讲好红色地标故事。《我的父亲焦裕禄》《焦裕禄》等电影、电视剧的创作传播实践，影响深远。通过影视剧、云展陈、纪录片、短视频、讲座、文创产品、文物故事多媒体呈现，不断推出文艺精品。

完善设施，创新发展，打造红色名片。红色资源与自然生态、历史文化资源综合开发，"红""绿""古""俗"有机共融。规划设计更具吸引力的红色地标，推进建设红色打卡点，创新推出红色旅游线路，推出定制化产品，丰富红色旅游产品形式。完善数字技术设施，还原历史场景，利用数字创意、网络视听、智能讲解、线上演播等传播模式，增加

---

[1]《中国互联网络发展状况统计报告》，《光明日报》2023年8月29日。

可感知、可体验、可参与、可消费的创意场景，将景区、景点连片打造，提供全域式的旅游体验。

打造精品展览，增强表现力、传播力、影响力，使展陈内容更加权威、数字化呈现更加亮眼、功能配套更加完善、管理措施更加规范。不断创新展陈方式，着力打造脉络清晰、观点鲜明、史料翔实、内容丰富、形象生动的优质展陈。在选题创意、内容形式、展品挑选、展出手段等方面下功夫，提升展陈品位。观众普遍有"求知、求新、求变、求乐"的心理，展陈要经常更新。展陈主题要鲜明。做到观点明确、科学合理、寓意深刻。展陈内容要生动。紧跟时代发展，找出具有影响力的展品。展陈形式要新颖。精心设计展陈方案，从总体布局到展品组合，从立体空间到平面设计，从灯光照明到背景色彩，从单品展现到多媒体运用，给观众以震撼和启迪。展陈手段要先进。实物展品是任何展示手段无法替代的，但适当组合运用声、光、电的最新科技和综合效果，可更完善地体现展陈的主题，深度解剖、扩展和演绎展品，揭示展品蕴含的背景、意义。多媒体运用力求技术成熟，形式设计上有新颖创意，做到技术与内容无缝融合。可将文物寻找过程编写成故事，并对文物的艺术价值、历史价值进行总结归纳，以视频形式在文物周围播放。在地标周边安装音响设施，播放音频，调动视觉、听觉、思维以及其他感官系统的互动体验，引发更深层次的感触。完善服务设施，提高服务质量，做好文化创意产品的开发，给观众留下美好回忆。营造安全、清新、美观、舒适、宜人的参观环境。设置科学合理的参观路线、醒目的参观路线标识、便利设施，如行李寄存处、服务咨询处、停车场；提供导览器，帮助观众理解展陈内容；增设残疾人通道，为残障人士、老人提供轮椅；开辟观众休息处、饮水处、盥洗室、餐厅；开设文创产品服务部，方便观众购买书籍、书签、明信片等纪念品；有条件的还可以建演播厅、影视厅、文物鉴赏厅等。广泛利用各地丰富的红色地标资源，开展学术研讨、文物交流。聚焦历史事件，着眼具体人物，在重要时间节点推出契合时代要求、特色突出、内涵丰富、形式新颖的临时展览，始终保持常展常新的窗口形象。

　　加强人才队伍建设，注重红色讲解员培养，组建红色志愿服务队，邀请更多的专家、专业人才参与红色地标建设。讲解员是沟通展陈与观众的桥梁，联系社会的纽带。讲解工作不仅仅是单纯的、机械的口语描述，更多的是对历史文化知识和革命精神的继承与弘扬。讲解员要具备系统、全面的专业知识，熟知陈列文物所处历史背景、陈列环境等知识，掌握相关历史事件的发生时间、大体过程以及自身特点等内容。提升讲解水平，要重点抓好讲解员的选拔、培训和服务等环节。把思想好、品德优、文化素养高、专业对口，具备良好公众形象、语言表达能力强的优秀青年选拔到讲解岗位上。通过有计划、有组织的培训，培养思想品德好、专业理论强、文明素养高、讲解专业的优秀讲解员。优秀讲解员不仅要有过硬的综合素质，还要具备过硬的政治素养。针对每一个接待岗位，每一个接待环节，直至讲解员的每一处用词用语、声音语调、手势动作等，都要有严格的规定，形成规范，以提高服务质量。还要重视讲解词创作，精心撰写，反复修改，实地试讲，综合提升。志愿服务工作，能使红色地标更好地融入人们的生活。规范红色志愿服务管理机制，制定规章制度，明确志愿者的组织管理、招募、权利义务、激励表彰等，加强培训，提高综合素质，提升志愿服务能力，满足日常管理需要。

　　一个红色地标，一座红色场所，一段浓缩历史，一份精神传承。红色精神薪火相传，以伟大建党精神为源头的精神谱系生生不息。在中华民族伟大复兴的征程中，红色资源是共和国的生命之源，是中国共产党百年奋斗的力量之源。点亮红色地标，赓续红色血脉，是续写新时代红色华章的不竭动力。

（焦连斌，山东省淄博市焦裕禄纪念馆馆员）

复原陈列赋能名人故居
"大思政课"建设

——以韶山毛泽东同志故居为例

周　舟

"大思政课"是一种具有宏阔视野的新型思政课模式，它不仅对传统思政课进行了革新和提升，更在内容与形式上实现了突破。这种模式强调理论知识与实践活动的紧密结合，注重将思政教育的"小课堂"与社会实践的"大课堂"有机融合，以历史观照现实，能更加全面、深入、生动地落实思政教育立德树人的根本任务。习近平总书记强调"'大思政课'我们要善用之，一定要跟现实结合起来"，这为大思政课建设提供了根本遵循。而名人故居复原陈列特有的作用和特点与大思政课倡导的课堂模式高度契合，无疑是新时代大思政课教育的绝佳场所，为大思政课建设提供了有力支持。

一、名人故居复原陈列在"大思政课"建设中的作用

《中国博物馆学基础》对复原陈列有这样的论述："这是常用的效果较好的陈列法。按照文物的本来面貌给以科学的复原。""它使某些历史现象或自然环境再现于陈列室中，使观众犹如身临其境，有强烈的历史感和真实感。"[1]复原陈列能够科学还原历史场景，为观众提供沉浸式

---

[1]　王宏钧：《中国博物馆学基础》，上海古籍出版社 2001 年版，第 277 页。

的体验，用真实且生动的历史语境，增强观众对历史的感知和理解。因此，名人故居合理运用复原陈列的优势和特性，可在大思政课建设中发挥不可替代的作用。

（一）提供直观历史感受的"教材"

复原陈列既是大多数名人故居陈列的主体，也是管理单位依托其开展大思政课教学的基础。它通过精准还原故居等文物旧址内外历史场景和物品，"有理有据"地唤醒观众的历史记忆。在其复现的历史氛围中，观众能够直接体悟那些曾经发生的历史瞬间，借此深入了解红色文化的深刻内涵和革命精神的核心要义。这种显著的效果，是复原陈列在布展过程中有意为之。复原陈列将名人故居所属地区的地域特征，纪念对象的生活状态、精神状态，以空间串联展品的形式紧密相连，让观众自行感受、自主学习。观众在视觉上获得的强烈冲击，更能够触及心灵。这种因环境氛围而自然萌生的情感共鸣，会使观众更加珍视今天来之不易的幸福生活。同时，直观的历史"教材"还能促进观众对自身价值观的反思和审视。观众在感受历史的过程中，会不断思考自己的人生目标和追求。这种自我教育的过程，有助于观众树立正确的世界观、人生观和价值观。

（二）激发革命文物活力的"教具"

复原陈列不仅是名人故居的一种展陈方式，更是让革命文物"活"起来的有效手段。伴随大思政课建设的不断深入，名人故居复原陈列激发革命文物资源活力的功能日益显现。通过运用革命文物来还原历史场景，使其不再是展柜中静止、孤立的存在，而是融入一个生动、具体的历史环境，赋予每一件文物"生命"，成为历史和革命精神"活着"的见证。一些名人故居的复原陈列还可以借助现代科技手段，如虚拟现实、增强现实等，进一步突破传统静态参观模式限制，使观众可以通过科技手段，清晰了解革命文物背后蕴含的故事，这也让革命文物以更加生动、鲜活的方式呈现在人们面前。此外，名人故居复原陈列还可以通过现场讲解、情景互动等方式，让观众在学习过程中增进对革命文物的认知，使革命文物成为生动的"教具"。依托复原陈列延伸的多种展示方法，不仅能让观众对革命文物产生浓厚的兴趣，也让革命文物焕发出勃勃生机。

（三）促进理论与实践结合的"教室"

习近平总书记强调思政课不仅应该在课堂上讲，也应该在社会生活中来讲。复原陈列无疑为大思政课提供了极为丰富的教学素材和广阔的实践平台。通过组织有思政学习需求的观众，开展现场教学、体验教学、感悟自学等活动，使思政教育与实践紧密结合，让思政"小课堂"与社会"大课堂"不脱节。在传统的模式下，思政教育往往侧重于理论灌输，而缺乏直观、生动的实践体验。复原陈列在大思政课教育中的应用，则打破了这一局限，它的实践性不仅增强了观众的学习兴趣和积极性，也提高了其对于思政知识的理解和应用能力。理论与实践相结合的思政"教室"，能让大思政课教育真正做到入耳、入脑、入心。

二、韶山毛泽东同志故居复原陈列的基本情况及特点

毛泽东同志故居是韶山毛泽东同志纪念馆管辖的旧址之一，位于湖南省湘潭市韶山市韶山乡韶山村。故居坐南朝北，为土木结构，呈"凹"字形，建筑面积472.92平方米。1893年12月26日，毛泽东诞生于此，并度过了童年和少年时代。他曾在此教导亲人舍家为国，出去干革命；还曾在此主持召开秘密会议，培养韶山农运骨干。1949年后，他曾两次回到家乡，在故居前留下合影。可以说，故居承载着毛泽东同志许多的情感与回忆。

故居自20世纪50年代向公众开放以来，几乎未经大的变动，仍保留着毛泽东父亲毛顺生在1918年进行扩建和改造后的原貌。值得一提的是，故居在开放之初，因其古朴而略显简陋的外观，曾遭到部分人的质疑，认为它不足以体现毛泽东作为中国人民伟大领袖的身份和地位。对此，当地政府一度计划对故居进行翻修和扩建，以符合外界对于领袖故居的期待。然而，在毛泽东得知后这一计划得到了及时的制止。他迅速致信湖南省委，言辞恳切地表示："一概不要修建，以免在人民中引

起不良影响，是为至要。"[1]正是毛泽东的及时干预和坚定立场，使得故居的原貌得以完整保留，成为今天复原陈列的良好基础。

毛泽东同志故居共有 18 间房屋，其中东边 13 间为毛泽东家，西边 4 间为邻居家，堂屋由两家共用。故居的复原陈列范围即为毛泽东家与堂屋。展线因地制宜设置，由堂屋进入，经厨房、横屋、毛泽东父母卧室、毛泽东卧室、农具房、碓屋、牛栏、毛泽覃卧室、天井、猪栏、过道、毛泽民卧室，最后由后门走出，形成不走回头路的顺畅参观动线。复原陈列又分室内复原、周边环境复原两个块面进行。室内复原以原物、原状、原样为理念，注重体现毛氏家族的生活风貌与文化特质，重现毛泽东青少年时期的学习、劳作、生活场景，进而还原出一个具有湖南乡村特色的农商结合的家庭的画面。通过复原陈列呈现出的少年毛泽东的成长环境，可以看出毛泽东家庭条件虽然相对宽裕，但日常生活仍然非常简朴。毛泽东父亲对儿子管教严格，毛泽东曾回忆称其父亲像个严厉的监工，并说"他的严厉态度大概对我也有好处，这使我干活非常勤快"[2]。因此，对于犁、耙等农具他都得心应手。这些可以反映他吃苦耐劳、勤快朴实的农具均在故居的复原陈列中得以展现。为了使观众见"物"见"精神"，故居的复原陈列还充分挖掘了文物的内涵。例如，在故居的厨房中，复原陈列了碗柜、烧水壶、水缸、长板凳等，这些展品围绕火塘布置，复现出 1921 年春，毛泽东在此教导亲人干革命的重要历史片段。又如，在其卧室中，除复原书桌、床铺外，还在土墙上专门摆放了一盏油灯以及通往阁楼的一架木梯。这两件不起眼但十分关键的展品，分别体现了少年毛泽东在家秉烛夜读、求知若渴的情景，以及青年毛泽东在卧室阁楼上播撒革命火种，建立中共韶山支部的情景。这些展品犹如无字之书，增强了故居复原陈列的叙事能力。

《革命旧址展示导则（2023）》规定："革命旧址历史环境与文物本

　[1] 梁栋：《陈列韶山——韶山革命纪念地陈列体系研究》，湘潭大学出版社 2018 年版，第 23 页。

　[2] [美]埃德加·斯诺：《西行漫记》，董乐山译，生活·读书·新知三联书店 1979 年版，第 107 页。

体构成完整叙事空间，应保护展示能够反映历史信息、具有标识性并与旧址关联密切的历史建筑、街巷、村落格局和肌理，以及地形、地貌、植被、水体等人文及自然环境，尽可能保留革命时期的时代特征和地域特色。"[1]因此，故居周边环境复原也是打造故居复原陈列整体叙事空间的重要一环。2020年，故居核心景区生态环境进行综合整治，进一步复原故居周边历史风貌。整治时拆除了商业长廊，完成了故居土地居民搬迁工作，对故居景区的池塘、路面、挡土墙等进行了"修旧如旧"的改造，使得故居内外的复原陈列氛围得到有效衔接与烘托，也较好还原了时代特征和地域特色。

作为备受瞩目的伟人故居，韶山毛泽东同志故居复原陈列还具有以下特点：

（一）不可移动文物内的复原陈列

不可移动文物承载着深厚的历史底蕴与文化价值，其保护与利用需格外审慎。毛泽东同志故居早在1961年就被中华人民共和国国务院列为第一批全国重点文物保护单位，足见其不可估量的文化价值。因此，故居的复原陈列，不仅关乎历史的再现，更涉及对文物本体的细致呵护。在故居内，所有复原陈列的实施都必须在确保文物安全的前提下进行，这既是对历史的尊重，也是对后代的责任。2020年，湖南省人民政府在国家文物局的指导下，正式通过《韶山冲毛主席旧址保护规划》。同年，韶山毛泽东同志纪念馆还实施红色文化基因库建设，做好故居等旧址的数字化采集。这些举措的出台，不仅为故居的复原陈列与文物保护提供了科学、规范和法制的指导，而且标志着纪念馆在不可移动文物与复原陈列结合运用上的深化与提升。

（二）名人本人亲临过的复原陈列

毛泽东同志故居复原陈列因其强烈的历史感和真实感，在同类型陈列中成为经典。更难得的是，它是被纪念对象——毛泽东本人亲自观看

---

[1]《国家文物局关于印发〈革命旧址展示导则（2023）〉的通知》（文物革函〔2023〕1486号），第6条。

过的陈列。1959 年 6 月 25 日，毛泽东在离别家乡 32 年之后再次踏上故土，他亲自参观了故居的复原陈列。对于陈列的真实度，他给予了基本的肯定，同时也提出了宝贵的意见。这些反馈为后续的复原工作提供了重要的指导，极大地推动了复原工作的开展。在随后的数年里，经过持续不断的文物征集和展陈细节的调整，毛泽东故居的复原陈列逐渐趋于完善，并最终稳定下来。被纪念对象亲自观看为他设置的复原陈列，不仅是对复原工作的一种认可，更赋予了该陈列特殊的意义和价值。毛泽东的亲自参观为故居复原陈列带来了独一无二的历史光环。这也充分说明，名人本人的参与和关注，对于提升陈列品质、增强陈列影响力具有重要作用。

（三）承载观众极多的复原陈列

作为全国优秀爱国主义教育示范基地、全国廉政教育基地、国家一级博物馆、首批全国中小学生研学实践教育基地、首批大思政课实践教学基地——韶山毛泽东同志纪念馆的核心文化资产毛泽东同志故居每天吸引着数以万计的观众前来参观。它承载着全世界人民对毛泽东的深切缅怀与思念。据统计，仅 2024 年第一季度，就有高达 70 万人次的观众踏足故居这处红色胜地，感受伟人的风采。周恩来、刘少奇、朱德、邓小平、江泽民、胡锦涛、习近平等党和国家领导人也都曾亲临此地，观看过故居的历史原貌和复原陈列。同时，联合国秘书长潘基文、柬埔寨国王西哈莫尼、刚果共和国总统德尼·萨苏-恩格索等众多外国政要也先后来访。他们通过故居复原陈列，了解毛泽东的家庭背景和成长经历。可以说，毛泽东同志故居复原陈列已成为国内外观众在韶山地区了解毛泽东成长历程的重要平台。

三、韶山毛泽东同志故居复原陈列在"大思政课"建设中的实践

毛泽东同志故居在大思政课建设中，依托韶山毛泽东同志纪念馆丰富馆藏资源、馆藏内容，充分发挥了复原陈列的特点、优势，吸引了更多观众前来参观学习。同时，通过故居复原陈列，韶山毛泽东同志纪念

馆还开展了一系列丰富多彩、富有成效的实践工作，为不断开创新时代思政教育新局面付出了努力。

（一）服务研学，形成"大格局"

湖南是教育大省，也是红色资源"富"省。近年来，湖南牢记习近平总书记殷殷嘱托，紧扣"赓续红色血脉，培育时代新人"主题主线，用好全省革命旧址、爱国主义教育示范基地等红色资源，打造了以"我的韶山行"为代表的中小学生红色研学等颇具影响力的"大思政课"品牌，计划让全省中小学生在高中毕业前都到韶山体验一次研学教育。为此韶山毛泽东同志纪念馆精心选取故居等多个研学点，让学生在不同场域接受红色文化的洗礼。观摩故居复原陈列更是研学实践中的亮点与特色。

为更好地贯彻"以人为本"的服务理念，进一步优化大思政课的教育环境，纪念馆还对故居的观众配套服务设施进行全面提升。从细节着手，确保所有观众和学生都能在舒适、便捷的环境中深入了解毛泽东的生平事迹和革命精神。通过人性化的设计，为观众提供了一个集排队、等候、休憩多种功能于一体的集散区域。设立高效排队通道，有效解决观众排队无序的问题，保证了观众能够有序、快速地进入故居参观；增加语音广播系统，及时为观众提供各类信息和指引；提供免费 WiFi，让观众随时分享故居美景。此外，体感降温系统、标识标牌导向系统等设施的完善，也极大地提升了观众的参观体验，这为"我的韶山行"等系列大思政课研学活动的开展，提供了有力保障。

（二）协同研究，打造"大课堂"

2021 年，中央党史和文献研究院第二研究部携手湖南省韶山管理局创新性地推出"韶山下的思政课"。该项目汇聚全国知名院校的智慧与力量，邀请北京大学、清华大学、中国人民大学、中央党校等高校院所的博士研究生共赴韶山，深度参与党史学习教育课题研究。通过与韶山的专家、青年学者共同开展党史学习研究和大思政课探讨，一起设计出符合青少年认知特点的思政教育课程。至 2023 年，"韶山下的思政课"已成功举办三季，产出了丰硕的项目成果。三季思政课共形成四大研究课题、40 堂思政金课和 60 集研学短视频，在学习强国、Bilibili、抖音等平台，研学成果得到广泛关注，总播放量超 1.5 亿次。2023 年 11 月，国家文物局、教育部联合开展以革命文物为主题的大思政课优质资源建设推广工作，该项目成功入选全国 10 个优质资源示范项目之一，充分彰显其在红色教育和思政课创新中的引领作用和示范价值。通过"韶山下的思政课"，韶山毛泽东同志纪念馆与各大高校共同打造了一个充满生机与活力的大思政课优质"大课堂"。

2024 年 3 月，教育部、国家文物局公布《国家革命文物协同研究中心名单》，包括韶山毛泽东同志纪念馆—湘潭大学国家革命文物协同研究中心在内的 20 个国家革命文物协同研究中心入选。该研究中心以毛泽东相关革命文物研究保护利用为特色，依托"韶山下的思政课"研学品牌，馆校协同，实施革命文化研究传播学科群建设、革命文物研究与实践后备人才培养等计划，大幅提升"大课堂"的含金量。

（三）举办巡展，当好"大先生"

纪念馆以毛泽东同志故居这个"小家"为切入点，打造了"毛泽东家风展"系列巡展。借巡展之力，充分发挥"大思政课""无处不可、无时不在、无人不师"这一育人效能。展览以三个部分，系统展现毛泽东在中华传统文化、湖湘文化和韶山毛氏家族文化的影响下，逐步形成的良好家风。他的个人生活与党的事业发展、国家民族的命运紧密联系在一起。作为中国共产党的第一代中央领导集体的核心，领导中国人民彻底改变自己命运和国家面貌的一代伟人，毛泽东始终以身作则教育家人，形成崇尚节俭、一心为民、严慈相济、重情执理、敬老尊贤、恪守本分等优秀作风。他将廉洁的党风政风融入家风，彰显了一代伟人独特的家庭风范，凸显出其家风"为人民利益"的精神内核。巡展自 2018 年推出以来，先后在黑龙江省哈尔滨市、佳木斯市、双鸭山市，广东省惠州市，上海市，北京市，安徽省合肥市等地成功举办，引起了强烈的社会反响。巡展还获评"弘扬优秀传统文化、培育社会主义核心价值观"主题策划方案优秀奖，这是对展览质量和影响力的充分肯定。通过举办这样的巡回展览，韶山毛泽东同志纪念馆不仅推动了自身思政课建设的内涵式发展，更成为培育时代新人的"大先生"。

四、总结与思考

复原陈列赋能名人故居大思政课建设是深入学习贯彻习近平总书记关于"大思政课"重要指示的具体实践。深入挖掘名人故居复原陈列的价值，并通过合理利用延伸，使其形成成熟的运作机制，才能进一步落实大思政课立德树人根本任务，不断推动大思政课建设走深走实。但从名人故居复原陈列融入大思政课的实际来看，仍有不少需要优化的环节。

一要继续加强自身陈列体系中旧址复原陈列、辅助陈列的结合。复原陈列通过精准还原历史场景，为观众提供了直观的历史教育素材；而辅助陈列则作为补充，通过非主体部分或新建构筑物，进一步丰富了复原陈列的教育内容。这种结合，提升了名人故居展览的层次和深度，也有助于观众更全面地了解名人故居的历史背景和文化内涵。为了更好地开展大思政课教育，应更加注重复原陈列与辅助陈列的有机结合。建议在故居或其他旧址的复原陈列中，在已有辅助陈列的基础上，再适当地增加一些辅助性的展品、展板，通过科学规划和精心设计，形成具有系统性、层次性和互动性的展教体系，从而使思政教育达到更好的教育实效。

二要继续深挖韶山冲旧址群的丰富红色资源，基于此打造更多富有教育意义的新陈列。在韶山冲旧址群中，除了毛泽东同志故居，其余几处同样是全国重点文物保护单位的旧址也拥有着深厚革命历史和湖湘文化底蕴。南岸私塾，作为毛泽东的启蒙之地，见证了一个热爱读书、对贫弱者深表同情的少年毛泽东的成长轨迹；毛氏宗祠，这座建于清朝乾隆年间（1736—1795）的古老建筑，不仅是韶山毛氏家族的总祠堂，还曾是毛泽东和杨开慧共同创办的农民夜校的课堂；同样建于乾隆年间的毛震公祠，作为毛泽东家族的祖祠，承载着毛泽东创办农民夜校、回乡推动农民运动的历史；光绪年间（1875—1908）所建的毛鉴公祠，则是毛泽东在考察韶山农民运动时，向乡亲们分析国内外形势、呼吁大家摒弃迷信和解放思想的重要场所。这些旧址中，毛震公祠由于地理位置相对偏僻，其丰富的历史文化价值尚未得到充分开发和利用。因此，应该继续对这处旧址进行合理的开发和利用，并打造全新的复原陈列，让更多人能够亲身感受这段革命历史，进一步丰富和充实纪念馆红色教育资源，打造新亮点。

在韶山毛泽东同志故居复原陈列的探索与实践中，我们深刻体会到了其在大思政课建设中的赋能作用。它不仅在大思政课教育中起到"教材""教具"和"课堂"作用，更通过服务研学、协同研究、举办巡展形成丰硕的成果，为新时代思政教育提供了一些支撑。展望未来，我们将继续深化对以韶山毛泽东同志故居为主要研究对象的名人故居复原陈列研究与利用，不断优化其在大思政课建设中的实践路径，以期形成更多可复制、可推广的示范成果。同时，我们也将更加注重与辅助陈列的结合，挖掘更多革命旧址的潜力，打造更为丰富多样的教育体系。深入学习贯彻落实习近平总书记重要指示精神，不断开创新时代思政教育新局面，努力帮助培养更多让党放心、爱国奉献、担当民族复兴重任的时代新人。

（周舟，韶山毛泽东同志纪念馆助理馆员）

从革命旧址的传统价值谈
其时代价值和现实使命

——以西安事变纪念馆为例

郑　凡

　　一个没有精神力量的民族难以自立自强，一项没有文化支撑的事业难以持续长久。中国特色社会主义先进文化旨在弘扬以爱国主义为核心的民族精神，以改革创新为核心的时代精神，是对中华优秀传统文化和革命文化的继承和发展，是运用马克思主义为指导所进行的文化创造。红色文化"是在马克思主义指导下和在中国共产党的领导下，由全国各族人民在长期的新民主主义革命和社会主义革命过程中，立足于我国的具体实际，不断选择、融化、整合中外优秀文化形成的具有中国特色的无产阶级反对帝国主义和封建主义的共产主义思想义化，是中国共产党和全国各族人民集体智慧的结晶，主要表现为革命物质文化、革命精神文化和革命制度文化"。[1]中国共产党在百年奋斗历程中，留下了大量的革命故居、遗迹遗存和实物资料，这些革命故居如一颗颗耀眼的珍珠散落在祖国大地，散发着璀璨的光芒，是我们党艰辛而辉煌奋斗历程的见证，留下了许许多多催人奋进的励志故事，对引领民族价值观，引导和培育人们感受信仰之力、理想之光，筑牢对党、国家、社会的忠诚，全面凝聚起团结奋进的思想共识和行动合力，起到十分重要的作用。

---

[1]　居继清：《黄冈红色文化概论》，清华大学出版社 2017 年版。

西安事变纪念馆位于西安市建国路，管理张学良公馆、杨虎城止园别墅两处名人旧址（故居），是国家第二批重点文物保护单位，全国首批"爱国主义教育示范基地"，形成了以西安事变为历史纽带、具有历史特色和时代内涵的旧址故居文化。

一、历史价值

（一）西安事变旧址是"西安事变"的直接承载地和纪念地

西安事变是中国近代史上震惊中外的重要历史事件。它的爆发与和平解决成为时局转换的枢纽，促成了国共两党的第二次合作，推动抗日民族统一战线的形成和全民族抗战的兴起，激发了中华儿女团结抗日的爱国热情和民族觉醒，对 20 世纪世界反法西斯战争的胜利起到了重要的积极作用，对中国乃至世界近代历史和政治格局具有重要影响。毛主席曾在党的七大作《论联合政府》的政治报告时明确指出，西安事变的和平解决成了时局转换的枢纽，在新形势下的国内的合作形成了，全国的抗日战争发动了。这充分说明西安事变在中国近代史上的重要地位。

同时，西安事变的和平解决成为中国社会矛盾变化的重要转折点，标志着中国社会主要矛盾由国共两党所代表的不同阶级之间的矛盾转变为日本帝国主义与中华民族的矛盾，加快了第二次国共合作的进程及抗日民族统一战线的形成，促进了民族觉醒，使得广大优秀中华儿女形成空前大团结，担负民族使命，共同抵御外族侵略，揭开了中华民族全面抗战的序幕。全民族抗日战争成功开辟了世界上第一个反法西斯战场，中国人民的"持久战"有力地制约了日本"北进战略""南进战略""西进战略"和"结盟战略"侵略行动的展开，有力地支援了美英苏盟国在各个战场的作战，为世界反法西斯战争的伟大胜利作出了不可磨灭的贡献，也使中国在战后国际新秩序的构建和联合国等国际组织的创建方面获得了足够的话语权。

西安事变旧址作为西安事变酝酿、筹划、爆发及和平解决的发生地，其所承载的西安事变结果带来的一系列效应，扭转了中国本土战争的趋势，对世界大战的战果以及战后世界格局的塑造与世界近现代史的发展，对中国近代史、世界近代史产生了深远影响。

（二）西安事变旧址见证了中国共产党发展的重要历史节点

西安事变的和平解决，使中国共产党在当时获得了国家合法地位与发展休整的机会，为中国共产党领导的中国人民的革命力量开辟了发展的前景，确立了中国共产党在中国社会发展中的领导地位和核心地位。因此，西安事变的和平解决，成为中国共产党发展的重要历史节点。

"统一战线""武装斗争"和"党的建设"，被毛泽东主席称为中国共产党在中国革命中战胜敌人的三大法宝。1935 年 12 月，中共中央召开瓦窑堡会议，通过《中央关于目前政治形势与党的任务决议》，把建立广泛的抗日民族统一战线确定为党的策略路线。其间，由中国共产党领导的中国工农红军、张学良领导的东北军和杨虎城领导的十七路军为共同抵抗日本侵略，形成三方联合抗日的统一战线，标志着中国共产党抗日民族统一战线的政策首先在西北地区取得胜利，为西安事变的和平解决创造了有利条件，也为建立抗日民族统一战线奠定了坚实基础。张学良公馆和杨虎城止园别墅作为中国共产党运用"统一战线"政策的第一"见证者"，承载了中国共产党运用统一战线政策和平解决西安事变的历史事实，见证了中国共产党成为中国社会发展的领导与核心的历史帷幕的拉开。

（三）西安事变旧址的风格与功能体现了中国社会的变化

中国近代社会政治、经济、思想、文化均处于激烈碰撞与交流之中，其核心思想也体现在建筑的风格样式之上。张学良公馆是民国西安上流公馆建筑的代表，杨虎城别墅的建筑设计延续着中国传统文化的建筑特征，它们在向人们展示着自身材料、结构、造型等历史信息的同时，也展现了民国时期建筑者与设计者对高档公馆类建筑的设计和建造手法，折射出上层社会的具体生活方式与对建筑风格的喜好倾向等内容，对了解中国近代社会发展有着重要的历史意义。

张学良公馆和杨虎城止园别墅作为民国时期政府、重要人物的办公和居住场地，建筑的位置分布反映了当时的空间秩序，功能的变化也见证了陕西省、西安市近现代历史的发展。百年的时间跨度，使其拥有丰富的价值内涵，从民国"高官居所"，到近代"时局转换的枢纽"，再到今天的"全国重点文物保护单位"，时间的尘埃遮盖不了往日的历史。两处旧址展示了西安这座古老城市的历史事件、社会嬗变、人文积淀，也生动地反映了中国共产党领导中国人民从压迫走向解放，从落后走向强大，从贫穷走向富强的历史事实。

二、科学价值与审美价值

张学良公馆和杨虎城止园别墅旧址不仅承载了西安事变这一历史事实，同时也体现了中国近现代建筑工程技术领域的建筑科学价值，对建筑学、社会学、艺术学等学科发展也具有较大的学术意义，是相关教育的直观课堂。根植在时代与社会土壤中的西安事变旧址建筑，其空间结构、造型、装饰、材料比例等方面都反映了当时建筑工程的科学水平，具有较高的科研价值。两处建筑都是兴建于20世纪30年代前后，两者风格不同，既有中西合璧融会贯通的私人宅邸，也有西方风格样式的官邸，设计水平均属上乘，是近现代西安建筑的代表，具有强烈的时代特色和较高的艺术审美价值。其反映了西安上层社会的具体生活方式和对建筑风格的喜好与倾向，对于了解西安近代建筑审美的发展和演变具有重要意义。

三、时代价值

（一）西安事变旧址是党史学习教育、革命传统教育、爱国主义教育的生动素材

革命文物凝结着中国共产党的光荣历史，展现了近代以来中国人民英勇奋斗的壮丽篇章，是革命文化的物质载体，是激发爱国热情、振奋民族精神的深厚滋养，是中国共产党团结带领中国人民不忘初心、继续前进的力量源泉。西安事变旧址故居作为中国近现代史上重要爱国事件的发生地，它所彰显的民族觉醒与民族自信是支撑全民族抗日战争胜利的精神来源。面对民族存亡之时，广大中华优秀儿女团结一致，以一心

救国的拳拳赤子之心，展现了崇高的爱国主义精神。西安事变旧址故居不仅是珍贵的红色文化遗产，也是讲好党的故事、革命的故事、英雄的故事的第一现场，是新形势下爱国主义教育、革命传统教育、党员干部和广大群众党性教育的实践课堂，对继承和发扬优秀革命精神、传承红色基因具有突出的时代价值。

（二）西安事变旧址是统一战线宣传、教育及学习的重要场所

坚持统一战线是中国共产党百年奋斗十条历史经验之一，"党始终坚持大团结大联合，团结一切可以团结的力量，调动一切可以调动的积极因素，促进政党关系、民族关系、宗教关系、阶层关系、海内外同胞关系和谐，最大限度凝聚起共同奋斗的力量"。[1]这是一百年来中国共产党带领各族人民团结奋斗、创造伟业历史经验的深刻总结。西安事变的和平解决是中国共产党"统一战线"法宝运用的直观体现，西安事变旧址故居是新时代"统一战线"宣传、教育、学习的重要场所。新的征程上，在中国共产党的坚强领导下，大家不断巩固和发展各民族大团结、全国人民大团结、全体中华儿女大团结，铸牢中华民族共同体意识，形成海内外全体中华儿女心往一处想、劲往一处使的生动局面，终将汇聚起实现中华民族伟大复兴的磅礴伟力。

四、现实使命

以习近平同志为核心的党中央高度重视红色资源利用、红色基因传承。习近平总书记强调，加强革命文物保护利用，弘扬革命文化，传承红色基因，是全党全社会的共同责任；要求切实把革命文物保护好、管理好、运用好，发挥好革命文物在党史学习教育、革命传统教育、爱国主义教育等方面的重要作用。作为全国首批爱国主义教育基地，近年来，西安事变纪念馆围绕爱国主义教育主题，不断挖掘爱国主义教育资源，创新宣教形式，有效提升了爱国主义教育的吸引力和感染力。

---

[1] 新华社：《中共中央关于党的百年奋斗重大成就和历史经验的决议》，2021年11月16日。

（一）紧扣时代主题，挖掘红色资源，筑牢爱国主义教育主阵地

习近平总书记多次在不同场合论述过爱国主义的重要性，如"爱国主义始终是把中华民族坚强团结在一起的精神力量"。[1]"爱国主义始终是激昂的主旋律，始终是激励我国各族人民自强不息的强大力量。""爱国主义是中华民族精神的核心，爱国主义精神深深植根于中华民族心中，是中华民族的精神基因。"[2]在党的十九大报告中，爱国主义教育被提升到培育人们正确的历史、民族、国家、文化观念的层面，"加强爱国主义、集体主义、社会主义教育，引导人们树立正确的历史观、民族观、国家观、文化观"。[3]党和国家对爱国主义教育的重视，增强了爱国主义教育的针对性和时效性，明确了爱国主义的教育方向，"弘扬爱国主义精神，必须把爱国主义教育作为永恒主题。要把爱国主义教育贯穿国民教育和精神文明建设全过程"。[4]充分挖掘红色文化资源中的相关材料与内容，尤其是革命纪念馆、红色爱国主义教育基地的历史底蕴、历史信息和核心精神，发挥革命人物的典范作用，使青年学生能够接触到生动的、鲜活的爱国主义事迹，感受到强烈的爱国主义情怀，以此改变说教式宣讲的呆板与枯燥，使爱国主义教育内容在青年学生中"入脑入心"，激励青年学生"始终把国家富强、民族振兴、人民幸福作为努力方向，自觉使个人成功的果实结在爱国主义这棵常青树上"。[5]

以西安事变纪念馆为例，抓住清明节、"5·18"国际博物馆日、七七事变纪念日、九一八事变纪念日、双十二事变纪念日以及学生的开学和毕业典礼、重大赛事等时间节点，开展特色鲜明的主题文化活动。将红色文化资源蕴含的精气神融入教育情境，创设生动真切、富有感染力的红色情境，增强对红色文化的认同感，增强爱国主义教育的公信力和说服力。同时加强对红色故事背景意义的解读，用以周恩来为首的中共

---

［1］ 习近平：《在第十二届全国人民代表大会第一次会议上的讲话》，《人民日报》2013年3月18日。

［2］［4］［5］ 习近平：《大力弘扬爱国主义精神，为实现中国梦提供精神支柱》，《人民日报》2015年12月31日。

［3］ 习近平：《决胜全面建成小康社会，夺取新时代中国特色社会主义伟大胜利》，《人民日报》2017年10月19日。

代表团在西安期间奔走呼号促成西安事变和平解决、力挽狂澜避免内战爆发的史实，展开生动讲解和深刻剖析，让观众了解中国共产党在促成全民抗战、实现民族独立上付出的不懈努力，使学生读懂红色文化精神并从中汲取营养，帮助他们树立正确的世界观、人生观和价值观，激励他们勇往直前、自强不息、积极实践。通过实际参观了解周恩来、叶剑英等革命先辈生活工作过的旧居，了解他们在此成就的光辉业绩，用鲜活的人物事迹引起学生的追忆和感动，引导学生思考红色文化背后的故事，使他们认识到革命前辈艰苦卓绝的付出与新时代人民生活幸福安康之间的必然联系，升华学生的爱国思想，增强他们的责任感，使其自觉肩负起时代使命。

（二）对准宣教群体，讲好红色故事，增强爱国主义教育感染力

纪念馆是传承红色基因、弘扬爱国主义教育的载体之一，将红色文化资源融入学校，用红色文化的历史事实充实教育内容，是生动的爱国主义教育，对青年学生具有很强的感召力。纪念馆与学校合作开展共建活动，广泛开展红色文化进校园活动，发挥红色文化教育引领作用，让青年学生充分了解陕西丰富的红色革命文化资源及内涵。加强馆校合作，与学校共建稳定共享的实践育人基地，利用红色资源打造形式多样的社会实践活动，从本单位业务出发，衔接好重大事件和重点人物与爱国主义教育之间的关系，在学校开展红色文化主题宣讲、互动对话、理论阐释活动，提升纪念馆教育的针对性。通过歌曲、舞蹈、情景剧、朗诵、角色扮演等方式，用红色文化的历史事实充实教育内容，再现不同时期的历史场景，打破人们对红色文化的刻板印象。例如，西安事变纪念馆通过与大专院校共同策划爱国主义情景剧，针对未成年人特点策划"探秘民国历史"活动、组织"小小讲解员"培训班，每年的六一儿童节开展新少先队员入队仪式等各项活动，引导学生深刻学习理解中国共产党在西安事变期间展现出来的光荣传统、宝贵经验、伟大成就，增强爱国主义教育生动性和直观性，加深巩固学生的爱国情怀。

除了常规的宣教、观看红色影片、征文比赛等活动外，纪念馆通过加强馆校之间的融合联通，用学生喜闻乐见的形式讲好红色故事，弘扬时代精神。如，西安事变纪念馆与八路军西安办事处纪念馆联合主办的

"激扬青春梦，永远跟党走——全市大学生红色经典诵读比赛"，与西安各大院校通力合作，通过比赛不但加深了大学生对红色文化资源的理解，展现出青年学生坚定不移跟党走的决心与意志，而且赛后将优秀作品组成"青年志愿者宣讲团"，走进校园和课堂，使主题教育与党史、军史、革命传统教育有机融合在一起，引导学生了解陕西革命史，激发广大青年学生的爱国热情和奋斗精神，使青年学生自觉地将爱国主义精神内化于心、外化于行。

（三）创新教育形式，弘扬红色文化，打造爱国主义教育品牌

在夯实阵地宣教工作的同时，改变坐等观众模式，将爱国主义教育课堂推向社会、学校并融入形式多样的纪念活动中。如，西安事变纪念馆在每年清明节、七一建党节、九一八纪念日等重要时间节点，结合不同的主题，开展"清明时节缅英烈"、少先队员入队仪式等系列专题活动。在双十二事变纪念日，以座谈会、研讨、情景表演等各种形式，在西安事变爆发的重要日子，开展纪念活动，得到曾参与西安事变相关重要人员的亲属以及文献党史研究专家的大力支持，他们亲临现场深情讲述，并无偿捐赠文物文献资料。在 7 月 1 日，主办"弘扬革命精神 讲好红色故事"系列活动，同时走进机关、社区、学校、军营、医院等，讲述张学良、杨虎城为实现共同抗日而发动西安事变的情景故事，突破空间限制，打造自身爱国教育品牌。时代的进步，新媒体的出现，让网络也成为开展爱国主义教育的"新课堂"，为发挥红色文化的价值和社会效应提供了新途径。例如，在 2021 年，西安事变纪念馆在陕西省文物局的"互联网＋革命文物"教育平台，围绕中国共产党百年奋斗历程，聚焦革命精神传承，在"红旗漫卷——陕西革命旧址云上展"活动中，运用 5G、VR、视频云等网络技术搭建多元平台，对张学良公馆和杨虎城止园别墅革命旧址进行全景式、立体式和延伸式展示，通过多个传播渠道，打造线上爱国主义教育空间，让网民足不出户即可"云"游革命旧址故居。利用线上红色资源引导学生到革命旧址、纪念场馆实地参观学习，现场体验革命传统和革命精神，达到延伸教育的目的。

（郑凡，西安事变纪念馆馆员）

以许光达故居为例浅谈
名人故居与大思政课

彭 烨

青少年是祖国的未来，民族的希望。在大中小学循序渐进、螺旋上升地开设思想政治理论课非常必要，是培养一代又一代社会主义建设者和接班人的重要保障。党的十八大以来，从学校思想政治理论课教师座谈会上的殷殷期许，到前往学校考察时的谆谆教诲，习近平总书记站在培养担当民族复兴大任的时代新人的战略高度，多次对办好思政课、加强学校思想政治工作提出明确要求。为深入贯彻落实习近平总书记对学校思政课建设作出的系列重要指示，在用好红色资源，赓续红色血脉中发挥应有作用，建设富有特色的爱国主义教育、党史教育、全民国防教育、青少年教育基地，许光达故居紧密联系时代主题，大力整合红色资源，创新宣传方式方法，提供了讲好大中小学大思政课的成功案例。

一、名人故居的历史、文化价值

名人故居作为历史的见证和文化的载体，不仅承载着名人的个人记忆，更反映了特定时期的社会风貌和文化背景。同时，名人故居代表着一种文化传承和积淀，是人类文化遗产的重要组成部分，也承担着现实社会教育和文化旅游的使命。通过参观名人故居，人们可以深入了解历史、文化和人物故事，拓展知识面，提升文化素养。

许光达，中国人民解放军高级将领，无产阶级革命家、军事家。中国人民解放军装甲兵第一任司令员，中国人民解放军开国十位大将之一。故居位于湖南省长沙县黄兴镇，始建于 1901 年，占地约 25 亩，为近代长沙普通民居建筑，小青瓦、土木结构、三合土地面，坐北朝南，两进共 14 间。2018 年许光达大将诞辰 110 周年之际，更新了许光达生平业绩陈列室。陈列室以许光达大将的人生历程作为主要线索，分三部分展出：第一部分"为人民谋解放戎马一生"，第二部分"为建设装甲兵呕心沥血"，第三部分"共产党人的明镜"。突出表现许光达是"共产党人自身的明镜"，是共产党人党性精神的真实写照。许光达故居先后被评为湖南省重点文物保护单位、湖南省爱国主义教育基地、湖南省党史教育基地、湖南省全民国防教育基地、湖南省青少年教育基地等，年接待游客约 15 万人次，其中青少年占 50.2%。

二、大思政课的内涵

大思政课是一种新的育人形式，是对传统思政课的优化、升华和超越，突出理论与实践相结合的价值导向，注重思政"小课堂"与社会"大课堂"相融合的现实观照，其核心在于将思政课的教育视野、教育空间和教育情怀扩展到更大的范围。青少年阶段是人生的"拔节孕穗期"。大思政课的首要任务是围绕立德树人的根本任务，通过多种教育手段和资源，发挥政治引导、价值引领、理论教育和知识传授等功能，传播马克思主义理论，引导学生树立正确价值观。

三、名人故居与大思政课的关系

（一）名人故居是大思政课的生动教材

名人故居不但是名人的出生地或曾经居住过的地方，更是他们生活、思考和创作的场所，承载着丰富的历史和文化信息，名人故居为大思政课提供了丰富的教学资源和生动的教学场景。许光达在故居度过了童年和学生时代，在这段艰苦岁月中留下了他"少年立志""雪中求学"的故事，是激励青少年发奋学习的生动教材。故居前坪还展示了两辆坦克实物，分别是 2008 年"装甲兵之父"许光达大将诞辰 100 周年之际，从原广州军区运来的 62 式坦克和 2021 年为庆祝中国共产党成立 100 周年，长沙市全民国防教育基地委员会办公室争取到的 59 式退役坦克。在做好各项安全及保护措施的情况下将两辆坦克展出，讲解员结合实物讲述许光达组建装甲兵、研发坦克、入朝作战的艰辛历程。通过将许光达人物事迹与实物的有效结合，带着青少年从课堂教育走向课外活动，从"封闭"向"开放"转变，利用视觉冲击加深对历史的了解和认知，既体现国防教育主题的原则，又表达对外斗争、抗敌侵略以及我国现代军事国防力量的设计内容。同时，许光达故居中保存着很多的手稿、文物、书籍等珍贵资料，如，降衔申请书、捐赠黄金手稿、劝降信、苏联求学笔记……这有效充实了思政教育内容，为学生提供了直观、生动的了解历史和文化的途径，从而使思政教育更具厚度、更有温度、更接地气。

（二）大思政课是名人故居的教学载体

大思政课作为一种创新和改革的教学方式，注重将理论与实践相结合，强调师生间的互动与交流。在名人故居中开展大思政课，可以使学生通过实地考察、亲身体验等方式，深入了解名人的思想、品德和成就，感受他们的精神风貌和时代精神。这种教学方式不仅可以激发学生的学习兴趣和积极性，还可以帮助他们更好地理解和应用所学的知识，培养实践能力和解决问题能力。

（三）名人故居与大思政课相辅相成

大思政课不再局限于传统意义上的校园课堂，突破了思政课堂空间的局限，构建了校园与社会全覆盖的思政"大课堂"。名人故居与大思政课的结合，也有助于传承和弘扬中华优秀传统文化和革命精神。通过参观名人故居、了解名人的生平和事迹，学生可以深刻感受到中华优秀传统文化和革命精神的魅力和价值，增强文化自信和民族自豪感。同时，这种教学方式还可以引导学生不断增强做中国人的志气、骨气、底气，培养他们的爱国情怀和奉献精神。这深刻表明名人故居与大思政课之间存在着密切的关系，它们相互促进、相互补充，共同为传承和弘扬中华优秀传统文化和革命精神、培养社会主义建设者和接班人发挥着重要作用。

四、名人故居如何开发大思政课

(一) 明确教育目标

在开发大思政课时，首先与大中小学校结对共建，明确教育目标，即希望学生通过探访名人故居达到怎样的教育效果。这些目标可以包括：

加深学生对中国历史文化的了解，培养文化自信心。

帮助学生理解名人的思想和精神，树立正确的人生观和价值观。

激发学生的爱国热情和社会责任感，培养他们的公民和爱国意识。

(二) 整合教学资源

充分利用名人故居的历史文化资源，包括故居的建筑风格、历史文献、文物展览等。

整合大中小学的教育资源和师资力量，共同开发大思政课的教学内容和形式。

(三) 设计教学内容

思政课作为塑造灵魂、塑造生命、塑造新人的基础课程，其本质是讲道理。坚持因事而化、因时而进、因势而新，不断创新方式方法，努力把道理讲深、讲透、讲活，打造学生真心喜爱、终身受益的"金课"。在大思政课中，讲师可以结合课程内容，引入相关名人的故事和事迹。通过讲述名人的成长经历、思想转变等，让学生对课程内容产生浓厚的兴趣。同时，还可以引导学生思考名人的成功经验和教训，从中汲取智慧和力量。

名人生平事迹介绍：通过讲述名人的生平事迹，让学生了解名人的成长经历、思想特点和精神风貌。

名人思想精神传承：探讨名人的思想精神对当代社会的启示和影响，引导学生树立正确的价值观和人生观。

历史文化背景分析：结合名人的时代背景和历史环境，分析名人思想形成的原因和背景，帮助学生理解历史的变迁和发展。

（四）创新教学方法

为了进一步提升学生对名人故居的兴趣，教师可以采用互动式、情境式、体验式等多种创新的教学方法。例如，利用多媒体技术制作故居的虚拟漫游场景，让学生在虚拟环境中体验故居的魅力；或者开展以名人故居为主题的征文比赛、演讲比赛等活动，激发学生的创作热情和参与积极性。

（五）完善服务体系

提供优质导览服务：制定针对不同群体的讲解词，安排专业讲解员为学生团队提供详细的解说服务。

完善设施设备：加强故居的设施建设，如卫生间、休息区等，提高学生的参观体验。

加强安全管理：学生团队参观实行预约制，入园前签订《安全承诺书》，知晓参观注意事项。故居加派安保人员，明确岗位责任，全程陪同，确保学生的人身安全和文物安全。

五、名人故居如何实施"馆校共建大思政课"

（一）前期准备阶段

制定完善组织架构：许光达故居成立宣教部，招聘专职讲解员4名、兼职讲解员2名，组建一支人物及史实研究团队，坚持从讲好中国故事、讲好红色故事、讲好革命精神出发，加强思政课课程体系建设，推动思政课教学内容、教学方式改革创新。

制定详细的参观计划：包括参观时间、路线、讲解内容等，引导学生将理论性学习和沉浸式体验相结合，通过"课内＋课外、线上＋线下、校内＋校外"的立体化"大思政课"实践教学，让学生去感受、去体验、去思考、去领悟，进而牢记肩负的历史重任和使命。近年，联合出版《我的父亲——许光达》《名扬天下》等书籍，并同步开发"许光达的两份手稿""让衔碑背后的故事"等大思政课程，推出一批深度融合的优秀成果，形成协同育人效应。

准备教学辅助材料：制作故居的介绍PPT、准备"开国大将　铁甲元勋——许光达"让衔英名天下扬"等视频资料，以便在参观前后对学生进行补充和拓展。

（二）实地参观阶段

引导式讲解：结合 VR 等现代化信息技术，由讲解员带领学生参观故居及生平业绩陈列室，让学生身临其境般地感受思政课本中的历史故事，实现情感共鸣和精神升华。

互动环节设计：参观过程中设置互动环节，如问答、小组讨论等，鼓励学生提出自己的问题和见解，与教师和同学进行交流讨论。这不仅可以增强学生的参与感，还能加深对故居和名人的理解。

亲身体验活动：依托大思政课实践教学基地，组织学生进行角色扮演、模拟名人的生活场景等活动，让学生亲自体验名人的生活状态，感受名人的精神世界。

（三）后期总结与拓展阶段

撰写参观报告：要求学生撰写参观故居的感想和体会，总结在参观过程中的收获和启示。这有助于巩固学生的学习成果，提升思考能力和表达能力。

开展主题讨论：组织学生进行以名人故居为主题的讨论活动，分享彼此的看法和见解。通过讨论，学生可以进一步加深对故居和名人的理解，同时也能培养其沟通能力和团队协作精神。

创新作业形式：布置与名人故居相关的创新作业，如绘制故居平面图、制作名人传记海报、传承红色基因手抄报等，这些作业形式能够让学生在完成过程中再次回顾和巩固所学知识，同时也能激发其创新思维和实践能力。

六、馆校共建，协同育人成果

馆校共建为思政教育提供新的视角和平台，拓展思政教育的边界和内涵，不仅为学生提供丰富的实践教学平台，也促进红色文化的传承和人才培养水平的提升，更是推进文博行业发展、提升教育质量、推进地方建设的一项重要探索。自 2018 年以来，许光达故居充分运用丰富的历史文化资源，在课程开发、研学规划、师资力量等方面深下功夫，与湖南三一工业职业技术学院、湖南交通职业技术学院、湖南艺术职业学院、长沙县七中等20余所学校共建"德育实践教学基地"。一方面送宣讲、送展览进校园；另一方面引导学校来馆开展爱国主义教育、实地研学等特色教育活动，多措并举，共计开展"五进"活动88场次，受众人数达33万人次。馆校共建、协同育人成果主要体现在以下几个方面：

（一）红色文化教育的深化

许光达故居通过"馆校共建大思政课"联盟让名人故居与学校"同频共振"，引导师生走进名人故居，走进博物馆、爱国主义教育基地等场所，开展"馆校共建大思政课"活动，深入了解红色历史，厚植爱国情怀，帮助学生开阔视野、增长知识，让学生在感受历史文化魅力的过程中获得精神滋养、树立正确的三观。

（二）思政课程内容的创新

馆校合作共建大思政课，推动思政课程内容的创新。双方将地方红色资源融入思政教学，共同开发一系列具有地方特色的思政课程，使课程内容更加贴近实际、贴近生活、贴近学生。这种创新不仅丰富了思政课程的内容，而且提高了学生的学习兴趣和参与度。

（三）师资力量的提升

一方面，纪念馆、博物馆等场馆的专业人员为学校思政课教师提供素材和支持；另一方面，学校思政课教师为场馆工作人员提供教学指导和帮助，促进双方共同成长。这种师资力量的提升为协同育人提供了有力保障。

（四）学生综合素质的提高

通过参与实践教学、红色教育等活动，学生不仅能够掌握思政知识，还能够培养实践能力、创新能力、团队协作能力等综合素质。这种综合素质的提高为学生未来的成长和发展奠定了更好的基础。

七、结论

通过将名人故居与大思政课相结合，可以充分利用名人故居的教育价值，有效激发学生的学习兴趣。通过讲述名人故事、利用故居资源开展实践活动以及创新教学方法等策略，可以让学生在轻松愉快的氛围中学习历史文化知识，提升他们的文化素养和家国情怀。因此，馆校双方要进一步搭建共建桥梁，以培根铸魂为核心点，以课程思政为攻坚点，充分利用名人故居红色资源、校方教学资源，共同建立优质讲师团，共同开发一批湖湘红色人物记忆和湖湘精神传承的大思政课程，做优一批品牌示范活动，融合育人资源，汇聚育人合力，发挥创新精神，彰显育人成效。

（彭烨，黄兴故居纪念馆办公室副主任）

探索新形势下名人故居宣传教育新路径

韩梦洁

　　名人故居纪念馆是博物馆的重要组成部分，承担着弘扬和传承历史人物精神风范的使命和责任。新时代是互联互通的时代、交流的时代，也是信息的时代，如何更好地担当历史使命、加强自身建设，更好地传承历史文脉，契合当下的时代主题，顺应大众需求，这些都是名人故居发展中需要思考的问题。文章将从名人故居纪念馆文化育人的成功范例出发，探索名人故居宣传教育新路径。

　　名人故居纪念馆致力于重要历史人物的纪念工作，其选址通常是与他们生活、工作相关的地点，涵盖了对这些人物的出生地、居所和相关活动场所的保护。其主要职能在于收集、陈列与该人物生平及其参与的历史事件相关的资料，并通过这些服务功能进行传播和教育，构建全面的社会文化服务体系。名人故居纪念馆具备重要的传承功能，其核心职责在于履行社会公益使命，通过生动展示人物的真实事迹，学习他们的卓越贡献与崇高精神，举办多元化的社会教育项目，从而促成公众对历史人物的理解和纪念。

一、名人故居纪念馆发展的时代背景和发展趋势

（一）名人故居纪念馆发展现状

　　名人故居纪念馆事业存在一些问题，这些问题制约了名人故居纪念

馆的进步，使其未能充分满足公众的需求。

大部分人物类纪念馆依托名人旧居设立，且以规模相对较小的居多。纪念馆的设立通常与特定的历史事件和重要人物密不可分，选址通常倾向于在相关人物的故居或历史事件的发生地。因此，其展览陈列多采用展线展览和旧址复原展览相结合的方式。鉴于旧址保护的重要性，无论是对原有设施的改造还是在原址附近增建扩建，其规模和设计策略均受到明显制约。

纪念馆的展览主要依赖历史图片，呈现出单一的展示形式，侧重于文献而非实物陈设，更新频率偏低，导致视觉吸引力不足，无法充分激发观众的兴趣。相较之下，历史类博物馆在内容展示上更为全面，不仅文物藏品数量丰富，而且与实际的考古工作紧密相连，为观众提供了更为深入和丰富的参观体验。

（二）名人故居纪念馆面临的时代背景

党的二十大报告强调，"推进文化自信自强，铸就社会主义文化新辉煌"，"讲好中国故事、传播好中国声音"，"文化建设助推实现中华民族伟大复兴"，"深化爱国主义、集体主义、社会主义教育，着力培养担当民族复兴大任的时代新人"，这不仅指明了名人故居纪念馆的发展方向，也为在新形势下践行社会主义核心价值观提供了根本遵循。

（三）名人故居纪念馆的发展趋势

一是名人故居纪念馆的专题性逐渐突出。名人故居纪念馆与其他博物馆相比特点突出，其历史承载的时间跨度明确，展览线索清晰，史实支撑坚实，且展示的内容深入浅出，易于理解。当前，纪念馆正向专业化深度发展，其核心表现为专注于单一主题，如特定人物，系统且深入地呈现相关革命历史时段的全貌。在对历史人物的阐述中，纪念馆越发倾向于探讨事件的深层次内涵，并强调对人物精神实质的提炼和归纳。教育活动策划强调与展览内容相契合。

二是名人故居纪念馆的社会服务功能迎来全面提升。2024 年 6 月以来，韶山毛泽东同志纪念馆开启限量限流限时的预约方式。劳动节与国庆节期间，周恩来故里景区、陈云纪念馆、绍兴鲁迅纪念馆纷纷出现游客"井喷"现象。近年来，节假日期间博物馆游客激增的现象并不少见，普通民众走进纪念馆参观学习已是常态。这要求博物馆、纪念馆的基础设施持续优化，服务项目的精细化程度继续加强，参观体验不断提升，并且更加契合民众的个性化需求。随着新技术的广泛运用及管理理念的创新驱动，纪念馆的社会服务功能日益全面。

三是名人故居纪念馆通过文化产业的繁荣发展，焕发独特的生机与活力。文化产业的理论源于 20 世纪初期，近年来在博物馆领域其重要性日益显著，且涵盖范围广泛。文化产业可以通过挖掘人物精神内核，创新开发出一系列蕴含人物时代价值的文创产品，让观众可以将既有专业的设计又蕴含深厚历史文化底蕴以及紧密结合日常生活的创意产品带回家。文化产业还能够催生出多元化的配套产业，例如电影、电视剧、话剧、曲艺、文化创意街区，这些都源自对历史文化遗产核心展示的深度拓展和产业链延伸。当前，博物馆业的文化创意产品开发崭露头角，纪念馆的运营策略也更倾向于开放与专业化，让优秀的文化创意产业推动纪念馆事业繁荣进步。

四是"互联网＋"已经成功渗透名人故居纪念馆的日常管理，为其运营提供有效的助力与支持。不管是在陈列研究、文物保护、社会教育、文创开发还是在安全管理，甚至包括在行政、人事管理等方面，互联网技术必然迎来广泛的深度融合。

二、名人故居纪念馆发展面临的难题

尽管近年来纪念馆事业展现出蓬勃发展的态势，但与当代社会公众日益增长的需求和期待相比，仍存在一些落差。具体表现为馆藏存量、设施完善度、展品呈现方式、教育功能以及服务品质等方面，均未能充分适应并满足公众的新需求。

（一）名人故居纪念馆建设分布不均衡，建设水平参差不齐

鉴于历史背景、地域差异以及城乡和经济发展的不均衡性，各类纪念馆在地理分布上呈现出明显的特征，即集中于中西部地区，在较为偏远和经济欠发达的地区数量较多。

（二）名人故居纪念馆尚未建立一套全面且一致的评估体系

名人故居纪念馆建设缺乏统一的标准，其发展主要受地方政府的关注度和财政投入的驱动，缺乏明确的通用准则以评估服务品质、管理效能和发展水平，缺乏明确的操作规程。

（三）名人故居纪念馆的教育功能未能充分发挥

参观名人故居纪念馆的观众不满足于静态的历史照片观赏，而更倾向于通过实物资料探寻背后蕴含的丰富故事。但是纪念馆往往严重依赖人工讲解，缺乏新颖的历史解读和与时俱进的吸引力，且互动环节不足，导致观众参与度和兴趣普遍不高。

三、探索名人故居纪念馆新型宣教途径

（一）充分发挥名人故居纪念馆爱国主义教育基地的作用

名人故居纪念馆的爱国主义教育功能在我国是建立纪念馆的目的之一。纪念馆承载的历史事件、人物、建筑、遗址真实记录了中华民族近现代革命历史，再现了革命岁月里中华儿女的英勇斗争与社会发展时期的不懈努力，构成中华民族的珍贵精神遗产，极具教育意义，是传承和弘扬民族精神的生动教材。纪念馆承载的丰富历史知识与深厚文化价值，对于构建我国独特的社会主义文化体系及推动文化全面繁荣具有不可或缺的作用。它肩负着传播和弘扬爱国主义精神，以及培养民族精神的重要责任。

（二）增强服务意识，完善和更新宣传教育形式

我国著名博物馆学专家苏东海先生曾言，"博物馆教育功能要体现在高质量的服务中"，这一理论在新形势下仍具有重要的现实意义。随着新时代的来临，名人故居纪念馆的宣传教育职责与使命面临新的挑战。为了顺应社会发展潮流，名人故居纪念馆亟需革新观念，强化服务导向，将教育活动视为高级的社会服务职能。致力于提升教育效能，倡导细致入微的服务理念，这不仅是社会对博物馆的期待，也是其生存与持续发展的关键因素，同时还是评价博物馆社会教育工作成效的核心标尺。

1. 强调陈列设计的新颖性，持续更新展览项目

名人故居纪念馆通过陈列展览这一核心方式，实现了其在宣传教育中的关键作用，策展与教育活动应深度整合并注重观众所需，实现两者无缝融合。若纪念馆在策划陈列展览时忽视观众心理及社会效益，其内容和呈现方式就难以引发观众共鸣，从而制约展览的社会教育功能的有效发挥。参观纪念馆已被广泛视为人们娱乐休闲、观光旅游、接受教育以及获取知识的重要方式之一。而雷同的程式化陈设可能导致观众的厌倦，进而引发他们的抵触情绪，使纪念馆步入门可罗雀的困境，形成恶性循环。为了扭转现状，纪念馆应以观众为中心，积极发掘并充分利用自身资源，致力于打造独特且具有吸引力的展览项目。同时，必须革新传统的展示手段，摒弃单一的呈现模式，采用更丰富多彩和富有吸引力的创新展陈策略。

2. 提高讲解员的讲解能力和服务水平

故宫博物院原院长单霁翔在《博物馆的社会责任与社会教育》一文中对博物馆讲解的重要性作了生动阐述："讲解是沟通博物馆与观众的桥梁，是社会教育工作中最直接、最重要的环节。"讲解在博物馆社会教育功能发挥中具有举足轻重的作用，讲解员是博物馆不可或缺的专业教育人才。讲解工作的服务意识追求卓越的讲解水准，既要具备高度的学术标准，同时还要通过富有感染力的表达，激发观众身临其境的感受。讲解工作的品质得以提升，关键在于讲解者的个人素养。唯有通过持续提升其文化涵养、思想境界及讲解技能，深入学习人物故事、人物精神，方能使观众更好地接受教育，从而吸引更多观众。这样，才能更好地发挥名人故居纪念馆宣传教育的作用。中国博物馆协会定期举办讲解员培训班，系统地提供了博物馆教育、讲解专业课程。中共一大纪念馆根据不同讲解场景反复推演，跟进展陈变化，针对不同受众、不同需求总结出 9 种版本的讲解稿，有面对普通观众的"常规版"，有针对公务接待的"精华版"，有面对媒体外宾的"亮点版"，有面向青少年儿童的"启发版"等。龙华烈士纪念馆举办业务培训班，不仅有专题学习还有现场教学和小组讨论。在专题学习部分，培训共安排 9 门专题课程，覆盖建党精神、英烈精神、讲解礼仪规范、语言表达能力提升等内容，以增强学员对工作的自觉性和自信心，有效提升其业务水平和综合能力。

3. 充分利用媒体和网络提升名人故居纪念馆的社会影响力

为了更有效地发挥纪念馆的宣传教育职能，应充分利用传统媒体资源，如报纸、杂志、广播和电视等，传播纪念馆的活动及各类资讯。这些传统媒体拥有广泛的群众基础和公认的权威地位，能够有效提升纪念馆的社会影响和公众认知度。科技进步推动网络媒体逐步成为公众主要的信息来源，手机软件与硬件的迅猛发展使微信、微博、抖音、小红书等社交媒体凭借其根植于手机用户社交网络的特性，产生巨大的社会影响力。侵华日军南京大屠杀遇难同胞纪念馆微信公众号每周发布 3 至 7 次，每次推送 1 至 4 篇文章；四川广汉三星堆博物馆新浪微博每天发布 4 至 10 条博文。这些重量级的文博场馆还会与抖音等平台共同创作内容，积极利用短视频、网络直播、图片海报等形态，让网民能够在沉浸式体验中感知文化与历史。众多场馆会在国际博物馆日、南京大屠杀死难者国家公祭日、二十四节气等全年节点与"中国文博""新浪文博"等官方微博合作，参与"文博奇妙夜""我在抖音看国宝"等网络活动，展示场馆的文物藏品和社教活动，提升场馆的社会影响力。

（三）锁定目标观众，面向不同受众，设计、策划各类宣传教育活动

现代社会的飞速发展使人物类纪念馆迎来前所未有的发展机遇，然而同时也面临着适应变革的严峻挑战。伴随物质生活水准的持续提升，人们的文化理念发生了巨大的变化。纪念馆应当针对各类目标受众策划定制化的互动体验项目，做好前期调研，持续推动人物精神与时代价值的创新转化和现代演绎，使其在时光流转中保持永恒的吸引力和时代的活力，从而有效吸引更广泛的参观者，充分实现其教育功能。

1. 走近名人，深度互动，实施针对幼儿的专题教育实践活动

《新时代爱国主义教育实施纲要》提出"爱国主义教育要坚持从娃娃抓起"。幼儿阶段是人的思想意识开始形成的时期，对幼儿进行爱国

主义教育十分重要。陈云纪念馆与练塘幼儿园联合开发乐行红色之幼儿园实践体验活动，通过打卡寻觅红色地标并讲述相关故事，以游戏的形式让幼儿理解陈云的生平事迹，感受陈云勤俭、好学、有爱心、兴趣广泛、遵守规则等美好品行。同样，在陈嘉庚纪念馆与厦门市集美幼儿园的合作活动中，幼儿通过游戏体验、自主探索和审美感知，深度领悟馆藏展品中的爱国主义内涵。中国工农红军西路军纪念馆则推出了红色润童心社会教育项目，通过讲解员的讲述和小小讲解员的视频，多维度揭示西路军英雄的英勇事迹，激发孩子们传承红色基因、弘扬革命精神的责任感。这些红色主题教育活动不仅是对历史的深刻回溯，更承载着对现实与未来的前瞻性引导。

2. 提炼主题，寓教于乐，深度进行馆校合作

名人故居纪念馆作为展示人物真实事迹、弘扬人物崇高精神的重要场所，资源丰富，能够为学生提供良好的学习体验。顺应社会进步与教育革新趋势，馆校合作在教育领域的价值日益凸显。刘少奇同志纪念馆与长沙学院影视艺术与文化传播学院开展深度合作，历经一年时间，共同打造了名为《走出炭子冲》的双时空情境互动研学剧。该剧的导演、编剧及舞台美术等幕后工作由长沙学院的专业团队担纲，而演员阵容则由纪念馆员工构成。馆校双方以这种红色剧目的社教形式来向党的百年华诞献礼，深受党员和青少年观众的欢迎。陈云纪念馆在 2023 年启动"向陈云爷爷学习"红色小屋展览，展览分为红色课堂、陈云知多少快问快答、游戏互动区、打卡留影区以及积分奖励兑换五个板块。在展览筹备阶段，红色小屋鼓励少先队员们积极参与设计和开发，实现了参观、互动与体验的融合。参观"向陈云爷爷学习"红色小屋展览，让红色信仰的种子播撒在每一个少先队员的心田。

3. 整合资源，创新利用，让纪念馆成为文旅融合的重要展示平台

随着社会发展和城市文化服务功能的拓展，名人故居纪念馆的旅游化利用开始出现，并逐渐成为社会文化服务产品。重庆市于 2007 年成立重庆红岩联线文化发展管理中心，有效整合了抗日战争时期南方局的各遗址，并串联起解放战争时期重庆地区的革命纪念场馆，形成符合历史逻辑、理论逻辑、现实逻辑的红色文旅专线，从而促进重庆市老城区文化旅游产业的快速发展，形成标志性的旅行打卡点。汤显祖纪念馆以戏为媒，奏响文旅融合发展新乐章，利用节假日举办国家濒危剧种盱河高腔《临川四梦》的惠民演出、结合主题活动日积极开展"游园惊梦"博物馆之夜——古风游园会及传统"七夕"文化节等活动，精彩纷呈的中华汉服文化、戏曲文化和非遗古琴、插花等创意文化活动，增强观众的文化获得感和幸福感。汤显祖纪念馆通过多样化的文化活动和主题宣教，深入挖掘和诠释汤显祖文化的现代价值，使文化和艺术相融合、文化和旅游相融合，打造纪念馆 IP，显著提升了汤显祖的知名度和文化影响力。

四、结语

当下的中国正在迈向中华民族的伟大复兴，这要求我们充分发挥名人故居纪念馆以史鉴今、资政育人的作用。在新形势下名人故居纪念馆应当将自身资源优势最大化，发挥好文化传承与文化教育的作用，让红色的基因、革命的信仰、奋斗的精神、崇高的思想、高尚的品德通过一个个宣传教育活动传播开来，并一代代地传承下去。

（韩梦洁，陈云纪念馆助理馆员）

"大思政课"建设视域下
名人故居的创新探索

——以韶山毛泽东同志纪念馆展教融合的
"大思政课"教学实践为例

洪嘉榕

中国共产党历来高度重视思政育人工作。党的十八大以来，在习近平新时代中国特色社会主义思想正确指引下，中小学生研学蓬勃发展，大学生思想政治教育工作体制机制不断完善和提升，"大思政"育人格局不断巩固和加强。在中国共产党成立 100 周年之际，习近平总书记指出，"'大思政课'我们要善用之，一定要跟现实结合起来"，要"在社会生活中来讲"，"跟现实结合起来"。[1]随之，中共中央、国务院印发《关于新时代加强和改进思想政治工作的意见》强调，"要构建共同推进思想政治工作的大格局"。[2]2022 年教育部等十部门印发的《全面推进"大思政课"建设的工作方案》提出要"充分调动全社会力量和资源"。党的二十大报告指出，用社会主义核心价值观铸魂育人，完善思想政治工作体系，推进大中小学思想政治教育一体化建设。[3]大思政课建设的

[1]《""大思政课'我们要善用之"》，《人民日报》2021 年 3 月 7 日。
[2]《中共中央 国务院印发〈关于新时代加强和改进思想政治工作的意见〉》，《人民日报》2021 年 7 月 13 日。
[3] 习近平：《高举中国特色社会主义伟大旗帜 为全面建设社会主义现代化国家而团结奋斗——在中国共产党第二十次全国代表大会上的报告》，人民出版社 2022 年版，第 19 页。

一系列政策要求指明了需要引入除学校之外的社会力量共同参与课程建设、完善课程体系。

名人故居主要包括名人居住遗址、旧址以及建立的纪念馆等，是中华优秀传统文化、革命文化、人文精神等传播的重要载体。新时代，名人故居作为思政育人的重要平台，在推动大思政课建设中发挥着重要作用。

展览是名人故居的核心业务，是博物馆事业发展的基础，也是提供精神文化内容的重要形式。博物馆任何产品的生产过程和流通过程，都存在着以展览成果为依托直接或间接转化为综合服务形式，并提供给公众的过程。展教融合是新时代名人故居等博物馆将展览与教育通过科学的设计，使其文化资源做到有效挖掘和合理运用的教育手段，也是大思政课能在名人故居等博物馆场所实现的重要手段。

一、韶山毛泽东同志纪念馆展教融合的大思政课教学实践优势

韶山毛泽东同志纪念馆依托领袖毛泽东同志的故居建馆，是全国唯一一家全面系统展示毛泽东生平业绩、思想和人格风范的纪念性专题博物馆，首批全国爱国主义教育示范基地、全国廉政教育基地、国家一级博物馆（下简称韶山馆）。《全面推进"大思政课"建设的工作方案》从实施层面为大思政课建设提供了明确要求和具体指导，其中重点强调，要积极运用社会资源，特别是红色资源推进思政课的改革创新。

展览是韶山馆的核心业务，而教育也一直是韶山馆的首要功能。在大思政课建设视域下，韶山馆创新运用展教融合的教学方式，将思政课的教学内容内化于展览内容，将教学课堂转移至展览空间，将师资队伍交给文博专业人才负责，综合运用红色资源等教育资源优势，充分挖掘思想政治教育元素，创新实践教育渠道，将主题展览和思政教育有机结合起来。韶山馆展教融合的具体优势是：

（一）师资优势：红色资源丰富，教学人员专业

韶山馆红色资源极具特色，内涵丰富，教育价值高。馆藏文物资料 6.3 万余件，拥有大量珍贵的文物文献资料与毛泽东同志故居等 7 处全国重点文物保护单位，承载着毛主席成长、革命和 1949 年后回乡的独特记忆，特别是有毛泽东晚年生活遗物 6 400 余件，展示了伟人思想和人格风范。同时，馆内还收藏了毛主席手迹手稿 3 000 多页、毛泽东著作等文献 17 万余册。这些革命文物资源全国仅有，蕴含丰富的政治智慧和道德滋养，是一座巨大的历史、文化和精神宝库。

此外，韶山馆有一支专业的宣教队伍可进行大思政课教学，现有专职讲解员 32 人，讲解员多次在全省全国各类讲解比赛中获得大奖，多次在"全国五好讲解员培训班""全国红色旅游管理人员培训班""中国红色旅游博览会"等活动中作示范宣讲和经验分享，参加过文旅部组织的"百名讲解员讲百年党史"宣讲活动，在北京、南湖、正定、西柏坡等地巡回宣讲 30 余场，宣讲专业、经验丰富。

（二）课程优势：展览体系完善，展览主题突出

韶山馆陈列最大的特殊性，就是陈列围绕的纪念对象是一代伟人毛泽东。为正确处理好毛主席和"一地""一生"的关系，纪念馆结合人物场域开辟多个陈列地点，形成以"毛泽东故居——纪念馆"为主线的陈列体系，为观众提供生动的革命历史"教科书"。具体来说，韶山馆打造了以毛泽东同志故居、南岸私塾、毛氏宗祠等 5 处旧址不可移动文物原状陈列为基础，生平展区、专题展区两大场馆基本陈列为依托，临时展览、巡展、线上展览为补充的展览体系。[1]

馆内常设陈列和专题展览共计 15 个，红色主题突出。其中，复原陈列尽量还原到历史语境和历史生态环境，给观众一种历史厚重感；常设展览"中国出了个毛泽东"对标展示中央最新权威文件精神和最新学术研究成果，紧紧围绕毛泽东的业绩，重点展示毛泽东经历或决策的重大历史事件的背景、经过、影响，并展现其方法、思想和立场，"风范

---

[1] 梁栋：《韶山革命纪念地陈列体系研究》，湖南大学 2017 年硕士学位论文。

长存——毛主席遗物展"以物说话，通过展示毛泽东晚年生活用品等红色文物，表现伟人思想和人格风范；专题展览"大笔乾坤——毛主席诗文书法"、"英魂忠烈——毛主席一家六烈士""永远的缅怀"等深入挖掘馆藏文物文献资料的历史价值和深刻意义；韶山馆在每年重要时间节点都坚持推出1—2个临时展览，近年来推出的"不忘初心，牢记使命——学习宣传贯彻党的十九大精神""恰是百年风华——庆祝中国共产党成立100周年主题展""一切为了人民——喜迎党的二十大胜利召开主题展"等临时展览，既契合了时代主旋律，也能为思政教育等提供最新鲜生动的课程。

（三）课堂优势：展示空间多元，展示手法丰富

韶山馆的展览作为展示红色文化的独特"体验空间"，一直在根据环境场域、社会需求、观众体验等方面进行内容与形式设计，避免"千展一面"，做到"一展千面"，从而提升展览的教育效果。韶山馆的陈列空间大小不一、结构各异，总展陈面积为12 619平方米。总体布局上，大空间注重"破"与"立"，凸显每个单元的重点与亮点，既有利于陈列主题的表达，又缓解了因平铺直叙的表现手法和长展线给观众带来的视觉疲劳；而小空间则更注重"匀"与"平"，力求各个单元和主副展线平均化、规律化，做到空间均衡饱满、进退有度。大空间与小空间的合理布局，为观众提供了舒适的观展环境和受教育空间。

例如，2023年韶山馆"中国出了个毛泽东"基本陈列进行提质改陈，其中最大的一个亮点就是展教融合——针对近年来青少年研学活动的蓬勃开展，根据需求完成展教空间的增设。展览优化整体展线，打通堵点，对10个部分中的第二、三、四部分展厅空间进行高难度局部重建，打造"走出乡关""启航""寻路""伟大转折""长征""曙光""奠基""登攀""攻坚""走向未来"10个主题场景，这些主题场景大多数是集文物、声光电等多媒体技术和艺术品等于一体的综合场景；同时，在这些场景所在区域量身打造符合青少年认知特点的沉浸式研学课堂。新规划后的展览空间既满足普通观众走得动、看得到、听得清的观展需求，又可同时兼顾研学授课的开展。

二、韶山毛泽东同志纪念馆展教融合的大思政课教学实践创新案例

韶山馆以"展教融合"的方法成功开展大思政课的教学实践活动，其中较为典型的有三个：

(一)"韶山下的思政课"教学实践

为贯彻落实习近平总书记关于大思政课等系列重要指示精神，从2021年7月起，韶山馆主要参与，湖南省韶山管理局联合中央党史和文献研究院第二研究部推出的三季"韶山下的思政课"，主要邀请北京大学、清华大学等高校博士生来韶山馆研学。在研学中，韶山馆提供以展览为主的综合文化资源，与博士生针对研学主题共同研究，研究成果最终再应用于展览策划等方面。

第一季紧紧围绕全国党史学习教育主题进行课程设置。围绕"立大志、明大德、成大才、担大任"开展研究。在为期半个月的研学活动中，导师团带领全体学员积极探寻青年毛泽东的成长路径、方式方法。韶山馆展览作为其中重要的研学课堂，全体学员在展厅研学的过程中进行深度思考和研究挖掘。经过共同努力，最终形成《青年毛泽东立志之路的当代考察》《理论·逻辑·践行：新时代"学伟人，明大德"的三维透视——以党员干部为主体的研究》《青年毛泽东"成大才"之路探析和启示》《从毛泽东"担大任"的生命历程、内在规律探究破解当代青年成长困境的方略》四项课题成果和20集视频。

第二季正值喜迎党的二十大胜利召开之际，为深入贯彻落实习近平总书记"把思政小课堂同社会大课堂结合起来"的重要指示精神，深刻领悟"两个确立"的决定性意义、坚决做到"两个维护"，准确把握"两个结合"，博士生围绕"青春向党——喜迎二十大"主题深入研究探讨，力求深挖韶山红色资源内涵，回应、解决当代青少年生活学习思想存在的困惑和问题。在研学过程中，韶山馆吸收研究成果打造了"一切为了人民——喜迎党的二十大胜利召开主题展"。

第三季紧紧围绕学习贯彻习近平新时代中国特色社会主义思想主题

教育活动，落实中央政治局常委、国务院副总理丁薛祥和湖南省委书记沈晓明关于韶山红色研学的批示精神，将"韶山下的思政课"第三季的目标确定为：把历史和现实结合起来，坚定学生在以习近平同志为核心的党中央领导下，实现中华民族伟大复兴的理想信念。活动主题为"青春向党，复兴有我"，主要以韶山馆的展览资源为研究对象，由博士生与湖南中小学生共同在展厅探索，对革命文物资源和党史进行研究，联系毛泽东生平业绩和新时代楷模事迹打造了 20 个课题，部分课题应用于韶山馆中小学研学课程的开发。

（二）"我的韶山行"湖南省中小学生红色研学教学实践

2023 年 4 月以来，韶山馆深入贯彻落实习近平总书记关于"把红色资源利用好、把红色传统发扬好、把红色基因传承好"的重要指示精神，根据湖南省委批示精神，深入实施"时代新人铸魂工程"，大力开展"我的韶山行"中小学生红色研学，积极参与探索大思政课的"湖南实践"。[1]

"我的韶山行"是一次研学之旅，更是一堂行走的思政课。把"红色种子"播撒进广大青少年心中，打造入脑入心的思政课程是关键。韶山馆切实将学思研、知信行贯彻研学全过程，将研学作为一堂行走的思政课进行一体化设计，破解游而不学的难题。推出沉浸式中小学"思政课套餐"，每个学生都能在展厅接受"长征精神与民族复兴——汲取精神伟力，争当有为青年""为人民服务——汇聚实现民族复兴的力量""梦想铸就辉煌""在复兴路上永葆勤俭本色——从毛主席的补丁睡衣谈起""为中华民族伟大复兴而读书""复兴路上有牺牲，卫国强国青春无悔"6 堂沉浸式思政课。

实景化的课堂更容易激发学生的思想共鸣。韶山馆在"我的韶山行"研学课程打造中注重挖掘展览中的文物、文献等红色资源，主要采用"展教融合"的模式，强调互动性，打造多维度相结合的实景思政课程，每一堂课都起源于过去，立足于当下，历史与现实深度结合，

---

[1] 熊名辉、王树槐等：《走，到韶山去!》,《湖南教育》(A 版)2024 年第 1 期。

既能引起学生的兴趣，又能引发学生的深思。同时，专业讲解员作为师资力量进行教学，结合多类型展览实景思政课程、课堂的设置，让研学不再枯燥，将展览作为最鲜活、最生动的教材，在课程讲述、展品、场景等环境氛围的作用下，学生的知识习得体验感更深，真正实现了"以研促学"。整个课程把继承发扬毛泽东等老一辈无产阶级革命家的革命精神和崇高风范作为鲜明主题，突出现实与历史的深度结合。

（三）数字化思政课教学实践

考虑到现在的学生都是在信息化的世界中成长起来的，韶山馆不仅在实体展览授课中打造了许多符合年轻人参观习惯的数字化表达形式，同时还打造了与线下融合发展的"中国出了个毛泽东"数字展馆，主要包含数字孪生馆和主题衍生馆两个部分。数字孪生馆等比例还原"中国出了个毛泽东"展览，深挖展品背后的故事，设置热点互动，可以选择自由漫游或跟随数字人伴游、数字人讲解、真人现场讲解等多渠道方式多视角受教育。自主选择的方式让人们可以更加深入地了解伟人生平、思想。主题衍生馆打造开放式的生态空间，拓展延伸更多功能与体验，以虚实结合的方式，探索韶山馆实现教育的更多可能性。

此外，韶山馆尝试用数字化技术在馆外实现思政课教学。近期，韶山馆为湘潭医卫职业技术学院打造"聆听遗物故事 领略伟人风范——数字技术下'毛主席遗物展'里的思政课"，运用虚拟现实等数字技术打造革命文物线上云展览和与思政课虚拟资源结合的思政课程。VR技术将专题展区"风范长存——毛主席遗物展"打造为三维虚拟环境，并从6 000多件馆藏遗物中精选50余件，挖掘遗物背后的故事，形成生动的数字化课程，既保存文物资源直观生动、潜移默化、富有感染力的特征，又能有效增强思政课教学内容的亲和力。

三、韶山毛泽东同志纪念馆展教融合的大思政课教学实践影响力

2011年3月，习近平同志考察韶山时指出，革命传统资源是我们党

的宝贵精神财富，每一个红色旅游景点都是一个常学常新的生动课堂，蕴含着丰富的政治智慧和道德滋养。牢记嘱托，不负期望。一直以来，韶山馆充分利用红色资源优势，致力于红色教育的探索和研发，探究资政育人新路子，尤其重视"展教融合"，依托精品展览讲述原汁原味的红色故事，传承红色基因。

"韶山下的思政课"开发了60集思政金课和40集研学纪录片，研学纪录片点击观看量达到上亿人次，受到观众一致好评，成功探索出利用革命纪念地开展思政教育与党史研学融合的新途径，开创党史学习教育、青少年思政教育常态化长效化的"韶山模式"，得到中央领导、省委领导的肯定与批示，被称为"现象级党史宣传和思政教育新品牌"。

从2023年4月开展"我的韶山行"红色研学活动以来，每天有2 000余名学生到韶山馆展厅开展红色研学，截至2024年5月底，已接待中小学生216 227人次，接待青少年红色研学团队176批，开展红色研学授课6 500堂。该活动具有覆盖面广、体验感强、互动性强、内容丰富等特点，也得到中央领导的批示和社会各界的广泛认可。

数字技术是引领未来的创新驱动力。受空间场地的影响，韶山馆展区和文物旧址承载的接待能力是有限的，数字展馆是实体展馆向外打开的另一扇窗口，能让更多的观众参观，公众可以不受时间、空间的限制在互联网上进行虚拟参观。韶山馆数字项目于2023年12月24日上线，截至2024年5月底的单次浏览量已达100万余次。

四、结语

名人故居是人类记忆、传承、创新的文化阵地，拥有丰富的文化资源，是社会公众实现自我教育和终身教育的大课堂，也是上好大思政课的绝佳场所。

在新时代大思政课建设视域下，韶山馆作为名人故居中的"一员"，正在切实探索"展教融合"的发展模式。"展教融合"的发展模式将纪念馆核心展览资源和教育目标深度融合，进行一体化的实践创新，通过展览与教育内涵和外延的融合，探索和收获了教育实践的更多可能性。未来，韶山馆将继续准确把握大思政课培根铸魂的作用，准确把握其"大"的特点，不断丰富大思政课的内容、途径、载体，有效凝聚学校、家庭、社会协同育人的强大合力。

（洪嘉榕，韶山毛泽东同志纪念馆助理馆员）

韶山毛泽东同志纪念馆红色研学课程设计路径初探

刘思宇

习近平总书记指出"中国革命历史是最好的营养剂,多重温我们党领导人民进行革命的伟大历史,心中就会增添很多正能量"[1],"要把红色资源利用好、把红色传统发扬好、把红色基因传承好"[2]。近年来,党和国家高度重视发挥红色文化资源的教育功能,出台《用好红色资源 培育时代新人 红色旅游助推铸魂育人行动计划(2023—2025年)》等系列文件,这些政策措施的制定,为红色研学的推广和发展奠定了理论前提和实践基础,为推动中小学生利用名人故居纪念馆的红色资源开展学习,促进名人故居纪念馆与学校教学、综合实践有机结合,提出了明确指示和要求。本文通过分析当前名人故居纪念馆开展红色研学课程设计过程中存在的问题和原因,并以韶山毛泽东同志纪念馆为例,就如何完善红色研学课程设计、提升教育效果,提供可行性路径,为名人故居纪念馆红色研学实现高质量发展贡献力量,为名人故居纪念馆红色研学课程设计路径提供有益参考。

研学旅行是一种具有特殊教育功能的文化旅游形式,是学校教育和

---

[1]《习近平在调研指导河北省党的群众路线教育实践活动时强调:充分调动干部和群众积极性 保证教育实践活动善做善成》,《人民日报》2013年7月13日。

[2]《习近平在视察南京军区机关时强调:贯彻全军政治工作会议精神 扎实推进依法治军从严治军》,《人民日报》2014年12月16日。

校外教育衔接的创新形式，是教育教学的重要内容，是综合实践育人的有效途径[1]，以研学旅行的形式挖掘红色资源、传播红色文化、讲述红色故事的红色研学实践教育活动成为近年来越来越火热的社会现象。而研学活动课程设计是否科学合理，内容是否通俗易懂，形式是否生动有趣，则直接影响红色研学的效果。要实现让学生走出课堂、走出教科书、在鲜活的红色文化研学课堂中接受红色文化洗礼的目的，做好红色研学课程设计十分重要。

韶山毛泽东同志纪念馆（以下简称"韶山馆"）作为名人故居纪念馆的"一员"，地处毛主席的故乡，这里红色底蕴深厚，红色文化资源丰富而独特，自2018年被列为"全国中小学生研学实践教育基地"以后，一直致力于红色研学线路规划和课程设计。尤其是2023年以来，湖南省委作出"让全省中小学生高中毕业前都到韶山一次"的决定，在全省掀起"我的韶山行"中小学生红色研学热潮，作为"我的韶山行"红色研学授课主阵地，韶山馆大力投入人力、物力，创新开发红色研学课程，探索出一条独特的课程设计路径。

一、红色研学课程设计的重要性

影响红色文化的传播效果。红色研学课程设计，是名人故居纪念馆利用自身丰富的红色资源，深入挖掘、阐释其中的内涵，设计符合青少年认知特点的教育产品的重要驱动，也是发挥传承红色基因、传播红色文化重要作用的抓手。同时，红色研学课程是名人故居纪念馆实现研究成果创新转化的重要途径，促使研究成果运用于实践，进一步发挥作用，也从一定程度上展现名人故居纪念馆的研究实力和研究水平，并能有效扩大宣传范围和影响力。

影响红色研学的教育效果。红色研学是实施素质教育、落实"双减"政策的有效手段，能丰富青少年学生的课余生活，让学生走出学

---

[1] 教育部等11部门：《关于推进中小学生研学旅行的意见》，http://www.moe.gov.cn/srcsite/A06/s3325/201612/t20161219_292354.html。

校、走进革命纪念地。其中红色研学课程有助于青少年学生深入了解革命历史、感受革命情怀、接受红色文化洗礼。因而，红色研学课程设计情况，决定了红色研学实践教育的效果，直接影响着红色研学活动的整体质量。

二、名人故居纪念馆红色研学活动课程设计存在的问题及原因

课程设计针对性不强，分类不明晰。红色研学课程大都依托名人旧址故居、纪念馆已有资源开发成果进行授课，特别是依托各类常设的陈列展览进行讲解型授课，这类课程更多的是基于成年人的思想认知，并未充分考虑不同年龄段青少年学生的知识架构、认知特点、求知需要等因素进行针对性、个性化的设计。而且，有些名人故居纪念馆的红色研学课程分级分层不够精细，未真正实现因人施讲、因材施教，红色研学活动的教育效果打了折扣。

课程未充分结合当前实际情况和新时代需要。在红色研学授课过程中，研学导师通过讲授红色故事，让青少年学生了解历史、掌握历史，并从历史中汲取精神养分，这是红色研学活动开展的重要目的。但是，许多红色研学课程在讲述历史故事时，只注重讲授历史事件，介绍史实，对于历史知识了解不充分，历史脉络掌握不全面的青少年学生，无法完全理解历史事件背后的深刻含义，无法引起他们的共鸣和共情。这种未结合学生学习生活实际、社会现实以及新时代需求的课程，难以引导学生结合自身的成长需要，从历史故事汲取精神养分，也难以实现引导学生将所学知识运用于实际学习生活，树立正确的人生观、价值观的目的。

授课形式单一，吸引力不强，教育效果有限。不少名人故居纪念馆在红色研学活动中仍然采用较为传统的授课形式，例如展览串讲、讲座报告、影片观看等扁平化的内容传播形式，这种单向输出的"说教型""流水线式"授课，一般涵盖的内容和信息量较大，授课形式单一，吸引力不强，不具备良好的启发性，青少年学生无法在短时间内很好消化

吸收接收到的内容和信息，甚至容易出现疲劳情绪和厌烦心理，难以取得红色研学活动教育效果。

课程风格不统一，缺乏系统性。由于红色研学活动开展时间不长，不少名人故居纪念馆还处于摸索和完善阶段，在红色研学课程的打造上没有提前做好整体的设计和规划，对课程的设计缺乏系统性研究。不少革命纪念馆不是在制定科学化、个性化、特色化的红色研学线路基础上，开发系统性的红色研学课程，而是先研发红色研学课程，再将课程进行简单的串联，课程的风格不统一，内容上的联系也不够紧密，线路设计也不够合理，一定程度上造成红色研学活动"研而不学"、效果不佳的现象。

课程研究力量单薄，资源整合不足。实现红色研学课程的科学性、系统性和实用性，必须进行多主体、多维度、多层级综合研究，以确保红色研学课程的教育效果。而红色研学课程研发，大多依靠名人故居纪念馆自身研究力量，缺乏对各级院校、专业研究机构、同行单位等其他资源的整合利用，研究力量单薄。因此，在红色研学课程研发过程中，不管是在内容创新上还是形式表达上都存在一定的局限性。

三、韶山毛泽东同志纪念馆红色研学课程设计路径

韶山毛泽东同志纪念馆于 2018 年被列为首批全国中小学生研学实践教育基地，随后相继开发了"祠堂说理——情景演绎""毛泽东诗歌诵唱大会"等精品研学课程，开发设计了多条主题鲜明的红色研学线路，累计接待 30 余万中小学生来韶开展研学活动，丰富而生动的课程设计和科学的研学线路规划获得广大师生及社会各界的一致好评。2019 年，在"全国博物馆研学旅行优秀课程及优秀线路推介活动"中，韶山馆的研学线路"寻伟人足迹·立成才志向"获"最佳线路"，"祠堂说理·情景演绎"获"最佳课程"。2023 年，在湖南省委的高位推动下，"我的韶山行"全省中小学生研学实践教育活动如火如荼地开展，作为"我的韶山行"的授课主阵地，韶山馆在红色研学课程设计上倾注了大量心血，走出了一条独特的红色研学课程设计路径。

针对授课对象做好全面系统的调研，细化课程分类。针对不同年级、不同年龄段学生的心理特征、接受能力和研学目标等特点，结合地域差异等因素，在红色研学课程设计上，韶山馆特别注重做好前期调研工作，全面了解掌握授课对象的特点，再针对小学、初中、高中等不同阶段的学生认知规律，确定课程主题、打造课程内容、创新授课形式，进行分众设计，形成红色研学课程小学版、初中版和高中版，例如针对毛泽东诗词的课程就分为小学版、初中版和高中版，主题分别为《毛泽东诗歌诵唱大会》《毛泽东的诗和远方》《长征——让我们勇敢去面对》。同时，为了了解不同地域学生的认知特点，韶山馆通过"研学送课下乡""研学送课进校园"等实践活动，分析对比贫困地区学生和城市学生对研学课程的接受度、认可度，并广泛听取师生对课程的反馈，针对反馈和建议，在内容和形式上进行调整和完善，确保课程的教育效果，真正实现因材施教、因人施讲。

充分结合时代需求，深入挖掘红色文物资源内涵，强调历史与现实相结合。韶山毛泽东同志纪念馆拥有丰富而独特的红色文物资源。韶山馆收藏有文物、文献资料 6.3 万余件，其中毛泽东主席珍贵生活遗物 6 400 余件，辖区包含有两个展区，"中国出了个毛泽东""风范长存——毛主席遗物展"等精品陈列，毛泽东同志故居、南岸私塾等 7 个旧址，这些文物资源大多具有唯一性、独特性，是青少年学生开阔眼界、增长知识、了解国情、进行爱国主义教育的重要教材。近年来，韶山馆围绕毛泽东主席的伟大历程，通过以物证史、以物叙事的方式，深度挖掘革命文物、重要历史节点、重要事件等背后的感人事迹，贯通历史与现实，充分结合新时代需求，将"红色种子"播撒在广大青少年学生心中的同时，更加注重引导他们自觉将爱国情、强国志、报国行融入坚持和发展中国特色社会主义、建设社会主义现代化强国、实现中华民族伟大复兴的奋斗中，充分展现毛主席生平和思想的历史价值、文化价值、精神价值和时代价值。例如，研学课程"补丁睡衣的本色"，从韶山馆的展陈文物毛主席的补丁睡衣出发，讲述毛泽东的节俭事迹，让学生真切感受一代伟人的勤俭风范，帮助学生理解艰苦奋斗精神的深刻内涵与时代价值，从而引导青少年在生活中戒奢侈浪费，不虚荣攀比，号召青少年继承毛泽东等老一辈革命家的光荣传统，牢记习近平总书记的殷切嘱托，发扬勤俭节约、艰苦奋斗的优良作风，赓续中华民族的精神血脉。这种通过联系现实讲授历史故事的方式，能更好地让青少年学生得到启发，汲取到奋进力量。

授课展教结合，形式多样，生动有趣。在授课形式上，韶山毛泽东同志纪念馆特别注重展教结合与交流互动，在设计研学课程时，通过"让文物说话，让历史说话"的方式，充分利用毛泽东同志故居、南岸私塾等旧址，陈列展览中的"毛泽东读书时用过的饭篮子""毛泽东的打了73个补丁的睡衣""毛岸英的照片"等文物，神舟十号返回舱等实物，长征雕塑、油画等艺术品，作为研学课程的"生动课本"。这些极具代表性和强烈感召力的物品，结合情景演绎、多媒体展示、交流互动等授课形式，让学生在实景感受中得到红色文化洗礼，激发思想共鸣。例如，在情景演绎环节，老师带领学生置身旧址故居，让学生分组演绎在旧址故居中发生的历史故事，老师根据演绎情况评选出最佳表演奖，并给予适当奖励，这个环节既能活跃课堂氛围，充分调动学生的兴趣和参与度，同时，在情景演绎过程中，学生也能对红色文化、历史知识有更直观的了解和深入的体会，可实现"一举多得"。

课程的设计呈现整体性、系统性。红色研学旅行一般时间不长，行程紧凑，要实现研学旅行的目标和教育效果，系统的课程设计十分关键。韶山毛泽东同志纪念馆注重馆校联合，强化行前行中行后的教学规划。针对行前教育，韶山馆开发了"数字展馆"和视频教学课程，由老师组织学生在红色研学出发前进行观看，让学生了解毛泽东主席的生平事迹及中国共产党的奋斗历程，熟悉了解红色韶山的自然地理、风土人情，提前做足功课，做好知识储备。针对活动中的课程设计，韶山馆首先规划研学线路，设定教学目标，然后进行课程设计，例如为了引导青年学生认真学习、树立正确的人生观、为民族复兴积蓄力量，设置的"为实现中华民族伟大复兴而读书""长征精神与民族复兴——汲取精神伟力，争当有为青年""为人民服务——汇聚实现民族复兴的力量"等课程，从鼓励学生认真读书到激励学生自觉树立起成为堪当民族复兴重任的时代新人的目标，课程内容层层递进，润物无声，触动着每一个学生火热的心灵。针对活动后的总结反馈，韶山馆制定了研学活动总结回访制度，具体包括由老师组织学生撰写一篇研学日记、选定一条座右铭、畅谈一次人生理想、设计一份生涯规划等拓展延伸活动，引导学生总结提炼研学感悟，巩固研学效果。同时，韶山馆通过问卷调查、电话回访等方式，了解掌握师生对研学课程的意见建议，以便及时进行课程设计的修改完善。这种整体性的课程设计，让整个研学实践教育活动达到"事半功倍"的效果。

整合各方资源，壮大课程设计的研究力量。韶山馆自 2021 年以来联合中央党史和文献研究院第二研究部，成功举办三季"韶山下的思政课"研学实践活动，邀请北京大学、清华大学、中国人民大学等国内知名高校博士研究生来韶山实地研学，并与韶山馆研究人员共同设计打造符合青少年认知特点的 60 堂思政金课，通过进一步的精心打磨，已有 32 堂课程实际运用到"我的韶山行"湖南省中小学生研学实践教育活动，有效实现文物资源单位与权威科研机构、教育单位之间的多主体合作，充分整合研究资源，产出了一批高质量研究成果。同时，韶山馆还携手湘潭大学共同申报并成功入选国家革命文物协同研究中心，2024年，研究中心围绕革命文物的保护、展示、管理、利用，设置"革命文物与红色基因传承研究""韶山革命精神研究"等 13 个研究课题，并发布课题征集公告。研究中心还组织开展了红色研学课件打造及研学授课比赛，旨在协同多方力量深入挖掘韶山红色文化资源内涵，提升红色研学课程质量，不断丰富、完善红色研学课程体系。

四、结语

"读万卷书，行万里路"是中国传统治学理念，而红色研学就是继承和发扬这一理念的有效实践。随着热度的持续攀升，红色研学已然成为国民教育体系中新的生长点，也成为实现全民素质教育的一个重要抓手，对名人故居纪念馆而言则是迎来了新的发展机遇与挑战。面对机遇与挑战，韶山馆充分发挥"为党育人、为国育才"的教育职能，牢牢抓住红色研学中的重点和难点，整合各方资源，深入挖掘革命文物内涵，紧扣青少年学生需求和新时代需要，不断完善和创新研学课程设计，努力提升教育效果，希望能为名人故居纪念馆红色研学实现高质量发展贡献力量，为名人故居纪念馆红色研学课程设计路径提供有益参考。

（刘思宇，韶山毛泽东同志纪念馆助理馆员）

空间与展陈

关于人物类展览策划工作的几点思考：从"此致·近你——名人家书展"策划谈起

黎洪伟　赵文浩　刘晶晶

2022 年，国际博物馆协会为博物馆赋予了新的定义："为社会服务的非营利性常设机构，它研究、收藏、保护、阐释和展示物质与非物质文化遗产。向公众开放，具有可及性和包容性，博物馆促进多样性和可持续性。博物馆以符合道德且专业的方式进行运营和交流，并在社区的参与下，为教育、欣赏、深思和知识共享提供多种体验。"在博物馆发展历程中，展览作为博物馆服务社会满足公众文化需求最为重要的载体之一，有效地促进了博物馆的功能的实现。作为展览的重要分支之一，人物类展览通过对代表性人物的事迹展示，让观众对人物的生平业绩、精神风范获得进一步的了解和认识，从而启发观众思考其中所蕴含的精神内涵和价值意义。

近年来，我国博物馆事业获得很大发展，博物馆展览在策展理念、内容表达、技术手段等各方面有了长足进步。新时代新征程上，紧紧围绕建成社会主义文化强国这一战略目标，名人故居类纪念馆如何承担自身职责使命，培育践行社会主义核心价值观，以优质文化产品满足人民精神文化需求，需要我们进一步激发行业创新活力，提高展览等各方面工作水平。本文从中国博物馆协会名人故居专委会策划主办的"此致·近你——名人家书展"这一案例入手，对这一展览的策划工作情况进行介绍，并就人物类展览策划工作提出思考和建议，或可丰富我国人物类展览的多元化的叙事方式、促进名人故居类纪念馆事业发展。

一、名人故居的现状分析

名人，是一种极为宝贵的不可再生也无法复制的文化资源。在社会发展历程中，名人是一个时期、一段历史的代表性符号，是文化的浓缩，涉及文脉的传承。名人塑造着我们对于历史、国家的共同想象，是中华民族千年文脉的重要组成部分。作为名人史迹与思想、精神等文化要素的历史见证和物质遗存，名人故居连接当下和历史，既是传承历史文脉、坚定文化自信、增强共同体意识的重要文化基因库；也是汲取先贤智慧和精神力量，弘扬中华优秀传统文化、革命文化，涵育社会主义核心价值观的重要教育基地；同时，也是满足广大人民精神文化需求，负责优质文化供给，推动文化创新的重要公共文化场所。在中国博物馆体系中，名人故居类纪念馆是非常重要的不可或缺的一部分。

近年来，在国家和社会的关注与支持下，在文博行业整体发展的大势推动下，我国名人故居类纪念馆事业获得了长足发展。相较于其他类型博物馆，名人故居类纪念馆在整体发展中体现出以下几方面显著特点。

第一，数量较大。在 2024 年 5 月 18 日国际博物馆日中国主会场活动上，国家文物局公布了 2023 年度全国博物馆最新统计数据，目前，全国备案博物馆共有 6 833 家。其中，有学者统计，目前我国人物类博物馆、纪念馆数量在 600 家左右，占全国备案博物馆总数的近十分之一。与此同时，在全国范围内，还有为数众多的未备案名人故居遗址遗存，尚未有相关部门或机构进行全面梳理。这些故居建筑，同样包含着丰富的文化资源、历史资源，随着我国文化事业的蓬勃发展，存在着活化利用、融入文博事业的巨大潜力。

第二，类型较多。名人故居既是一个整体类别，又具有很强的综合性和差异性。中华优秀传统文化、中国共产党领导的中国革命过程中形成的红色文化以及社会主义先进文化，在名人故居类纪念馆中共同绽放光芒。从人物类型上，可以分为革命先辈、道德师表、社会代表、文化巨擘、专业巨子、时代楷模等类型。从人物时代上，可以分为古代、近现代、当代等不同历史时期。从场馆性质上，可以分为公立博物馆和非公立博物馆。

同时，在名人故居类纪念馆中，还具有管理机制类型多样的明显特点。除文旅条线外，还存在着宣传、组织、纪检、统战等不同的管理类型和归口部门。这种类型的多样化，在丰富行业业态，促进交流互鉴的同时，也会带来各场馆职责任务和工作重点上的差异化，一定程度上增加了经验复制和业务合作的实际困难。

第三，分布较散。名人故居类纪念馆大多依托名人旧居而设立。很多名人故居地处小城远郊，周边缺少行政商业设施依托和文化旅游资源配套。部分场馆通过异地建馆、建立联系等方式解决这一问题。对于很多名人故居纪念馆来说，相较于往往地处市区核心区位的综合性博物馆，由于缺乏便捷的公共交通或道路设施，在吸引人流获得观众方面，存在着先天的不利条件。

第四，规模较小。与综合类博物馆和革命类纪念馆相比，名人故居类纪念馆在行政层级上相对较低，人员编制较少，财政支持也不十分充分，尤其是部分名人故居单位内部缺乏健全的部门设置和专业分工，难以支撑起博物馆的相应功能和定位，在社会教育、展览策划、学术研究上难以有效开展工作，仅能满足简单的观众接待。有些名人故居甚至大门紧闭，处于"失联"状态。

二、"此致·近你——名人家书展"策展实践

为充分发挥名人故居纪念馆独特优势，盘活人物类博物馆，特别是中小型场馆文化资源，提高行业参与度，自 2022 年 9 月起，陈云纪念馆作为中国博协名人故居专委会主任委员单位，联合专委会 70 余家成员单位共同策划并推出了首个行业性专题展览"此致·近你——名人家书展"。策展工作主要分为主题确定、内容组织和衍生产品打造三个阶段。

（一）寻找：策展先行，深挖主题核心

党的二十大报告提出，要推动家庭家教家风建设。家书是明志、说理、传情、谈事的私人书信，在中国人的家庭生活、家庭文化建设中发挥着非常特殊的作用。它既具有个人的私密性和亲切感，又是一个时代思想文明的传承，更是一个时代历史发展的见证。透过一封封家书，人们能够看到名人光环之下更加日常的一面，也能够更加真切地感受到他们信仰之坚定、对于国家强盛期盼之殷切。

名人故居专业委员会的会员单位有近百位所，纪念对象所处的时期不同、背景不同、经历不同、行业不同，但他们的身上都闪耀着中华优秀传统文化的光芒。要展现不同人物之间的共性，家书是一个能够体现各类型名人精神光芒，又能引起观众关注与共鸣的切口，因此，此次展览选择了家书这个核心载体。希望在文化的认同和情感的共鸣中，深化家风教育，推动马克思主义基本原理与中华优秀传统文化相结合。

（二）组织：优势联动，发挥矩阵效应

名人家书展，关键在人，不简单指存在意义上的写信人，更关键的是挖掘每一封家书背后建立在叙事逻辑基础上的精神内核。即用信中流露出的人的内心深处最真挚的情感去打动观众，用情感体现出来的优秀精神品质去教育观众。这些都建立在作为物质载体上的"书信"上，也建立在展览大纲上。因此，家书相关材料的征集及大纲的撰写就成了整个展览筹备工作的关键。

第一，广泛征集材料。在材料征集过程中，进行了三个阶段的家书征集工作，面向会员单位和其他全国名人故居类纪念馆发出文献藏品征集函近百份。为鼓励中小型名人故居积极参与展览策划，专门制定激励机制，对参与展览工作的场馆优先提供巡展资源保障。最终，共征集到70余家单位提供的近百封书信，为大纲撰写提供了坚实的基础。

第二，撰写展览大纲。根据这些家书资料，我们梳理出其特点：一是时间跨度大，二是涉及人物广，三是写作背景不一。因此，展品之间的逻辑关联至关重要。除关注展览整体与部分，即整体框架与各单元部分、各封家书的层次结构外，还需重点把握信件的情感联系。

为了更好地将不同情感清晰呈现在观众面前，经名人故居专业委员会及策展团队多次集中专题讨论，最终选定展览内容的呈现方式，即从写信对象的角度——父母（长辈）、爱人、儿女（晚辈）、兄弟姊妹分类，以写信的时间排序。在这一原则下，最终共收录来自73家场馆的84封名人家书作为最终的展览内容。展览分为禀告父母、寄情爱人、勉励儿女、关心兄妹、特殊家书五个部分，通过那些或长或短，或温情或豪迈的家书，希望让观众感受到书信者对国家强盛的期盼之切、对故乡和家人的牵挂之意，获得情感共鸣，汲取文化滋养。

第三，组织全国联展。在展览策划阶段，专委会就围绕展览的宣传推广工作进行多次专题讨论，形成工作方案。展览通过"联展＋巡展"的模式，优先在参与策展的名人故居纪念馆内举办联展，之后面向全国文博场馆、各界单位开放巡展。自2023年5月18日正式推出以后，展览先后走进陈云纪念馆、孔繁森同志纪念馆、陈毅纪念馆、重庆历史名人馆、邓小平故居陈列馆、丁玲纪念馆、刘少奇同志纪念馆、张澜纪念馆、冰心文学馆、张思德纪念馆、武汉革命博物馆、仪陇县文化馆、孙中山故居纪念馆、张闻天故居、彭德怀纪念馆、绍兴鲁迅纪念馆、大理市博物馆、上海市天平路街道、上海工艺美术职业学校等场馆、社区、学校，举办巡展近20场，在多地被纳入党纪学习教育、廉洁文化建设、家庭家教家风建设资源名录，全国范围内累计观展人数突破100万人次，成为全国名人故居委员会成员单位共同亮相发声的机会，打造成一张集体名片。

（三）演绎：品牌打造，拓宽展览外延

在推动展览走向全国的同时，陈云纪念馆深挖展览资源，持续推进主题深化与衍生演绎。打造了一套"1＋N"的展览配套文化产品孵化模式。其中的"1"，就是"此致·近你——名人家书展"品牌IP和内容资源。"N"，就是结合场馆特色和优势，打出包括文创、社教、宣传作品在内的组合拳。

依托"名人家书展"，陈云纪念馆于2023年4月起启动"名人家书馆"改造工程。利用馆区内原有的一座江南民居式建筑，将其打造成开放式体验空间，作为"此致·近你——名人家书展"的常设专题场馆。家书馆由序厅、聆听·家书、透过·家书、家书寻秘坊、家书文化等多重空间组成，通过氛围营造、艺术化陈列、互动体验等多种表现形式，丰富展览参观体验，让观众进一步直观了解名人家书故事，感受家书的文化内涵。

同时，在名人家书馆这一主题空间内，积极探索红色宣教新方式，推出一系列文化体验项目。进一步丰富展览内涵，提升观众的参与感与体验感，形成征集、展示、互动、传播相融合的开放式展览模式。

专题编创"此致近你·纸短情长"沉浸式情景党课。与传统党课相比，该课程在观众参与、互动体验上有着明显区别。以名人家书馆为体验场域，以主题研学活动为载体，观众通过听讲解、读信札、看视频、观实景短剧、做套印、致信未来、邮筒寄信、互动答题等体验方式，深切感受家书的文化底蕴和时代传承，实现观赏性、体验性、知识性、教育性的有机融合。

量身定制历史悬疑剧本游戏《云涌》。在游戏创作中巧妙融入近现代革命历史背景、练塘古镇文化特色和家书主题元素，充分利用家书馆特色空间和主题布置。在两个小时的游戏时间里，观众化身红色特工，群策群力破解谜题、保护同志、传递情报、铲除内奸。在寓教于乐，获得剧本游戏推理、悬疑、辩论乐趣的同时，可以更直观地感受革命先辈英勇斗争的惊心动魄和今日幸福生活的来之不易。

开展"探馆'名人家书馆'"主题宣传活动。与电视栏目"初心之地 光荣之城"合作拍摄家书馆特辑，以主持人实地探馆体验的第一视角，生动展示名人家书馆的文化底蕴和时代传承。节目于2023年12月18日起，持续通过移动电视在上海市公交、地铁等6万余视频终端播出，日均传播覆盖达2 000万人次以上。

同时，陈云纪念馆还与上海电视台、上海市民诗歌节组委会，以及上海、全国相关同行场馆深入合作，策划推出了一系列诗文诵读、家书展演活动，充分挖掘品牌内涵价值，扩大辐射外延，并结合巡展工作，将其中创作孵化的成熟作品进一步配送到更多场馆，让广大观众走近名人，让名人精神走进社会。

三、关于名人展策展与传播的几点思考

历史文化名人及其思想精神是一个民族的宝贵财富，是重要的文化遗产和资源。名人故居类纪念馆在传承历史文脉、讲好名人故事、培育社会文明中肩负着责无旁贷的重要使命。"此致·近你——名人家书展"是中国博协会名人故居专业委员会和陈云纪念馆在发挥专委会行业作用、创新人物类展览策展工作上的一次探索与尝试。在全国众多人物类博物馆（纪念馆）的大力支持、共同参与下，这一展览由"策"到"展"，从上海走向全国，取得了较好的社会影响，为相关人物类纪念馆讲好人物故事、展示名人精神提供了难得的机会和宣传平台。在展览的策划和推广工作中，我们对我国人物类展览的策展工作形成了以下几点思考。

（一）在主题策划上，要联结历史与当下，充分挖掘名人事迹思想精神的时代价值

名人不仅仅是一段历史、一个时期的文化样本。跨越数百甚至上千年，我们敬仰名人、纪念名人，很大程度上是因为名人事迹中所体现的思想精神与我们当下的社会价值仍然能够建立联系，让人产生共鸣。在人物类展览的策划中，不仅要展示人物的经历、成就，更要对人物精神特质有着更加深层次的思考与揭示，从与人物相关的丰富素材中找到与当下形势任务、社会价值最为契合的内容，让观众通过展览涵养精神力量、增强文化自信、找到行动榜样、获得心灵慰藉。通过发掘和阐释名人事迹思想精神的时代价值，让历史名人走出历史、走进当下。

（二）在展览叙事上，要平衡人物与事件，拉近观众与名人之间的距离

在业务工作中，我们有时会感到，有些展览以人物为主题，但人物似乎只是不同事件之间的串联线索；还有一些展览看似在说事，但透过事件始终能够感到策展者对于人的关注与思考。对人物展来说，人这一主题的存在，使其在贴近观众、引发共鸣上具有先天的优势。同时，人

物类纪念馆通过举办人物专题展览发挥学习人物精神、传承文化传统的作用，必须吸引观众来关注人物、了解人物，进而在心理上理解人物的思想与行动。国内人物展览，大多还是按照编年体框架，采用线性——因果叙事结构进行叙事。采用这一结构的优势在于时间脉络清晰，便于全面讲述人物生平，应该说是较为保险的展览叙事结构；但也容易造成主题不突出、平均用力、内容单薄，带给观众的观感是走马观花、千篇一律。

人物类纪念馆是联结古人与今人的文化场域。对于长期从事人物研究的纪念馆和策展人来说，拉近名人与观众的情感距离，首先要从展览主题立意出发，围绕人物塑造找到具有代表性、故事性的材料，通过剪裁（截取故事片段）、放大（进行重点展示）、组合（同主题内容的集中）、立体声（同一内容多形式表现）等叙事手段，还原人物的思想行为和历史选择，体现史实背后人物的思想动机和情感基础，让观众透过展览内容看到一个更加鲜活的"人"。

随着技术发展，新展陈手段的运用让我们在展览叙事上有了更多的形式。通过多媒体展示、互动体验、情景复原、艺术创作等技术手段，我们可以更加生动地刻画故事细节，在视、听、触、嗅等全方位体验中拉近观众与名人之间的距离。但技术手段并不是万能的，我们在利用新展陈形式的时候，依然要将人物形象的塑造和讲故事的理念贯穿其中，为展项创作立意注魂。

（三）在展览功能实现上，要统筹策展与配套产品创作，以创新文化产品形式满足广大人民群众的精神文化需求

随着经济文化水平的提升和社会形态的变化，作为重要的公共文化机构，新时代的博物馆（纪念馆）在社会功能、业务领域、工作形态等方面与以前的博物馆相比，产生很大不同。特别是社会科技水平的提升，引起了博物馆受众在内容接受需求和接受习惯上的深刻变化。其中，信息化和体验性需求，成为观众新需求中最为显著的两个特点。这也应该成为名人故居类纪念馆在展览策划之初便纳入整体考量的重要内容，以展览为核心，打造覆盖线上线下的专题性教育产品矩阵。

　　一方面，围绕观众信息化需求，通过加强媒体宣传、建设"云展馆"、开展"云导览"、推出深度科普文章、上线主题音视频作品等方式，打造"24小时永不闭馆"的网上展馆，满足观众在内容获取方面的便捷性、丰富性需求。另一方面，围绕观众体验感需求，加强社会教育产品及活动的打造，促进展览内容的二次加工、主题重奏，建立"展览＋仪式/研学/宣讲/体验活动"的常态化工作机制，将展览自身的系统性、客观性特点与社会教育产品的生动性、艺术性特色相结合，发挥线下展览在沉浸感、体验感和表现力、感染力上的独特优势，吸引观众主动走进场馆和接受教育。

（黎洪伟，陈云纪念馆党委书记、馆长
赵文浩，陈云纪念馆党政办公室副主任
刘晶晶，陈云纪念馆对外联络部馆员）

场景设计在革命类纪念馆基本展陈中的应用初探

钱　聪

场景设计又叫"景观陈列"，是从戏剧和表演艺术中发展而来的一种艺术形式。博物馆展览中的场景设计，大多是以实物、模型、雕塑、绘画、音响、照明等结合或单独使用，来表现特定主题的一种陈列方式。[1]这种设计不是简单地摆放展品，而是通过营造出具有故事性、沉浸感和互动性的场景，让观众能够身临其境般地感受展览内容，加深对展品或主题的理解和体验。随着博物馆事业的全面发展，全国红色纪念馆的数量不断增加，红色主题展览的内容和形式也在不断提升。尤其是在展陈形式上，在科技手段的加持和影响下，形式越来越多样化。而场景设计作为革命类纪念馆展陈的重要方式之一，在展览中也发挥着越来越大的作用。

一、场景设计应用于革命类纪念馆展览陈列的作用

在革命类纪念馆展陈设计中，场景设计是其中的重要一环。场景设计以丰富的交互形式给参观者带来多种有趣的体验，提升整个展陈的吸引力，增加观众的代入感。具体来说：

---

[1]　中国大百科全书出版社编辑部：《中国大百科全书·文物、博物馆》，中国大百科全书出版社 1995 年版。

第一，直观性地凸显展陈主题。展陈主题是场景设计需要表达的核心内容。展陈主题的提炼在革命类纪念馆场景设计中具有极为重要的作用。以革命人物类纪念馆为例，展览主题的定位必须与纪念人物生平业绩和个性特征相契合，通过明确的传播目标定位，向观众传达出人物的内在价值。也正因如此，场景设计的出发点必须以整个人物的成长环境、个性特征、历史地位等为依托，直观性地凸显整个展览主题。

第二，故事性地展现陈列内容。在经济全球化的背景下，文化变革愈加激烈，中国博物馆在传承文化记忆、融合多元文化以及助推文化创新方面发挥着越来越重要的作用。革命类纪念馆作为博物馆的重要组成部分，更应该在时代化的浪潮中，不断变革，开拓与社会、观众沟通的渠道，激发情感共鸣。其中，故事性的场景设计就是重要手段。用展览"讲故事"，借用展览中的各种设备、展品、物件，调节融合成包括视觉、听觉、触觉甚至嗅觉的综合整体，塑造出完整的"故事"，让观众能充分联系事件的起因、经过、结果或者人物的过去、现在和未来，更加深刻感受其中的深层意义。

第三，气氛性地烘托展陈氛围。对于革命类纪念馆来说，场景设计与其他类型的博物馆有相同之处，也有区别。其中最大的区别就是革命类纪念馆的场景设计更加注重环境、氛围的烘托和情感信息的表达，其他类型的博物馆则更加倾向于知识的普及与介绍。也正因如此，在革命纪念馆场景设计中，要充分考虑通过何种形式、何种设计来吸引观众、打动观众、激发观众、引导观众，强化观众对于场景空间的内在感受，给观众以沉浸式的体验，使得场景表达的内容、营造的氛围能更好地引起共鸣。

二、场景设计在革命类纪念馆展陈中的常见运用形式

场景设计是革命类纪念馆在展览中常见的一种展示形式，能够带领观众更加感同身受地去了解事件以及事件的来龙去脉。对于大多数纪念馆来讲，常见的几类场景设计方式大致有：

（一）故事场景的打造

故事场景的打造是革命类纪念馆最为常用的场景设计方式。它将背景画、半景画、造景、道具、雕塑、蜡像等展项巧妙融合在一起，形成多姿多彩的场景形式。通常来说，这种故事场景主要包括几种常见的设计方式：其一，场景还原。场景还原主要通过捕捉某个瞬间的生动气息，刻画特定的环境背景或演绎某个关键情节。通过巧妙地营造氛围，引发观众的共鸣，将他们带入一个更加生动和感性的情境之中。而革命人物类纪念馆中往往还会在场景复原中加入主题人物，进而鲜活地构建出整个展陈想要烘托的主题背景。其二，雕塑场景。主要是突出以雕塑为主体的场景形式，"通过生动地塑造单一或一群人的形象"，展现他们的生活状态和精神风貌，以此达到烘托并提炼出所表达内容的主题思想，突出展览主题，提升展陈吸引力和可读性的目的。其三，微缩场景。微缩场景主要是一种按照精确比例缩小的模型。它们常常被用来呈现宏大的场面并强调细节。这样一来，观众就可以在一定距离内欣赏这些微缩场景，更加全面直观地观察了解整个展示的重点。

（二）多媒体互动场景的打造

在场景设计中，还有一种常见的情景式互动，即以情境为场景，辅以互动的形式，增强观众感受。博物馆展览中的情境式互动，是将展览从一个以"物"为中心的陈列场所转变为一个以"人"为主体的交互场景。[1]尤其随着科技的飞速发展，这种互动场景的打造已经不再是单纯的文字和图片的堆砌，而是逐渐向数字化、互动化方向转变。革命类纪念馆中常见的互动场景主要有：其一，沉浸式空间。在革命纪念馆中，沉浸式空间设计为人们提供了新的体验和感知，创造了一种富有视觉吸引力和身临其境的氛围。

其二，全息纱幕。全息纱幕投影，是利用幕布来实现全息投影效果的一种技术。相比于传统投影，纱幕投影的屏幕材质更为特殊。一般采

---

[1] 谭奇：《身临其境：博物馆沉浸式交互场景的营造与设计》，《博物馆管理》2023年第3期。

用的是颗粒化纱线，可以有效地散射光线并产生特殊的折射效果。当幕布接受激光光束的照射时，会形成逼真的三维全息图像，呈现出立体的效果。

其三，AR互动。AR技术是一种将现实世界与虚拟信息结合起来的技术。即通过对人的视觉、听觉、嗅觉、触觉等感受进行模拟和再输出，并将虚拟信息叠加到真实信息中，给人提供超越真实世界感受的体验。AR的介入让纪念馆里的藏品"活"了过来，同时也能让参观者投入其中，与藏品进行更好的互动。

其四，裸眼3D大屏，主要是由3D立体现实终端、播放软件、制作软件、应用技术四部分组成，是集摄影、电子计算机、自动控制、软件、3D动画制作等现代科技于一体的交叉立体现实系统。在这一场景下，事物既可凸出于画面之外，也可深藏于画面之中，色彩艳丽、层次分明、呈现三维立体影像，具有较强的视觉冲击力。

其五，全息结构投影。全息结构投影技术是利用激光成像原理，将连续波激光分为参考光和物体光两路，在空间交会生成干涉条纹后再通过记录介质进行照相式记录，记录时光学材料中的图像信息以空间编码的方式被记录下来。通过光源发射激光，记录下来的物体图像经过照射，可以重现出一个质感逼真的三维实体图像，让观众真切感受到一个物品展示在眼前。

总体来说，场景化设计在纪念馆陈列展示中有如下特点：第一，沉浸式体验。即通过精心设计的布局、灯光和装饰，营造出具有代表性的场景，使得观众仿佛置身实际的环境，增强整个展览的沉浸感和参与感。第二，情境式营造。即通过模拟真实场景或特定场景，更好地呈现展品或主题的相关背景、历史、文化等，使观众在体验中更易于理解和感受展览内容。第三，故事式叙述。即常常以故事情节为主线，通过布置展品、陈列道具等元素，将展览内容串联起来，形成一个生动有趣的故事，引发观众的兴趣和共鸣。第四，多样式互动。即通过音效、光影、触感等多种感官的刺激，给观众带来更加丰富和深刻的体验，提高展览的趣味性和参与度，提升展览的吸引力和影响力。

三、场景设计在革命类纪念馆展陈中应注意的问题

（一）注重陈列主题与场景立意的呼应，突出政治性

展览主题的提炼在博物馆展陈设计中具有极为重要的作用。对于革命类纪念馆展览来说，展览主题就是在自身藏品研究与大量学术资料研究的基础上，"进行从现象到本质，从事实到概念，从具体到一般的高度概括、抽象和升华"，所提炼出的一个"能统领整个展览、个性鲜明、具有高度思想性"的人物定位。展览主题的定位必须与纪念馆场景设计的艺术表现和历史特征相契合，通过明确的传播目标定位，向观众传达纪念对象的内在价值。

以彭德怀纪念馆为例，展馆陈列主题为"谁敢横刀立马，唯我彭大将军"。这一主题不仅寓意着战争年代彭德怀不怕牺牲，横刀立马，勇为前驱，而且在和平年代面对错误思潮，他也毅然挺身而出为民请命，仍然横刀立马。这一主体既高度概括彭德怀作为战功卓著军事统帅的一面，又能反映彭德怀鞠躬尽瘁是人民公仆的一面，是他一生的真实写照。因此，在彭德怀纪念馆序厅，为了突出这一人物定位和展览主题，整个序厅的背景为彭大将军勒缰立马雕塑，威风凛凛的彭大将军端坐马背目视远方。而背景浮雕则为平江起义、会师井冈、长征岁月、卓绝抗战、保卫延安、抗美援朝等六大块巨幅画面。棚面则为一片动态蓝天白云多媒体天井，茫茫星空里叠加着从中国共产党建立人民军队到土地革命、全面抗战、解放战争等重要时期授予彭德怀元帅的勋章，熠熠生辉。整个场景布置紧紧呼应主题人物与展览主题。上海鲁迅纪念馆基本陈列则以"人之子"为展陈主题。一直以来，毛泽东主席对于鲁迅"三个伟大""五个最"的定性评价深刻影响着学界对于鲁迅的研究，而在各地鲁迅纪念馆展览中这也是一个不能动摇的人物主题定位。但上海鲁迅纪念馆则从人格塑造和独立精神的角度对鲁迅进行了全新的文化解读，将其定位为注重培养独立人格、注重个性发展的思想者，其文学创作、艺术推介、奋斗生涯都围绕着"立人"这一目的而存在和展开，主题高尚，线索清晰，使得整个展览立意焕然一新。因此，在整个陈列设

计中，有一面墙，精选了历年来国内数十位著名画家所绘鲁迅笔下人物图 1 500 幅，组成巨幅鲁迅像，长 15 米，高 4 米，设计突出展览主题，更令人震撼。由此可见，一个成功的革命纪念馆场景设计中，陈列主题与场景立意的呼应是不可或缺的关键环节之一。

（二）加强场景内容与场景形式的结合，突出特色性

新时代的场景设计要注重内容与形式的结合，展示内容主导展览的形式设计，而形式设计是为展示内容服务的，两者有机结合。这就要求纪念馆在展陈时，既要关注场景内容的准确性、权威性、可读性，又要关注表现形式，充分考虑角度、光线、视觉效果、展出形式的连贯与协调等各个方面，以此达到最佳展示效果。

以苏州博物馆西馆为例，开馆之际展馆推出的"技忆苏州"展，是对馆藏苏作工艺品进行的一次集中梳理和展示，进一步挖掘苏作工艺的文化内涵和审美价值。所以整个展览的设计，充分融合了苏式美学和人文意识。以展览中部分场景的色彩搭配为例，展览序厅以温暖的黄铜色过渡，接入清新典雅的天青色，并以太湖石形象设计序言墙。同时，整个展览巧妙设色，灵活运用中国古代传统色系，将天青色、藕色、黄铜色等运用于展厅空间，营造展墙即画面、展场即画境的效果。观众观展即如在画中游，凸显苏式文化韵味和浪漫诗意的审美追求，既彰显了展陈内容，又突出了苏州地方特色。

中共一大会址纪念馆则通过重点创意展览项目设计与艺术品和高科技多媒体手段相结合的形式，深化展览思想内涵。如在展览第二部分马克思主义传播单元，增加"陈望道翻译第一个中文全译本《共产党宣言》"的铜版雕塑和多媒体剪影场景，生动形象地再现了早期共产主义知识分子陈望道在家乡义乌寒冷的柴房中错把墨汁当红糖废寝忘食地翻译《共产党宣言》的感人场景。在展厅二楼的第三部分则设计了中共一大会议的白铜雕塑群像，并结合多媒体技术，在展示的主题和表现手法上进行创新和突破，成为整个展陈中最突出的亮点和重点，展览完美演绎了参加中共一大的 13 位代表的神态举止，给了观众一定的想象空间。

（三）适当采用多媒体技术，突出体验性

多媒体技术以其交互性、虚拟性、趣味性等显著特征，有别于传统博物馆的静态展陈方式，可以将展品的历史底蕴和文化内涵更好地展示出来，增加场景设计的吸引力，为纪念馆的发展注入新的活力。近年来，博物馆、纪念馆在场景设计中纷纷从场馆实际出发，结合展馆特色，充分利用多媒体技术提升场景吸引力。

以刘少奇同志纪念馆为例，展览中设置"一身是胆的刘代表"多媒体剧场，展项位于展线的第二部分，是第一展厅的高潮所在。展项内容根据"安源路矿工人大罢工"中刘少奇只身前往敌戒严司令部与敌人谈判的情景进行场景复原，设置硅胶人物群，通过人物表情、灯光、声音，采用多媒体显示屏播放电影《燎原》部分片段，通过敌人的趾高气扬与工人团结支援的画面对比，来展现刘少奇英勇无畏、沉着机智的革命精神，具有较强的感染力和画面震撼力。观众步入其中，仿佛穿越到1922年安源路矿工人大罢工谈判现场，获得较为真实的体验感。邓小平故居陈列馆的缅怀厅则加入"海阔天空"全景体验式缅怀，运用现代科学技术，植入中国传统诗画留白的意境，给人无限遐想、深思。整个场馆生动表达了"人民领袖人民爱"的情境。

可见，恰当的多媒体技术应用到纪念馆场景设计中，一方面使重点展项的主题思想更加完善立体，展品蕴含的背景、意义得到进一步的解剖、扩展和演绎，另一方面增强展览的表现力度、互动性和趣味性，调动观众的视觉、听觉、思维以及其他感官，丰富观众的参观体验，更好地发挥了纪念馆的文化宣传和社会教育功能。

（四）注重展陈氛围的烘托，突出艺术性

新时代展厅氛围营造已成为场景设计者考虑的重要因素。设计者竭力营造一种与纪念主题相一致的氛围，来增强革命类博物馆、纪念馆的庄重性、严肃性和政治性。以韶山毛泽东同志纪念馆为例，在场景中除了采用大量珍贵文物、历史照片外，还充分考虑陈列主题的需要，运用雕塑、油画、国画等多种手段，更加深刻、生动地突出场景设计中的重点。如，展馆序厅的中心是毛主席大型汉白玉雕像，取材于北京房山，

由北京军事博物馆著名雕塑家刘林设计创作。同时，序厅采用部分通透的形式，借景入室，使毛主席雕像与园林花木融为一体。序厅正墙为著名画家李如创作的《东方红》巨幅油画，画面壮观，气势宏大，给人以强烈的震撼。展厅中对于长征这一中国革命史上的壮举，则采取复合式的设计手法展现，如遵义会议旧址复原、四渡赤水多媒体演示沙盘、毛泽东在长征路上的旧址、著名画家陈坚创作的油画《晨曦》、大型组雕《红军不怕远征难》等，以诸多艺术展现方式，突出展陈内容。中共四大纪念馆序厅则采用主题圆雕《工农联盟》来烘托氛围。圆雕长4.5米、高2.9米，厚2.15米，在宽10米，长17米，层高6米的序厅空间中显得格外庄严大气，令人肃然起敬。中共四大纪念馆的核心内容是"对中国革命的一些基本问题进行了比较系统的探讨"，"在党的历史上第一次明确提出无产阶级在民主革命中的领导权和工农联盟问题"。所以在圆雕中，工人、农民居中，突出核心，知识分子、军人、妇女学生代表立于两旁，五个代表人物恰到好处地体现了中共四大的主题思想。在圆雕两侧的墙面，则构造了大气磅礴的创作浮雕——《风起云涌》，由两块长13米，高2.6米的浮雕构成一组。两组浮雕运用不规则外形嵌入，将"五四运动"、中共一大、中共二大、中共三大、国共合作、农民运动、中共四大、五卅惨案等一系列历史事件串联起来，让观众强烈地感受到历史瞬间，提升整个展览的艺术性和可观赏性。

总之，场景化设计作为新时代纪念馆陈列展览所常用的展示手段之一，能够为参观者带来更加丰富和深刻的参观体验，增强展览的艺术性、趣味性和教育性，在陈展中发挥着重要作用。

（钱聪，陈云纪念馆副研究馆员）

发掘名人故居资源，
加强时代价值阐释

——以"此致·近你——名人家书展"为例

钟　理

　　由中国博物馆协会指导，中国博物馆协会名人故居专业委员会联合70家会员单位及国内部分名人类纪念馆共同打造的《此致·近你——名人家书展》于2023年5·18国际博物馆日之际在陈云纪念馆展出，此后在孔繁森同志纪念馆、刘少奇同志纪念馆、武汉革命博物馆、上海市徐汇区天平路街道、上海工艺美术职业学院等多家文博场馆、社区、学校进行联展。近百封饱含感情的家书，向观众展示着长辈晚辈间、夫妻爱人间、兄弟姊妹间真挚的情谊。观众能从中直观感受到名人家书传递出来的温暖亲情与家国情怀。

　　这场"深情"的展览背后，是名人故居专业委员会会员单位间充分挖掘名人故居资源，加强地域、领域间合作，积极发掘名人故居资源，加强时代价值阐释的实践突破。从中得到的启示是：要从中国特色社会主义文化中汲取养分，充分发掘名人资源；结合特点密切馆际合作，加强资源的整合；以社会主义核心价值观为引领，加强时代价值阐释。

一、充分发掘名人资源——从中国特色社会主义文化中汲取养分

　　中国博物馆协会名人故居专业委员会2010年成立，主要由各类名

人故居、名人纪念馆、博物馆相关业务支持机构组成，宗旨之一是实现成员单位间的资源共享、优势互补。结合"名人"这一关键特点，在史料资源的共享上，需要充分考虑如何在各类型人物类文博场馆拥有的史料中找到一种共同载体，在展示各人物性格、气质的"独特"的同时，又能体现其精神、风范的"共性"。家书展便是深思熟虑之后进行尝试的产物。各成员单位经过讨论，最终将目标指向家书这一人类情感集中表达的载体，共同商定展览以百封家书为主题，深入挖掘名人资源。

家书是一种古老的交流方式，发展至今，文本的形制已经非常成熟，是我们了解缺少现代媒介手段的历史的直接渠道。并且，家书不同于文学作品需要艺术加工，一封家书体现的因素复杂而真实，这些因素有写信人自身的性格特征、个人经历、受教育水平，也有写信时的现实境遇与所处的社会环境。它记录的便是写信人在写信时发生的真实事件、真实感受，它因其真实表达而在文化基因库中占有重要地位，在如今信息爆炸的网络时代更显珍贵。因而，它可以作为历史记忆、情感记忆、文化记忆的载体，连接过去与未来。

同时，家书还是家庭教育的重要素材。"天下之本在国，国之本在家，家之本在身。"家庭，是社会的基本细胞，在国家发展、民族进步、社会和谐中起到重要作用，家庭教育得到良好发展对社会发展能够产生重要推动作用。党的二十大首次将"家庭家教家风"写入报告，指出，要"加强家庭家教家风建设"[1]。家书内容中关于教育的部分是通过"言传"的直接教化，是对家庭教育进行显性述说。通过长期重复与强调，这种显性述说会形成氛围与风气，对家庭成员带来潜移默化的隐性教育，久而久之，就会形成家庭范围内的特定行为方式——家风。家风对家庭成员的性格、行为、品质具有教化与塑造作用。家书因而成为家庭教育的重要渠道之一，家书—家风—家教相互促进的良好关系得以形成。

---

[1] 习近平：《高举中国特色社会主义伟大旗帜　为全面建设社会主义现代化国家而团结奋斗》，《人民日报》2022 年 10 月 26 日。

二、加强资源整合——结合特点密切馆际合作

（一）资源的分布特点

从现实来看，文物史料等文博资源主要藏于图书馆、档案馆、博物馆（纪念馆）。虽然作为存储与传递人类知识信息的文化机构，三者属性具有相似性，它们的设立也都是为了解决文化资源"'收藏和利用'的矛盾"；文献、文物等具有单一性、排他性的文化资源，一般是各馆专门收集的。即便在馆藏资源形式和内容一致的情况下，不同文化资源在不同馆藏中体现的社会职能也会各有侧重。各个系统内部的交流合作与资源整合相比系统之间要密切许多。如，图书馆系统内部信息资源共享以文化教育功能为基础、以数字图书馆工程为媒介；档案馆系统内部档案信息系统的建设，档案的相互调阅以档案存储、情报咨询功能为基础；博物馆系统内部展览接收与输出以社会教育功能为基础。图书馆、档案馆、博物馆（纪念馆）间的合作仍较为缺乏。以此次家书展的载体——名人家书为例，家书文本中就有来自上海档案馆、张元济图书馆等机构的馆藏信件。可以看到，名人家书的收藏不仅仅发生在专门性的名人故居、名人纪念馆内，它的分布具有空间上的分散性，各馆对家书的利用方式也存在差异。

当然，这种社会职能的分野并不能成为馆际交流的障碍，相反，正是社会分工的不同，决定了它们在文化资源上的互补性。社会职能不同只是针对特定人群的需要产生的分工，自然人们也能够根据现实的需要，将分工变成紧密的协作。事实也是如此，在进行资源利用的业务领域，图书馆、档案馆、博物馆中的文化资源存储存在相互交叉的部分，也就存在取长补短的优势互补的可能。所以，在实际业务开展中，充分融合图书馆、档案馆、博物馆文化资源，是扩展名人故居研究领域，提升社会影响力的关键。

（二）利用与新建常态化的馆际交流平台

名人故居专业委员会成立至今，已形成常务委员会议、年会、学术研讨会等经常性的馆际交流平台、机制，各成员充分利用这些平台，发

挥各馆资源优势和专业特色，加强了区域间的交流合作。但名人故居专业委员会的发展除了需要进一步利用好现有交流合作平台外，还要开展更多的专业交流活动。

首先是壮大名人故居专业委员会基础力量。通过吸纳更多符合条件的名人故居、纪念馆成为会员单位，进一步推进名人故居专业委员会工作的专业化发展。其次是建立更丰富的交流形式。交流合作不仅应发生在名人故居专业委员会内部、会员单位间，而且要积极向外扩展，寻求构建行业单位的共建共享共同发展的平台。再者是根据不同的交流合作主题，专门性地搭建平台，促成阶段性合作项目的顺利开展。名人家书展项目启动后，名人故居专业委员会按计划分阶段召开了专题会议，邀请专家学者共议推进。同时，以名人故居专业委员会主任委员单位陈云纪念馆为牵头单位，展览团队内部累计召开了十余次专题讨论会，共同商议展览工作的具体事项，对在展览筹备过程中出现的问题进行了及时有效的合作解决。

（三）资源整合上发挥灵感

名人家书展，关键在人，不单指写信人，而且包括挖掘每一封家书背后建立在叙事逻辑基础上的精神内核。即用信中流露出的最真挚的情感去打动观众，用情感体现出来的优秀精神品质去打动观众。这些都建立在作为物质载体的"书信"上，也建立在展览大纲上。因此，家书相关材料的征集及大纲的撰写就成了整个展览筹备工作关键中的关键。

家书文献的征集，由陈云纪念馆牵头，各名人故居、纪念馆及其他文博场馆积极配合，共进行了三个阶段的家书征集工作。第一阶段：专委会成员单位内部征集。共征集到 34 家单位提供的图文材料，内容涉及人物介绍、家书写作背景、家书手迹等。第二阶段：第一阶段所征材料的补充征集，其他文博单位家书材料的征集。第三阶段：家书材料征集的整体完善。最终，团队共征集到 60 余家单位提供的书信。三个阶段的材料征集，为大纲撰写提供了坚实的基础。

234

丰富的家书材料，为大纲的撰写提出了第一个难题：家书以什么角度进行分类？征集到的家书涉及的人物十分广泛，涵盖伟人、领导人、革命家、烈士以及文学艺术界、教育科技界人士等。策展团队充分分析家书人物广泛的特点，从"异"中找到"同"，提出：写信人身份职业虽有不同，但回归到家书"家"的本意，他们扮演的家庭角色无非是父母、儿女、夫妻。最终选定从写信对象的角度——父母（长辈）、爱人、儿女（晚辈）、兄弟姊妹出发，将复杂的人物关系的不同情感更为清晰地呈现在观众面前。

难题二：家书以什么顺序进行编排？在不同部分的内部，书信需要有一个合理的安排顺序。家书史料除了涉及人物广的特点外，还存在写作的时间跨度大、写作背景不一的特点。因此，需要格外注意史料之间的逻辑关联。除关注展览的整体与部分，即整体框架与各单元、各封家书之间的层次结构外，更要重点把握展出信件的情感联系。毕竟，信虽不同，情却相通。为此，策展团队前期讨论出两个内容顺序方案：一、按书信叙事内容排布；二、按书信写作时间排布。事实上，家书在叙事上，总与写信人写下信件时的背景、情绪、行为相关联，所以在事件的呈现上，也丰富多彩。将某封家书的主旨简单地用几个词来概括，这样会将家书的含义窄化，因此按叙事内容排序实践上不具可操作性。相反，采用家书写作时间来进行顺序排布，则更加符合公众的通常认知和历史知识结构，近代以来的家书精神也能丰富地呈现，观众易于接受知识和精神传递。

难题三：每封书信应展示哪些内容？合理的信息展示能够吸引观众的眼球，让观众产生参观兴趣与情感共鸣。策展团队将自己代入观众角色，想象观众的观展期待——了解写信人与收信人、家书的内容及写作背景，观看家书手迹，最终从中汲取"精神养分"。除上述基本信息外，同样能够推动观众情绪转变的一些信息，可以通过展览解说、网上导览等形式进行展示与显现。

通过不断沟通、交换想法、激发灵感，直至解决问题，展览最终得以呈现在观众面前。

三、加强时代价值阐释——以社会主义核心价值观为引领

（一）明确时代价值阐释的重要性

传递价值观念、实现价值引领是人物类文博场馆的核心任务。观众前往人物类文博场馆游览的原因纷繁复杂，有的出于学习体验，也有的出于打卡消遣。但不论观众的目的是什么，名人场馆应有的"价值引领"作用是其有别于其他类型文博场馆的突出特点，观众在名人场馆内也理应受到价值熏陶与引领。但文物史料不会说话，因此需要场馆主动地、创新地将观众与文物史料内含的精神连结在一起，加强内涵的时代价值阐释。

对此次家书展而言，名人家书在内容上表现为写信人的经历、心情、思绪等的叙述，而背后的故事，具有重要的史料价值；蕴含的人文精神，具有重要的教育意义。但以文字形式呈现的家书未必能够将自身的内涵直观地展现于人前。家书及其内容的选择必须与当今中国社会主流价值目标和道德标准相统一，与社会主义核心价值观相统一，传递积极健康的世界观、人生观、价值观。因此，将家书文化通过展览的形式融入社会主义核心价值观教育是此次展览的题中应有之义，也意味着，此次家书展的观众定位应是宽泛的，适合所有群体进行参观学习、领悟思考。

展览需要达到的社会效果，除了要打造主题突出、导向鲜明、内涵丰富的陈列展览精品，更需要以此为载体，让普通观众从名人家书中了解历史、感悟精神；让党员干部品悟家书中蕴含的高尚品德，锤炼党性提升修养，从长期来看，则需要让更多更广泛的传播媒介加入家风文化、红色文化的传播，持续营造学习先辈精神风范、弘扬主流价值观念的良好社会氛围。

（二）以社会主义核心价值观为引领

家风的形成与家庭所处的时代环境密不可分，新时代的家风需要在传承传统家风的基础上符合新的时代要求，融入新的时代元素，蕴含新的时代特征。二十大报告指出，"用好红色资源，深入开展社会主义核

心价值观宣传教育"。[1]现阶段，就是要以社会主义核心价值观为引领，用好红色资源，树立新时代的家庭观。

核心价值观是居于社会主导地位、引领社会价值走向的价值目标、价值取向、价值准则。社会主义核心价值观则是当代中国精神的集中体现，凝结着全体中国人民共同的价值追求。党的十八大将社会主义核心价值观的主要内容概括为三个层面，国家层面的价值目标——富强、民主、文明、和谐；社会层面的价值取向——自由、平等、公正、法治；公民层面的价值准则——爱国、敬业、诚信、友善。社会主义核心价值观充分体现了历史传承与时代发展的高度统一，它根植于中华优秀传统文化，具有中国特色，又符合马克思主义价值观的基本精神和特质，体现了社会主义的本质属性。

习近平总书记关于家庭家教家风的重要论述，深刻揭示了家庭与个人、社会、国家之间的关系，与社会主义核心价值观的三个层面高度契合。我们要把社会主义核心价值观中蕴含的价值引领，融入家庭教育，引导家庭成员把实现个人梦、家庭梦融入国家梦、民族梦之中，使其从一开始就成为人们的行为自觉。

（三）在展览"走出去"的过程中进行价值阐释与传播

展览的价值不只在于对史料的发掘与展现，还在于更广泛的价值赋予与阐释传播。

"此致·近你——名人家书展"首展在陈云纪念馆开幕后，宣传推广、配套社教等工作持续性地深入展开。名人故居专业委员会向各成员单位、支持单位进行了展览的宣介推广；对配套的社教工作进行了筹划输出。此外，陈云纪念馆还推出了"名人家书馆"专题展馆，通过氛围营造、艺术化陈列、互动体验等多种表现形式，深化藏品展示利用，丰富展览的内涵意义，延伸展览的实效，让观众更直观地感受名人家书的时代价值。

---

[1] 习近平：《高举中国特色社会主义伟大旗帜　为全面建设社会主义现代化国家而团结奋斗》，《人民日报》2022 年 10 月 26 日。

　　此次展览设计分为标准版与基础版两个版本，以适配不同巡展场地的展览需要。展览在巡展时，各馆、各单位可通过自定主题、自定形式来向观众阐释家书文化、传播红色精神。如 2023 年 6 月 28 日，名人家书展走进上海市徐汇区天平街道，便以"清风传家"为主题，挑选了 30 多位革命先烈、英雄模范、文化名人等关于"廉洁""自律"的书信。以纪念馆与社区合作的形式，结合展地实际，对家书展览进行了一次生动的演绎，也是对巡展的开放式展出模式和灵活适配的展览思路的有益探索和成效实证。同时，展览在各地开展后，专委会也与媒体进行深度合作，邀请主流媒体进行专题报道，提升宣传能级；各馆也在自媒体平台进行宣传，扩大展览的影响力和辐射面。巡展期间，展览同步以线上展览的形式在公众号上推出，满足了不同群体观众的观展需要。在这种专委会带领、各相关单位（团体、个人）主体间通力协作的合作方式下，从构思到展出全过程发力，才有了《此致·近你——名人家书展》的出彩呈现。

　　名人故居的珍贵史料、资源，是我们学习名人品格风范的生动教材，有利于中华优秀传统文化的发展与传承，有利于培育和践行社会主义核心价值观。未来，中国博物馆协会名人故居专业委员会将以更加积极主动的姿态，进一步用好名人故居资源，加强时代价值阐释传播，更好地传承弘扬名人精神风范，把精神力量融入社会主义伟大实践，帮助汇聚起实现第二个百年奋斗目标、实现中华民族伟大复兴的中国梦的磅礴力量。

（钟理，陈云纪念馆助理馆员）

论新时代文博场馆的策展理念与方式

——以名人家书馆为例

齐　晨

　　新时代下，人民群众对文化生活的需求越来越多样化。近年来，社会上兴起了参观博物馆、纪念馆的热潮，这要求文博场馆的策展理念和方式能够与时俱进，更好地满足人民群众日益增长的文化需要，吸引更多的观众走进文博场馆。许多展览不再局限于传统静态的展陈方式，更加注重打造互动式和沉浸式空间，让观众仿佛身临其境，从而挖掘和感受展品背后的故事，感受其中的精神意蕴。

　　面对文博行业的新趋势、新发展，陈云纪念馆作为中国博物馆协会名人故居专业委员会主任委员单位，挖掘名人类故居纪念馆的展陈特色与展示内容，联合专委会70家会员单位及其他类别纪念馆共同推出"此致·近你——名人家书展"，并以此展览为基础，特别打造了沉浸式、体验式的名人家书馆。本文就名人家书馆策展过程及经验收获进行论述。

一、展览主题选定应符合时代需要

　　展览主题是展览的主基调和方向标，主题的选定是至关重要的一步。展览主题应具有一定的社会价值和时代意义，能够引起观众对展览内容的共鸣。"主题思想为展览提供了核心内容和展示框架，能够引导观众深入了解文物的历史背景和文化内涵。因此，确定一个恰当的主题思想对于博物馆文物陈列展览至关重要，无论是文物的数量和类型、展览的时空范围、目标观众群体，还是故事性与连贯性均需要考虑在内。"[1]由此可见，展览主题的选定应结合各方面情况，策展人员应当以综合的、发展的目光考虑选题。

名人家书馆以"家书"为主线，最终将主题确定为"此致·近你——名人家书展"，正是充分考虑到时代和社会的现实需要，以及观众的情感需求。该主题的确定主要有以下几点考量：

（一）丰富观众文化体验，发挥文博场馆的社会作用

通过专题性、情感性的展览，丰富观众的文化体验，打造文化片区。练塘古镇素有"三色练塘"的美誉，"三色"即红色文化、古色江南、绿色文化。近年来，陈云纪念馆挖掘陈云少年时期的成长经历，沿陈云故居东西两侧，开发了一条集红色、古色、绿色于一体的特色文化创意街。此次布展家书馆，能够丰富文化创意街的内容和形式，提升练塘老街的吸引力，挖掘城市底蕴，为观众提供更加多样的优秀文化体验，满足观众的多元文化需要。

策划推出人民群众喜闻乐见的新展览，是文博场馆的职责所在。策划打造名人家书馆，是为了更好承担起举旗帜、聚民心、育新人、兴文化、展形象的使命任务，推进社会主义精神文明建设，发展社会主义先进文化。

（二）传承优秀家风文化，加强家庭家教家风建设

中国家书历经千年发展演变，逐渐形成独具特色的家书文化，成为中华传统文化的重要组成部分。党的二十大报告提出，"弘扬中华传统美德，加强家庭家教家风建设"。透过名人家书，我们可以深刻感悟他们坚定执着的理想信念、深厚浓郁的家国情怀、矢志不渝的崇高精神，激励自我在明大德、守公德、严私德中踔厉奋发，不负韶华、不负时

---

[1] 程亚茹：《博物馆文物陈列展览的策划与应用》，《文物鉴定与鉴赏》2024年第2期。

代、不负人民。

名人家书馆以名人家书为主线，让观众通过一封封家书了解背后的历史文化、革命精神和血浓于水的亲情。从古至今，家书都是传递情感的媒介，在历史的长河中，它传递了亲人之间的思念，又见证了社会的变迁和文明的演进。当观众翻阅一封封书信，看到或遒劲或娟秀的字体，读到或昂扬或温柔的话语时，纸上的文字便带领大家穿越时空，去感受写信者的情感，去体会收信人的期盼。

"天下之本在国，国之本在家。"家庭是社会的基本细胞，是人生的第一所学校。养小德才能成大德，加强家庭家教家风建设，推动形成社会主义家庭文明新风尚，契合新时代发展的要求，更有利于社会和谐、民族复兴。习近平总书记强调，要在家庭中培育和践行社会主义核心价值观，引导家庭成员特别是下一代热爱党、热爱祖国、热爱人民、热爱中华民族。名人家书馆以丰富生动的内容吸引人，更应当具有触动心灵的力量，发挥积极的教育意义，推动优良家风的传承和弘扬。这些家书，是我们学习名人品格风范，特别是进行家庭建设的生动教材。

二、展览内容结构应具全面性、逻辑性

展览内容应当具有清晰的逻辑脉络，突出展览的核心主题，策展人应当将各自独立、碎片化的内容信息进行整合，使观众能够没有障碍地了解展览的叙事表达和情感意义。"与其他传播媒介相比，纪念馆传播具有传播信息载体的实物性优势、传播内容的权威性优势、传播内容的完整性优势。与新媒体力求简短而将革命文化信息碎片化处理不同，纪念馆在特定主题下构建出相对完善的知识体系和完整的叙事表达，可以更全面深入地展示革命文化中蕴含的红色基因。"[1]

（一）展览内容结构应具有逻辑性

对展陈内容应当进行专题化分类。展览内容应按照一定的原则进行

---

[1] 刘燕：《新时代背景下革命纪念馆实现高质量传播的探索与思考》，《中国博物馆》2023 年第 6 期。

排列，比如根据时间顺序、地理区域等规则进行划分。以名人家书馆为例，历史上留存下来的家书浩瀚无穷，种类多样，我们不可能罗列全部家书，必须在这些信件中理出逻辑线索，梳理出脉络，筛选出具有代表性和时代价值的名人家书来展示，以达到感悟家书文化，传承优良家风，树立正确价值观的目的。策展人员在商讨家书应当如何分类时，曾给出两种方案。第一种是依据家书内容、表达的情感来划分，比如思乡情、爱恋情、舐犊情、家国大义等。第二种是依据写信的对象来划分，比如写给父母、爱人、子女、兄弟姐妹等的信。最终展览选用第二种方案并进行完善，将家书分为五类——禀告父母、寄情爱人、勉励子女、关心兄妹、特殊家书，在此基础上，也形成名人家书展的大纲框架。

（二）展览内容应具有全面性、广泛性

展览内容应当丰富全面，单薄的内容无法全面展现主题的内涵。名人家书是本次展览的内容支撑，挖掘家书背后的感人故事和真挚情感，完成展览大纲的撰写等，都是在大量家书的基础上才能够实现的。因此，名人家书的广泛征集工作是重中之重，也是这个展览顺利开启的关键。陈云纪念馆作为承办单位，在中国博物馆协会名人故居专业委员会和国内部分名人类纪念馆、档案馆、博物馆等单位的大力支持下，于2022年底启动家书材料征集工作，征集内容涉及家书手迹图文资料、家书写作背景等，最终征集到近百封书信材料。

在撰写展览大纲的过程中，策展人员选取近现代史中的领导人、烈士与文学艺术家、科学家、先进人物等的家书，用以展现不同时代、不同身份的人物家庭故事，以及他们的奉献精神和伟大志向，使观众能够直观体会到名人家书的时代价值。

三、展览形式应具有创新性

随着技术手段的发展，展览的形式也更加丰富多样。策展人员应当不断创新展陈形式，运用好新技术、新理念，打造沉浸互动式的展陈空间，使展览更具感染力。"博物馆的展览内容应该具有多样性和独特性，以吸引观众的注意。通过探讨内容设计策略，确定展品、陈列方式和展示手法，使展览呈现出丰富多元的历史面貌，展示不同时期、不同主题和不同地域的文物，提供更全面的理解历史的角度，对于打造丰富有趣的展览、实现教育启发目标、提升观众体验以及传承历史文化都具有重要的意义。这样的探讨可以引导博物馆策展人员和相关专业人士更好地策划和组织展览，以更好地满足观众的需要和期待。"[1]名人家书馆的布展工作，正是在传统展览的基础上进行尝试性创新，旨在打造沉浸式、互动式的空间，营造兼具江南雅韵和家庭温暖的名人家书馆。

（一）营造主题氛围

展览内容与展览所在的建筑如果能够交相呼应，就会取得事半功倍的效果，展览主题氛围的营造会更加充分。比如苏州博物馆的建筑设计，融合江南水乡的韵味与历史发展，与其展陈相得益彰。

名人家书馆的选址充分考虑建筑风格与展览主题之间的联系。在上海市青浦区练塘镇陈云故居旁，有一座古色古香的江南小楼，这正是吴开先旧居。这座建筑建于民国年间，坐南朝北，砖木结构，院内还有一棵树龄百余年的白玉兰。经过实地考察，吴开先旧居周边风景朴素淡雅，小桥流水，这座建筑本身就曾是住宅，具有家的气息。策展人员多次来到吴开先旧居，考察现场环境，为设计布展方案做好充分准备。最终，选定此处作为名人家书馆，布置"此致·近你——名人家书展"，展陈面积约 360 平方米。

（二）丰富办展模式

展览不应局限于展板、展柜之间，策展人员还可以拓宽展览模式，运用好数字技术、场景还原等方式，并打造 IP、举办文化沙龙等。

在名人家书馆的筹备过程中，策展人员从多角度考虑如何丰富展览模式，如，着重营造家书 IP，与文创企业联动，举办家书文化沙龙等；打破传统静态的办展模式，以互动开放式的办展方式贴近和吸引年轻观众，打造沉浸式展览，打造一个打卡地；设置家书主题多功能剧场；考

---

[1] 程亚茹：《博物馆文物陈列展览的策划与应用》，《文物鉴定与鉴赏》2024 年第 2 期。

虑运营的需要，包括如何宣传、如何策划研学活动、如何进行文创设计等。

（三）打造沉浸式空间

许多展览开始运用新的多媒体技术等，让观众能够身临其境，使观展体验更加具有沉浸性。名人家书馆结合动与静、过去与现在等元素，用适当的多媒体烘托氛围，遴选、提炼书信的重要内容融入展陈空间。

名人家书馆着重突出家的氛围，让观众进入这个空间后，能够体会到家的感觉，而不是有距离感的展厅展柜。这给场馆布展指明了方向：打破观众与展厅二元对立的相处方式，让观众能够获得沉浸在家书中的体验，通过岁月的文字，与写信人、收信人实现心灵的对话。在展馆一隅，中式书桌上摆放着笔墨纸砚，长长的走廊墙壁上悬挂着名人家书，观众凭栏而立，还能欣赏到百年白玉兰树饱经风霜的树枝上抽出的嫩叶。

最终名人家书馆得以呈现出如下效果：

场馆分为"序厅""聆听·家书""透过·家书""家书寻秘坊""家书·文化"五部分，既融合了江南水乡的特色，又融入了家的元素，着重营造温情雅致的氛围，打破传统办展模式，打造互动沉浸式空间。

序厅采用光影结合的手法，以写给父母、儿女、同志的三张信纸作为背景，镜面屋顶悬挂瀑布般倾泻而下的文字条幅，营造人在信中游的体验。地面上光影浮动的流水投影烘托江南水乡的氛围，并且引入三种不同的花来呼应展厅的主题：用康乃馨代表对父母的祝福，用君子兰表示对革命先烈的钦佩，用向日葵象征积极向上的人生。近百封家书写于春夏秋冬四季，所以序厅内大屏循环播放视频——家乡的四季之景，烘托回家的感觉。

"聆听·家书"展厅采用多媒体互动大屏，用影音视频形式展示多封家书，生动立体展现家书背后感人至深的故事。其中重点展示的信件有四封，分别是赵一曼写给儿子的信、俞秀松写给父母的信、陈觉写给妻子赵云霄的信、陈云写给女儿陈伟华的信。展厅墙面全部覆盖名人家书以及写信人的家庭合影，以书信墙的形式集中展示家书背后的历史岁月。

"透过·家书"展厅集中展示写给父母、爱人、儿女、兄妹等的名人家书手迹和相关史料，用以传承优良家风家训。整个空间由家书的不同形态组成，用家书形状的展板构成群山的形象，翻卷的家书扑面而来，近百封书信在这里集中展示。

"家书寻秘坊""家书·文化"展厅为互动体验空间，观众能够通过互动答题、录制家书音频、套印盖章、致信未来的自己等方式深度体验家书文化。

（四）展览应重视互动体验

"在展陈设计中，可以考虑通过创造性的布局、叙事性的展示手法来引发观众的情感共鸣。同时，可以设置交互式的展品或展示方式，让观众参与其中，增加他们的主动性和参与感。"[1]名人家书馆专门设有互动体验项目，在这里观众不仅可以看名人家书手迹、听家书故事，还可以深度体验家书文化。

寻一组答案：依托名人家书内容，馆内专门设置了趣味答题活动，观众可以在答题装置上回答家书相关问题，在展馆内寻找答案线索。读一封家书：名人家书馆设有家书朗读区域，同时也会推出名人家书诵读音频征集展示活动。通过声情并茂的诵读，重温感人故事，缅怀革命先烈，传承优良家风。名人家书馆还专门留出一整面墙的空间打造书架，用来陈列名人书信集、名人传记、家风家训类、思想研究类书籍，游客闲暇时刻可以在此看书，了解更多书信背后的故事。写一封书信：在名人家书馆的尾厅，策展人员专门摆放了笔墨纸砚，观众可以一边欣赏窗外练塘老街的古景，给家人或者未来的自己写一封书信，投递到名人家书馆大门外的邮筒。从鸿雁传书到电子邮件，文字的传播方式发生了变化，但文字中的情感依旧动人心弦，书信中展现的理想信念历久弥新。

四、策展总结

集思广益，整合资源优势。我国有着丰富的家书资源、深厚的家风文化，传承好、利用好这些优秀文化资源有利于建设社会主义精神文

[1] 樊欣：《浅谈博物馆展陈手段和技术》，《文物天地》2024年第3期。

明。办好这场展览，策展团队需要对家书资源进行系统调研，挖掘近现代史上的名人所写家书，列好家书清单，从宏观上、整体上初步了解名人家书资源。展览选用的家书，策展人员都反复考量，选取能够挖掘到写信背景的书信，这样才能让观众了解这封家书的来龙去脉。陈云纪念馆作为牵头单位，与名人故居专业委员会及全国部分文博场馆积极联络，促进馆际交流，实现文博资源的整合和合作共赢，最终汇集了近百封家书。做好这次展览，离不开兄弟场馆的通力协作和大力支持。

加强沟通，交换创意想法。思维的碰撞、想法的交换是策展过程中必不可少的环节。每个人都有不同的审美角度和看待问题的视角，在创作的过程中需要有不同观点的碰撞，由此打开新思路，以开放包容的态度去学习新经验。除了团队内部多次沟通交流想法，还应当学习借鉴其他场馆优秀的办展经验，通过实地调研走访等方式开拓视野。只有这样才能避免墨守成规，在传统办展思路之上开拓创新，跟上时代发展的步伐，吸引更多观众驻足这场展览。

精益求精，注重细节打磨。一个展览的诞生，从撰写大纲、设计稿，再到施工布展及后期运营，每一个环节都需要策展团队秉承精益求精的态度来对待。细节决定成败，对于文字措辞、图片选用、设计理念、布展细节等，策展团队需要进行多次研讨、反复修改，使各方面臻于完美，始终保持着旺盛的工作热情和负责的工作态度。唯有如此，才能将各种创意想法变成现实，达到预期的展览效果。

薪火赓续，传播优秀文化。随着社会的发展，文博场馆展览的呈现形式和内容品类日益多样化，沉浸式场馆持续吸引众多游客前来参观打卡。面对人民群众日益增长的文化需要和传承优秀文化的历史责任，文博工作者应当守正创新，坚持正确政治方向，坚定文化自信，深化学术研究，创新展览展示，推动文物活化利用，推进文明交流互鉴，守护好、传承好、展示好中华文明优秀成果，为发展文博事业、为建设社会主义文化强国不断作出新贡献。

（齐晨，陈云纪念馆助理馆员）

浅论新建区县级中国现当代名人展馆内容策划

张克令

一、引言

本文探讨新建区县级名人展馆在内容策划方面的策略与实践。通过系统性概述，从展馆策划的理论框架、名人选择、生平成就展示、展品组织等方面就内容开发提出整体方向。展览主题分区、互动体验设计、展馆空间布局、数字化档案等展览设计问题也在文中有所探讨。最后，阐述名人展馆在文旅融合等方面的预期成果，并对展馆的持续发展作些许思考。本文旨在为区县级名人展馆的内容策划提供一种理论和实践的参考，推动地方文化的保护传承，激发公众对优秀文化的兴趣和追求，促进区域经济社会发展。

（一）背景介绍

在中国广袤的国土上，无论是经济发达的沿海城市还是内陆的小城镇县域，中国现当代史中，存在着各种各样的文化遗产和历史名人遗迹。这些名人在文学、艺术、科学、哲学、政治、军事等各个领域做出过杰出的贡献，是地方文化的精神象征和骄傲。然而，由于缺乏有效的保护和传播，很多宝贵的文化遗产和名人事迹正逐渐被人们遗忘。区县级中小型名人展馆的建设，与大型综合博物馆相比，其地域性、本土性更加明显，更需要突出地方文化特色。因此，在策划过程中，如何发掘和彰显当地独特的历史文化资源，体现鲜明的地域印记，是一个重要考量。

名人的事迹和精神可以激励启发当代人，尤其是年轻一代。名人在坚韧不拔、百折不挠的奋斗历程中树立了远大的理想，形成高尚的品德，这些宝贵的精神财富对于培养当代青年一代的价值观和人生态度具有重要意义。通过生动有趣的展览形式，让观众身临其境般地感受名人的风采和精神，必将产生潜移默化的教育影响。

（二）研究意义

在全球经济一体化的大潮下，地方文化的保护与传承显得尤为重要。区县级名人展馆的建设有助于发掘本土文化的独特魅力，彰显地方历史文化的独特个性。纵观世界，像巴黎卢浮宫、纽约大都会艺术博物馆这样享誉全球的顶级博物馆，其实都起源于小型的私人藏品陈列室。因此，建立区县级名人展馆不仅是弘扬本土文化的重要基石，更是培养和发现潜在文博事业的孵化基地。

除了文化传承，名人展馆还可以促进当地旅游业的发展。以文化和人文景观为卖点，是目前旅游业发展的大趋势。一个专业水准高、内涵丰富的展馆必将成为吸引游客的文化旅游 IP。而旅游业的兴旺发展也将进一步推动展馆事业的发展，这是一种文旅融合的良性循环。

总之，区县级名人展馆的建设不仅是对地方文化的重视和传承，更是当代文明建设的重要内容，它为地区发展注入新的活力，让世人加深认识和了解名人承载的地方文化和精神内核。

二、展馆策划的理论框架

（一）博物馆学理论

名人展馆属于专题博物馆范畴，其内容策划需要遵循博物馆学的基本理论和方法。主要体现在以下几个方面：

真实性原则。现代博物馆学强调真实性不应仅限于实物展示，还包括对历史环境、文化语境的再现，让观众获得更完整的体验。同时也需要注重解释性陈述的真实性，避免刻板印象和误解。真实性是展馆建设的生命线。展陈的内容必须有史实或物证为依据，确保展览的权威性和公信力。在呈现方式上，应尽量采用原物原件，对于无法呈现的内容，也要尽量以复制品、影印件、人物相关图片等方式予以展现。例如泰特现代艺术馆（伦敦）的展陈就很好地诠释了真实性原则，除了展示艺术家的经典作品外，还对作品产生的文化语境、艺术家的生活环境进行了细致的场景再现，让观众身临其境。

系统性原则。展陈内容要与整体主题高度关联，形成有机的叙事体系，而非简单的拼凑。可以借鉴叙事理论，通过精心设计的情节和细节，将零散的展品编织成环环相扣的故事情节。展馆内容不应是个别、零散的陈列，而应该按照一定的主题或逻辑顺序，有机地编排在一起，形成完整的知识体系。观众可以通过系统化的参观，对名人的生平和事迹有一个全面而深入的了解，以史叙事，以事带人，以人见精神。例如北京故宫博物院运用叙事方法，生动讲述故宫悠久而丰富的历史文化故事，引导观众沉浸其中，产生共鸣。

教育性原则。展馆除了向观众呈现知识，更重要的是启发观众思考，激发他们对于名人事迹及其所蕴含的时代精神和人生哲理的理解和感悟。因此，展览设计可以借鉴建构主义学习理论，通过有意义的情境创设，让观众在动手实践中建构知识。需要采取多种形式的互动体验和情景再现等手段，让观众在参与的过程中受到潜移默化的熏陶。例如上海自然博物馆在展览设计、内容编排、互动体验等方面，体现建构主义方法，为观众营造一个寓教于乐的科普体验空间。

吸引性原则。展馆除了满足专业人士和文化爱好者的需要，还应吸引更广大的公众群体。因此在展陈形式和内容编排上，需要讲究视觉冲击力、角度新颖独特，引发大众的浓厚兴趣。可以借鉴当下流行的新科技手段，如虚拟现实、增强现实等，力求打造沉浸式展览体验。

（二）受众分析

展馆的受众通常是多元化的，因此策划时需要对目标受众群体进行细致的分析和划分，这是制定具体展陈形式和内容的前提。主要可以从年龄、教育层次、职业背景、兴趣爱好等角度进行分析。例如，针对学生群体，可以设计更多互动性、游戏化的展项，内容则以通俗易懂、发人深思为主；针对老年人群体，展陈应结合他们的生活阅历，以富有年代感和怀旧体验见长；而对于专业人士和学者群体，则需要提供学理性较强、学术含量较高的内容。

（三）功能定位

名人展馆功能定位的重点在于明确自身的核心定位，是以教育启迪功能为主导，还是侧重于娱乐体验功能，抑或两者并重。以教育启迪为主的展馆应该更多地传达名人事迹及其所蕴含的思想精神和人生哲理，引导观众反思人生价值，树立正确的世界观和价值观。展陈内容需要具备较强的学理性、思辨性，展览形式上也应注重互动性和参与性，深入浅出，启发观众主动思考。

而侧重娱乐体验的展馆，则需要更多地考虑观众的视听感受，以引人入胜、妙趣横生的展陈方式，提供身临其境的沉浸式体验。技术手段的运用将更加突出，如虚拟仿真、全息投影、4D影院、生成艺术等，让观众在娱乐中获得知识。内容则需要讲究创新和视觉冲击力，同时也要兼顾趣味性。

两者并重的展馆需要在内容和形式上精心设计，寓教于乐。可以将枯燥的理论知识通过游戏化的呈现方式生动活现；采取情景再现等体验方式，让观众在娱乐互动中潜移默化地接受熏陶。总的来说，展馆的功能定位直接决定了策划的方向，必须根据自身定位来调整具体的内容设计。

三、名人选择与内容开发

（一）名人选择标准

在名人展馆展览的内容策划中，选择合适的名人是基础和关键。区县级展馆的受众以当地民众为主，因此在名人的选择上除了应符合对地方或国家有显著贡献、在社会文化中有重要地位、与地方有深厚联系等标准外，还需要考虑其故事的时代性和独特性。这不仅有利于强化观众的身份认同，更能体现地方文化的独特魅力。

优先选择那些在特定历史时期有重大影响、体现了时代特征的名人，他们的经历往往更能引发观众的共鸣。同时，一些有独特人生经历、励志传奇的名人的故事也更易吸引观众的兴趣。此外，可以选择同一历史背景下的不同代表人物，通过对比展现不同的人生态度和价值观，启发观众对于不同选择的思考。

（二）生平与成就

详细展示每位名人的生平和成就是内容策划的核心。生平陈述应该注重全面性，除了大家熟知的事迹外，还要展现他们鲜为人知的一面，如个人爱好、性格特点、家庭生活等，让观众更全面地了解这些名人。展示通常有年代叙事和事件叙事两种模式。年代叙事按照时间线梳理名人的生平，有助于观众全面系统地了解其一生；事件叙事则是围绕几个关键转折事件展开陈述，更富戏剧和冲突感。两种模式各有特色，可以根据具体情况运用。此外，还可借鉴人物传记写作手法，通过第一人称视角讲述、日记体形式等，增加故事性和代入感。

在成就方面，除了列举他们在专业领域的重大贡献外，还需要分析这些成就对社会产生的深远影响。比如，对于军事名人，可以对其重大战役做细致再现，将实景、虚拟实境、全息投影等多种技术手段融合，让观众产生身临其境之感；对于艺术家来说，则可以将创作脉络以动画形式生动呈现；对于科学家，重点陈列其思想嬗变和实验过程。关键是还原事件发生的真实语境，诠释事迹的内在价值。通过具体生动的案例，让观众充分认识到名人精神的价值所在。

（三）展览内容形式

展览内容形式多样化，有助于观众更好地了解和感受名人的风采。实物展品应该选择具有代表性的个人物品，如书信手稿、使用过的文具等，这些日常用品都能激起观众对名人生活的想象。而一些具有里程碑意义的实物，如获奖作品、牺牲时的武器装备、发明创造的实物模型等，则可以集中展示在单独的展区，凸显其重要性。

文献资料的呈现手段也可以多样化，除了常见的图片文字解说外，还可以通过多媒体视频、动画等形式，将枯燥的文字资料活灵活现地展现出来。艺术作品方面，可以系统展出名人生前的代表性作品，包括手稿、原作等，并配以深入的艺术解析，令观众从更高的层面领略名人的艺术造诣。此外，也可以根据名人的事迹和故事进行画作和雕塑等艺术品的创作，通过艺术形式呈现名人的精神境界。

四、展览策划与布局

（一）主题分区

主题分区设计应根据内容特点以及展示人物的具体情况，动态调整分区策略。一种方法是按照不同的历史时期进行分组，突出名人事迹与时代环境的联系；另一种则是按照名人的专业领域分区，将同行的名人并列展示，以凸显同类人物间的渊源影响。

此外，还可结合不同的主题进行分区，比如"改革先驱""卫国战士""文化瑰宝""建设英模"等，每个主题内收纳有关名人的资料。分区的主题既不能太过宽泛，也不能太过狭隘，应选择富有张力、形象生动的主题，以激发观众的参观兴趣。

（二）空间规划

在内容策划阶段，需要初步根据展馆的实际现场空间环境条件构思，遵循循序渐进、由浅入深的原则，以确保观众有个良好的参观体验。对于新建的区县级展馆，空间规划需要特别考虑未来发展的扩展性，预留一定的空间余量，以便日后根据实际需求进行功能拓展。可以将展馆分为几个由小到大的空间层次：先是总览性的导览和序厅区，然后进入专题展厅，如果展示面积足够大，最后可以设置特展区和临时展览区。

导览和序厅区域宜布置在入口处，以简洁的文字、图片和实物静态展示，也可以结合多媒体展项，营造整体内容参观前的情绪氛围，向观众概括介绍整个展馆的主题和安排，为后续的参观导航。之后的专题展厅则是重头戏，按照时间、主题或名人个体分区，每个区域内都有自成体系的陈列布局。

特展区和临时展览区的设置有利于展馆持续孵化创意，保持活力。特展区可以针对某一主题或名人进行深度探讨，临时展览区则可用于呈现与主题相关的新发现、新作品等内容，从而不断引入新的观展体验。

（三）互动展览设计

展览不应局限于静态的观看体验。在内容策划阶段，需要挖掘适合进行互动展览设计的展示内容，以便于后期的制作。通过融入虚拟现实（VR）、增强现实（AR）和沉浸式多媒体环境，展览可以变得更具互动性。设立特定的互动区，如利用 VR 技术重现历史名人的关键生活场景或通过 AR 技术让观众在原有环境中看到历史事件的全息投影，这些应用不仅能提高观展的沉浸感，也能让观众在参与中获得更强的教育意义。

3D 全息成像也是一种不错的选择，可以通过图像的叠加重现历史事件的真实画面，比如将建筑学家最著名的建筑以全息投影的形式展现出来，观众仿佛置身其中。此外，还可以根据展陈内容设计手机应用程序（App）或机器人讲解员，为观众提供个性化的讲解服务。

现代的各种新技术应该被合理应用于展馆展陈中。展馆可考虑建设虚拟展厅，通过云端或应用程序（App）远程展示部分内容，吸引无法现场参观的公众。数字孪生技术也可以建立一个与展馆高度贴合的数字场景，让观众能在线上提前了解和体验展馆。

（四）数字化档案

随着信息时代的到来，数字化档案是名人展馆内容管理和更新的必然趋势。相比传统的纸质档案，数字化档案具有保存更安全、传播更便捷等显著优势。展馆应该建立完整的数字档案系统，将各种形式的文献资料、视频影像、艺术作品以及实物扫描件等内容进行数字化保存。

在存储方式上，可采取云存储、IPFS 分布式存储等方式，确保数据安全性和高可用性。同时，还需要制定标准的数据格式和元数据标准，保证档案内容的一致性和可控性。数字化档案不仅能够为展馆内容提供长期保存和备份，也为资源在线共享和利用提供了便利。观众可以通过展馆网站、应用程序等渠道，远程浏览和学习这些数字化内容。

此外，数字化档案还能为展馆运营和研究工作提供强有力的支撑。工作人员可以借助大数据分析等手段，洞悉观众的参观习惯和需求，为展陈内容的优化和活动策划提供决策依据。学者和研究人员则可以直接访问这些宝贵的数字素材，为相关研究工作提供源头资料。

五、文化传播与教育功能

（一）教育项目

展馆应围绕主题开展多种形式的教育活动，将展馆的文化内涵和教育功能予以充分发挥。这些具体的教育项目，都要围绕展览的内容进行发散性展开。常规的教育项目包括专题讲座、研习班、亲子活动等。其中，亲子活动对于向下一代传播优秀的文化精神意义重大。可以借鉴一些成功案例，如设计寓教于乐的互动游戏、情景剧等，让孩子在有趣的体验中潜移默化地接受熏陶。

对于青少年和成人观众，可以开设专题研习班，就名人生平事迹、思想主张以及所处的历史背景进行深入探讨。通过讲解员的专业讲解、嘉宾学者的学术分享，让参与者全面了解名人的精神内核，汲取其中的智慧和人生哲理。

教育活动的形式亦可多种多样，例如举办书法、绘画、戏剧等艺术体验活动，让观众动手实践相关技艺，更深刻地感受名人的事迹和精神。此外，每年也可定期举办相关的征文比赛、演讲比赛等，通过群众的广泛参与，传播和弘扬名人精神。

（二）文化传播策略

对于任何一个展馆或者博物馆，如果缺乏有效的宣传和传播，无论其内涵如何丰富精彩，也难以为外界熟知。优秀的展览内容，是展馆文化传播开展的基础，制定合理的文化传播策略是不可或缺的。

首先，建立自身的新媒体矩阵，包括官方网站、微博、微信公众号、抖音号等。通过这些渠道，及时推送展馆的最新资讯、活动预告、精彩瞬间等，与公众保持良性互动，持续吸引关注。

其次，可以与当地其他文化机构、景区景点开展合作，相互推广、打包销售，增强整体文化旅游产品的吸引力。例如与当地著名寺庙、古镇等景点合作，推出"地域名人＋人文景观"的组合套餐，让游客在欣赏自然人文之美的同时，领略名人精神的内蕴。

再次，与主流媒体、自媒体等进行良好沟通对接，邀请其对展馆进行采访报道，通过媒体渠道扩大知名度和影响力。还可考虑举办一些文化活动和展览，借助活动的新闻价值吸引各大媒体的关注。

最后，重视展馆周边的线下宣传工作，除了常规的海报张贴、三折页宣传单派发外，还可以参加一些年会、行业活动，更直观地向大众展示展馆的特色。

六、持续发展

（一）项目成果预期

名人展馆的建设和运营，最终目标是在文化传承、教育启迪和带动地方发展等多个层面产生积极的影响。具体来说：

文化效益方面，展馆将进一步挖掘和彰显地方文化独特魅力的展示内容，使之在全国乃至世界得到传播。它保留和展示重要的文物文献，传承珍贵的历史记忆。同时通过抒发主题，弘扬优秀的价值观念和人生理念，推动社会主义核心价值观的培育。

教育效益方面，展馆向公众更全面、更生动地呈现名人的生平事迹，使观众对这些杰出人物有更加深刻的认识和理解，从而汲取其中的人生智慧和价值追求。更重要的是，它能激发大众对于优秀文化的兴趣和追求，引导人们树立正确的人生观和价值观。对于青少年而言，展馆更是良好的校外教育基地。

经济效益方面，展馆的建设将吸引更多的公众前来参观，带动区域旅游产业的发展。同时，它还将在展示内容的基础上催生出诸如纪念品开发、文创产品设计等产业，为地方经济增添新的动力。展馆的运营对当地来说也将成为一个新的财政收入来源。

（二）持续发展策略

展馆的建设和运营是一个长期的、系统的工程，需要制定科学的发展战略，确保其能够保持旺盛的生命力，持续健康发展。

首先，内容策略。无论是展陈内容还是教育活动内容，都必须与时俱进、与社会发展相适应。及时跟进学术研究的新进展，不断丰富和完善展陈内容；同时密切关注社会热点和大众需求的变化，及时推陈出新，保持内容的新鲜度。

其次，硬件提升策略。展馆要保持对新兴科技的高度敏感，及时吸纳运用各种先进的展陈技术和手段对展示内容进行阐释演绎，如人工智能（AI）等，提升展陈的科技感和沉浸体验。硬件的定期升级将为观众提供更加身临其境的观展体验。

再次，宣传策略。展馆要根据受众群体的变迁和偏好变化，及时调整宣传思路和传播渠道，采取更加贴近大众的宣传方式，与时俱进地提高吸引力。可以借助短视频等新兴热门形式，对展馆内容和特色进行包装和营销。

最后，人才战略。展馆的持续发展离不开人才队伍的建设。针对性地聚拢研究型、管理型和服务型等不同类型的专业人才，建立科学合理的展馆内容策划发展机制。同时也可以与高校院所、专业展陈设计公司建立良好的合作关系，充分利用外部资源，不断补充新鲜血液。

结语

展馆作为地方文化传承与发展的重要纽带，内容策划质量事关其社会功能的发挥。区县级名人展馆建设是一项复杂而系统的工程，需要策划人员对博物馆学理论有深入的理解，对地方文化内涵和发展需要有清晰的认知和挖掘，并具备创新思维和跨学科整合能力。项目启动阶段，要组建项目团队，明确各自的职责和任务。进行初始需求分析，包括对目标受众的深入了解和展馆主题的确定。详细策划阶段，依据需求分析结果，制定详细的展馆内容策划方案，包括人物确定、展品选择、展览策划、互动技术的应用、后期运营等。每一项决策都应详细记录，包括其背后的逻辑和预期效果。期望通过本文的抛砖引玉，能够为相关部门提供参考借鉴，共同推动地方文化的保护弘扬，增强区域文化软实力，为经济社会高质量发展贡献力量。

（张克令，上海美术设计有限公司文案策划）

文旅与发展

文旅融合背景下名人故居纪念馆的发展路径研究

——以陈云纪念馆为例

张瑜璐

2024 年，中国已形成全球最大的国内旅游市场，成为国际旅游最大客源国和主要目的地。全国共有 A 级旅游景区 1.57 万家，其中 5A 级景区 339 家，国家级、省级旅游度假区 854 个，景区数量不断增多，类型更加多元，市场规模增长。同时，旅游业发挥强大的综合带动作用，全国 A 级旅游景区带动就业总数超过 1 000 万人，2.26 万个扶贫重点村发展乡村旅游，红色旅游赋能革命老区发展……然而，随着经济发展和人民群众生活水平不断提高，以观光为主的旅游已不能满足人们的需求。在全球化和知识经济的背景下，文化旅游逐渐成为人们满足精神文化需求的重要方式。名人故居纪念馆承载着丰富的文化内涵和历史价值，逐渐成为吸引游客、促进地方经济可持续发展的关键要素。

一、文旅融合和名人故居纪念馆的概述和定义

（一）文旅融合

2018 年 3 月，第十三届全国人民代表大会第一次会议批准了《国务院机构改革方案》，方案中明确提出组建文化和旅游部，我国由此开启了文化和旅游融合发展的新阶段。文旅融合即文化和旅游产业相互的融合，是指将文化资源与旅游资源相结合，通过文化创意的融入，提升旅

游产品的文化内涵和品质，同时借助旅游的推广和传播，促进文化资源的保护和传承，实现文化与旅游的相互促进和共同发展。其核心意义在于推动文化与旅游的深度融合，使旅游不仅仅是简单的休闲观光，更是一种文化的体验和传播。

（二）名人故居纪念馆

名人故居纪念馆是旨在向世人展示、纪念各个领域杰出人物的场所，承担着传承和弘扬优秀文化的责任，它收藏并展示与这些名人相关的物品、图片、文字资料等，让观众更加全面地了解这些杰出人物的生平、成就和影响力。通过举办展览、讲座、研讨会等活动，向公众普及相关知识，提高公众的文化素养和审美水平。同时，名人纪念馆也是进行爱国主义教育、历史教育的重要基地，对于培养青少年的爱国情感、历史意识具有重要作用。名人纪念馆是连接过去与现在的桥梁，是传承文化、弘扬精神的重要场所。

二、在文旅融合背景下，名人故居纪念馆在发展中面临的问题

（一）展示方式单一，缺乏互动体验

大部分名人故居纪念馆的旅游开发还停留在图片展示、物品陈列等静态且单一的层面，内容单调、故事情节少，游览缺乏参与性、体验性。游客在参观过程中往往只能被动接受信息，无法与纪念馆产生深度互动，导致游览体验不够丰富和深刻。

（二）资源整合不足，缺乏区域联动

现有的名人旅游项目大多依托单一故居或纪念馆为载体独立开发，未有效整合周边自然资源优势，未充分形成区域联动。这导致名人文化游的"线"和"面"结合不够紧密，缺乏整合力度，集群效应低。游客在参观时往往只能局限于纪念馆内部，无法充分体验周边地区的文化氛围和自然景观。

（三）产品吸引力不强，市场知名度有限

大部分名人故居纪念馆的旅游产品吸引力不强，仍处于"养在深闺

人未识"的状态。这主要是由于纪念馆在产品开发上缺乏足够的创新和特色,无法满足游客的多元化需求。同时,纪念馆在市场推广和宣传上也存在不足,导致市场知名度有限,游客数量增长缓慢。

(四)配套设施不完善,影响游客体验

部分名人故居纪念馆在配套设施方面存在不足,如公共服务设施(如厕所、残疾人通道、休息区域、便民服务等)不健全,导致游客在参观过程中感到不便。此外,一些名人故居纪念馆还存在场馆规模偏小、陈展内容与方式受限等问题,进一步影响了游客的参观体验。

三、在文旅融合背景下,名人故居纪念馆的发展路径的初步探索

(一)多元文化体验

每座名人故居文纪念馆都有其独特的文化价值和特色资源,如珍贵的文物、感人的历史故事、独特的建筑风格等。名人故居纪念馆作为展示历史文化的重要窗口,将名人的生平事迹、思想成就和文化遗产呈现给游客。在发展过程中,名人故居纪念馆需要找准自身定位,深入挖掘这些优势资源,形成独特的文化 IP 和品牌特色。通过举办主题展览、特色活动等方式,将纪念馆的文化内涵和特色资源充分展示给游客,提升游客的参观体验和认同感。

1. 展览:重现历史,展现风采

围绕名人的生平事迹、思想贡献,设计一系列主题展览。通过珍贵的历史文物、文献资料、影像图片等,重现名人的生活环境和社会影响,利用现代科技手段,让游客仿佛置身于那个时代。

2. 宣讲:讲好故事,加强传播

名人故居纪念馆承载着丰富的历史文化和人文故事,这些故事是激发游客爱国热情、传承历史文化的重要载体。因此,名人故居纪念馆需要注重讲好故事,通过精心策划展览、深入解读文物、加强讲解员队伍建设等方式,将名人故居纪念馆的历史故事和文化内涵生动、形象地呈现给游客。同时,还可以利用新媒体平台,通过短视频、直播等形式,

将名人故居纪念馆的故事传播给更广泛的受众，增强文化的感染力和传播力。

3.讲座：学术交流，深化理解

邀请专家学者或名人的后代举办讲座。讲座内容可以涵盖名人的思想观点、艺术成就、社会影响等方面，为游客提供深入了解名人的机会。组织文化交流活动，如读书会、研讨会等，邀请游客和当地居民共同参与。通过分享、讨论和互动，促进不同文化背景的人群之间的理解和交流，增强游客对名人的文化认同。

4.演出：活态传承，演绎文化

在特定区域或建筑内，策划实景演出，如名人的生平事迹剧、历史场景再现等。通过演员的精湛表演和场景布置，让游客仿佛亲眼见证了名人的重要时刻，感受到历史的厚重和文化的深邃。结合当地旅游的传统文化和民俗风情，邀请当地艺术家或团队进行传统艺术表演，如戏曲、舞蹈、音乐等。这些表演不仅展示了本土的文化魅力，也融入了名人的故事和精神，让游客在欣赏艺术的同时，感受到文化和旅游的相互融合。

（二）文创产品开发

文创产品是名人故居纪念馆展示利用文化资源和旅游资源的重要载体，也是拓展产业链条、增加收入来源的重要途径。名人故居纪念馆可以结合自身特色和文化内涵，开发具有独特创意和实用价值的文创产品，如纪念品、文具、服饰、饰品、实景演出等，也可以根据特定展览推出与展览相呼应的文创产品。这些文创产品不仅可以满足游客的购物需求，还可以作为传播名人故居纪念馆文化的媒介，进一步提升名人故居纪念馆的知名度和美誉度。

1.实物产品设计

围绕名人元素这个创作主题，结合当地文化特色，设计制作一系列的文旅纪念品。"到博物馆参观，想买一个博物馆的符号或相关的一个元素，那是你对博物馆体验后产生的认同和收藏。"所以设计制作的文旅纪念品不仅应具备名人的个人元素，如经典形象、代表作品、名人名言等，同时又可融入本土的文化符号，如建筑风格、民俗文化、传统工艺等。如此一来，每一件文旅纪念品，都可以让游客在触摸中感受到名人的气息和本土的文化底蕴，承载旅途美好记忆。

2. 区域产品联动

名人故居纪念馆与本土文旅相互融合的产品联动模式，背后是一种文化旅游产业融合发展的策略，旨在通过开发具有名人元素和本土特色的文化旅游产品，实现产业间的联动发展。这种模式不仅能够丰富旅游市场的产品种类，提升游客的购物体验，还能促进地方经济的多元化和可持续发展。

3. 线上线下互补

利用互联网平台进行线上展示推广，将文旅产品推向更广阔的市场。同时，在纪念馆与本土景区内设立实体店铺或展示区，为游客提供便捷直观的线下体验。通过线上线下融合的方式能够拓宽市场渠道，实现资源共享、优势互补，形成产业合力。同时，注重品牌塑造和营销推广，通过举办产品发布会、参加旅游博览会、开展网络营销活动等方式，提升文旅品牌的知名度和美誉度。

4. 提升互动体验

提供个性化定制服务，满足游客的个性化需求。游客可以根据自己的喜好和需求，亲身参与名人主题纪念品或当地元素手工艺品的制作。在当地景区内举办与名人元素和当地特色相关的文化体验活动，如：名人历史角色扮演、手工艺制作等。通过参与这些活动，游客能够更深入地了解名人和当地的文化内涵，提升旅游体验的层次和深度。

(三) 数字化融合模式

利用现代信息技术手段，如虚拟现实、增强现实等，游客可以在家中通过 VR 和 AR 技术提前感受名人故居纪念馆和当地文化的魅力，也可以在现场通过 5G 智能物联网和无人驾驶或航拍技术享受更加便捷、舒适和个性化的游览体验服务。这种融合不仅为名人故居纪念馆和当地的可持续发展注入了新的活力，而且提升了名人故居纪念馆与当地文旅在线上线下的体验度。

1. 虚拟现实技术（VR)

利用 VR 技术创建名人故居纪念馆以及当地的高精度三维模型，通过互联网为公众提供远程的线上体验。在 VR 环境中融入互动故事元素，使得网络用户在佩戴上 VR 设备后，可以通过选择不同的路径或作出决策来影响故事的走向，深入了解历史名人和本土文化，仿佛置身于历史的长廊之中，时空穿越般地享受沉浸式的游览体验。同时，在名人故居纪念馆设立 VR 体验馆作为线下辅助，为游客提供 VR 现场体验的机会，增强实地游览的趣味性和互动性。

2. 增强现实技术（AR)

游客通过扫描二维码可以在手机等电子设备上获取名人故居纪念馆和当地文化的相关信息，包括历史介绍、文物解说等。同时，AR 技术还可以实现与虚拟角色的互动对话，甚至已损毁的历史建筑和场景，还可通过 AR 技术进行虚拟复原展示，重现历史原貌。

3. 5G 智能物联网

通过 5G 智能物联网技术收集景区内的环境数据（如温度、湿度、人流量等），实现实时监控和智能调度，提高管理效率和服务质量，为游客提供更加舒适和安全的游览环境。基于大数据的个性化推荐，利用大数据分析游客的行为和偏好，为其推荐个性化的游览路线和文创产品。游客通过公众号可以更加便捷地了解最新的信息咨询和线上互动。

4. 无人驾驶技术

在名人故居纪念馆和当地周边投放"无人驾驶接驳车"，游客可以通过手机 App 预约车辆并规划路线，享受全新、舒适的出行体验。在指定区域内配备"无人驾驶游览车"，让游客在车上享受 VR 体验的同时，欣赏沿途风景。还可在停车场内增设智能泊车和寻车导航的服务，减少游客寻找停车位和路线的时间和精力。

四、文旅融合背景下名人故居纪念馆的实践案例

作为陈云纪念馆的一名馆员，笔者有幸在此前工作中和同事们一起参与见证了陈云纪念馆展览与练塘镇当地文化相融合的实践，为游客提

供了更加丰富、多元的文化旅游体验。

（一）背景介绍

陈云纪念馆位于上海市青浦区练塘镇，是展示陈云同志生平事迹和革命精神的重要场所，为国家一级博物馆。练塘镇拥有1 100多年的历史，是古代江南闻名的商业集镇，以独特的江南水乡风貌和丰富的历史文化资源而闻名。

上海产业转型发展研究院通过自动化全网采集、数据库调用、指标权重确立、云计算等方法对上海市165座博物馆相关数据予以统计，并发布"2024上海市博物馆社会影响力指数（MII）"。该指数评估体系由七个指标构成：知名度、传播度、参与度、融合度、服务度、转化度、区域博物馆影响力。陈云纪念馆在上海市的革命纪念类博物馆排名中位列第7。

排名	博物馆名称	MII	总榜排名
1	中共一大纪念馆	92.797	5
2	上海市历史博物馆（上海革命历史博物馆）	92.114	11
3	中共二大会址纪念馆	91.833	13
4	上海鲁迅纪念馆	91.765	15
5	上海宋庆龄故居纪念馆	91.354	21
6	上海犹太难民纪念馆	91.023	32
7	陈云纪念馆	90.808	36
8	上海淞沪抗战纪念馆	90.806	37
9	中共四大纪念馆	90.805	38
10	国歌展示馆	90.419	43

（二）融合实践

1. 红色文化研学产品

陈云纪念馆积极探索以文旅融合推动红色文化传承弘扬的有效途径，推出多种红色研学新产品。例如，"此致近你·纸短情长"沉浸式情景党课和"主题教育系列专题党课"等活动，党课活动设在位于练塘镇本地的吴开先旧居内，通过沉浸式体验、背景带入、情境演绎等形式，让学员在参与中感受红色文化的魅力。这些研学产品不仅提升了陈云纪念馆红色研学品牌的"深度""温度"和"高度"，还吸引了大量党员、群众前来参与，满足了他们对理想信念、家国情怀、革命文化的学习需要。

2. 本土漫步与文化体验

陈云纪念馆红色文化与练塘镇本地文化相结合，推出了 TOWN-WALK 本土漫步体验。游客可以沿着本地的青石板路，漫步在古色古香的建筑之间，感受江南水乡的独特韵味。同时，还可以参观陈云故居、名人家书馆、评弹艺术馆、长春园等特色场馆，深入了解陈云同志的生平事迹和当地的历史文化。在这种模式下，游客不仅能够接受红色文化的熏陶，还能在本地的日常生活中体验到江南文化的独特魅力。

3. 文化活动与节庆

陈云纪念馆和练塘镇还联合举办了一系列文化活动和节庆活动。例如，"当红色文化邂逅传统文化"——行走的大思政课系列活动，通过文物展情怀、故事述伟人、旗袍秀展示、评弹表演等形式，将红色文化与优秀传统文化紧密结合起来。这些活动不仅丰富了游客的文化体验，还促进了红色文化和优秀传统文化的传播与传承。

4. 打造文创产品品牌

打造"韵＋文化"品牌。为了给游客提供更舒适悠闲的休息场所，陈云纪念馆推出了"韵＋coffee·tea"咖啡馆，游客参观纪念馆后可以在这里喝杯咖啡小憩片刻。与咖啡馆一墙之隔的长春园是练塘镇最早创办的一批评弹书场，也是陈云小时候听"蹙壁书"的地方。如今的长春园依旧用做评弹书场，每周五举办"邂逅江南雅韵，相约评弹小镇——长春园评弹体验活动"。游客可以在品尝咖啡的同时，欣赏到多种经典唱腔的评弹表演，在感受传统戏曲的魅力的同时，体会到优秀传统文化与现代生活的交融。

5. 效果与影响

陈云纪念馆在文旅融合实践上取得了显著成效。一方面，红色研学产品的推出吸引了大量游客前来参与，提高了陈云纪念馆的知名度和影响力；另一方面，本土漫步与文化体验活动也让游客在轻松愉快的氛围中接受了红色文化的教育熏陶。这种文旅融合模式不仅促进了当地经济的发展和旅游业的繁荣，而且进一步展现了红色文化和江南文化的独特魅力。

五、结语

习近平总书记指出："文化产业和旅游产业密不可分，要坚持以文塑旅、以旅彰文，推动文化和旅游融合发展，让人们在领悟自然之美中感悟文化之美、陶冶心灵之美。"在文旅融合的大背景下，通过深入挖掘文化内涵、创新旅游产品与服务、加强宣传与推广以及推动跨界合作与融合发展等措施的实施，可以进一步提升名人故居纪念馆的知名度和影响力，为当地经济发展注入新活力。

（张瑜璐，陈云纪念馆助理馆员）

文旅融合背景下名人故居的
价值意蕴与发展思考

富稚钧

习近平总书记在文化传承发展座谈会上强调，中国式现代化赋予中华文明以现代力量，中华文明赋予中国式现代化以深厚底蕴。华夏大地，文脉千古，灿若繁星的名人巨匠成为中华优秀文化的鲜活载体。在文旅融合的当下，一座城市的文旅"出圈"需要有高辨识度的城市文化。这是城市的灵魂，也是城市发展的重要动力。名人文化是城市文化中最具特色的印迹，名人故居则是触摸文化记忆的重要载体，成为城市品位和文化高度的重要标志。

一、名人故居在文旅融合下的价值意蕴

在文旅融合视角下，为更好表达城市文化载体的内涵，需要从三重空间来阐释名人故居的价值意蕴。

其一，名人故居是文化空间。历史文化名人是城市的骄傲，是宝贵的资源，名人故居是一方强化守望过往认同感、瞻望未来使命感的净土，也是塑造文旅品牌的重要 IP 地址。当下的旅游形态从过去追求山水风光、身心休闲的度假型，逐渐转变为越来越关注精神层面获得感的体验型，旅游包含的文化性、内涵性显著增强。"真理的味道非常甜"，义乌分水塘村的小小柴房定格了陈望道误吃墨水的时刻，人们在陈望道故居里汲取信仰的力量。还有那些出现在课本里的人物、场景和故事，

吸引人们前往：去井冈山，看毛主席曾居住的八角楼和朱德的扁担；去绍兴，看鲁迅的三味书屋和百草园，听"故乡"的社戏……人的"故"事、"居"的气息，让名人故居成为城市最具辨识度的标签。"一旦人们想到哈姆雷特（Hamlet）曾经生活在这个城堡里，这个城堡所发生的变化不就令人感到奇怪了吗？作为科学家，我们相信城堡仅仅由石头构成……因为哈姆雷特曾经住在此地……城墙和堡垒似乎突然讲起了一种完全不同的语言。"[1]名人故居拥有天然的文化灵魂，是集建筑、文物、环境于一体的文化空间。山不在高，有仙则名。这些"小而美""小而精"的文化空间，记录着城市发展的脚步，承载着国家和民族的集体记忆，一定意义上也是人类共同的精神家园。

其二，名人故居是共享空间。城市孕育了名人，名人成就了城市文化。名人故居是穿越时空的留存。作为博物馆力量的重要组成部分，在文旅融合背景下，名人故居的功能定位不应仅是文物收藏、保护、研究、展示的空间，还应成为对城市文化历史资源的充分挖掘与利用的共享空间，进而形成特色鲜明的"城市名片"。名人故居利用自己的优势和资源，可以为城市提供更多博物元素和文化内容，用更多可感知、可体验的文化增强城市的吸引力。要在保证多样性的基础上营造创新型的空间，追求灵活、自由的"场所体验"，打破功能主义式的空间，营造体验式的创新空间。[2]Citywalk（城市漫步）是近年来流行的旅行方式，旨在穿梭街角老巷，发现寻找身边的"诗与远方"。藏于闹市、隐于繁华的名人故居正契合这种旅游方式，它既适合本地居民短途短时、融入生活的微旅行，也适合外来游客"像当地人一样生活和旅行"，感受文化和烟火气息。名人故居既依托城市，又赋能城市。名人故居虽是一栋栋老建筑，却是城市文化的地标建筑，作为展示城市的重要窗口，可以辐射更大半径的文化范围；以点见面，游客则通过地标"捷径"快速深

[1] [美]段义孚：《空间与地方：经验的视角》，王志标译，中国人民大学出版社2017年版，第2页。

[2] 边坤：《城市文化载体与城市文化形象构建——内蒙古城市群文化形象研究》，光明日报出版社2022年版，第17页。

入城市的文化肌理，开启沉浸式的深度体验之旅。而有文化内涵的旅游会让人们更愿意在线上主动"种草"，通过各类旅游软件和社交平台，发布有历史、有故事、有风景的内容，让他们在社交圈中更容易"吸睛"。

其三，名人故居是消费空间。2023年全国两会期间，习近平总书记在参加江苏代表团讨论时提出："上有天堂下有苏杭，苏杭都是在经济发展上走在前列的城市。文化很发达的地方，经济照样走在前面。可以研究一下这里面的人文经济学。""人文经济学"是文旅融合背景下要下功夫学好的大文章，对于城市发展而言，名人文化就可以扮演"支点"的角色以撬动经济的增长。马克思主义唯物史观认为，经济决定文化，经济发展为文化发展提供物质基础；文化对经济有重要影响，经济的发展离不开文化的支撑。名人IP地址带动的火热消费，其背后是名人文化底蕴的强劲支撑，以及加速推进文旅融合、持续释放"磁吸力"的结果。"为一个馆，赴一座城"在当下年轻人中颇为流行，当博物馆从旅途中的"可选项"变成"必选项"，游客不可避免地进入城市的消费空间，这为文旅融合带来更多社会和经济价值。"故居游""故里游""跟着课本去旅行"等一系列特色旅游路线，在整合名人文化资源的同时，深挖文旅融合的价值潜力，并联起城市生活场景，串联起与当地城市生活服务相关的"消费路线"。这既激发了人们线下消费的热情，也为游客创造了丰富多样的互动体验。

二、名人故居在文旅融合下存在的问题

伴随"博物馆热"兴起，面对文博事业高需求、快发展的"黄金机遇期"，名人故居也出现一些现实问题。

缺乏深度发掘。当前，名人故居展陈存在让人感觉"似曾相识"的现象：将老屋翻新，摆上几件家具和生活用品，在墙上悬挂展板和图片。"千馆一面"的场景展现缺乏辨识度，让所来的游客除了拍照很难留下更深的记忆。在名人研究上大多是对个人生平、诗词文章作简单梳理，缺乏对思想谱系、历史贡献以及当时社会大环境的深度研究，缺少与时代共振、与时代意识共鸣的情感阐释。

缺少主动服务。受场馆规模、人员编制等原因影响，不少名人故居没有专职讲解人员、物业人员、保洁人员，甚至没有义务志愿者，日常场馆里可能只有一名安保人员在岗值守。多数名人故居也没有独立网站或公众号，在各类旅游软件中的相关介绍也很少。数字时代下，名人故居在数字化信息化领域的失守，让习惯通过互联网搜寻资料的游客望而却步，导致名人故居虽身处闹市，却少人问津。

缺少系统融合。大多名人故居仍停留在藏品展陈、文化传播和公民教育等层面，在"名人故居＋旅游""名人故居＋文创"等方面的深度开发还不够，文化资源转换动力还不足。此外，因主管单位不同，几家相隔不远的名人故居缺少馆际的互动交流。

三、名人故居在文旅融合下的发展思考

"两个结合"与文化"两创"对中华优秀传统文化的阐释传播提出了新时代的新要求。习近平总书记强调，让收藏在博物馆里的文物、陈列在广阔大地上的遗产、书写在古籍里的文字都活起来。激活名人故居，要全面深入解读名人，把名人资源转化为高质量发展的文化新优势，才能更好满足人民群众的精神文化需求。

（一）理念重塑，名人故居要再认识

习近平指出："中华文化延续着我们国家和民族的精神血脉，既需要薪火相传、代代守护，也需要与时俱进、推陈出新。"随着人们对精神文化追求的不断提升，多元化、差异化、个性化的旅游需求增加，需求的转变要求我们从理念上对名人故居再认识。

加强定位思维。从名人故居的资源禀赋看，固守原来的做法不能守住旅游市场地位。面对当今时代，时代之变、行业之变、生活之变都深刻影响着文博场馆的发展。对名人故居而言，定位的高度决定视野的广度和实践的深度，也决定着文化传播的影响力。名人故居应既立足故居，又跳出故居；既立足本地，又跳出本地，以登高望远的开阔视野放眼本省、全国，甚至境外。同时，在文博事业蓬勃发展的浪潮中，在各具特色的名人故居中，一家名人故居要凸显该名人的"标志性""唯一

性"，做到"人无我有""人有我优"。

加强融合思维。习近平总书记在广东考察时强调："在改造老城、开发新城过程中，要保护好城市历史文化遗存，延续城市文脉，使历史和当代相得益彰。"名人故居不是孤零零加把"锁"、围个"圈"就是对其有效的保护，部分名人故居虽被列为文物保护单位或保护点，但多以保护建筑的形式存在。故居不应是"孤居"，要主动融入社会、拓宽边界，进行跨界合作，让"老树发新枝"。如为纪念金庸诞辰100周年，金庸故乡嘉兴开启现实版"武林大会"，包括学术研究、文化传播、文艺创作、文化体验、场馆提升等系列活动，并联动全球华人，让武侠世界与现实世界实现全景式、全方位交融，让金庸侠文化拓展破圈。

加强活化思维。当下年轻人越来越喜欢以快速为特点的浅阅读，大部头的学术研究不适合"说走就走的旅行"。这需要我们一方面将智能导览、AR（增强现实）、VR（虚拟现实）和3D打印等前沿技术融入故居展览，为观众带来可感、可触的沉浸式、互动式体验；另一方面，要做好名人文化的深度挖掘、价值阐释、创意表达，变研究报告为展馆陈列，变专家探讨为故居讲解，变人物故事为实景演艺，创造性转化和创新性发展名人资源，让名人文化的"堂前燕"飞入寻常"百姓家"。如央视文化类原创微视频"如果国宝会说话"，将文物本体与当下传播特点结合，创新表达让原本束之高阁的文物"说话"，让人们通过文物认识中华文明，其在多个新媒体平台点击量、微博话题讨论数均达上亿次。讲好名人故事需要以客观、理性、全面的视角开展系统研究，也需要用通俗鲜活的语言和易于传播的载体做好阐释，努力挖掘让人耳目一新又直抵人心的内涵，如此才能让人们"来故居神交古人"。

（二）服务提级，名人故居要再主动

旅游服务业者和消费者之间强调的是互动质量，以人为本，就需要名人故居的管理者和工作者加强服务的主动性，在综合服务上提质升级。因服务出圈，这在2023年冬天走红的哈尔滨体现得尤为突出，诸多"讨好型"操作频出，"只有想不到，没有做不到"，真正让游客乘兴而来、尽兴而归。游客至上、用心用情的服务，让这座冰雪之城变为温暖之城。在主体上，名人故居与游客是平等的，但作为服务性的平台，名人故居要有服务者的换位思考。在流量时代和自媒体时代，口碑差评只需一个事件、一则评价、一段视频。名人故居要对标文旅行业的服务评价要求，千方百计、想方设法地为游客提供更精准化、精细化的场馆服务；配强场馆讲解人员或义务讲解员，配足物业、保洁、安保等工作人员；建立服务质量评估体系和游客投诉受理机制，让游客在细微处感受到温馨。上级党委、政府也可组织成立相关领导小组，集中力量统筹本地名人文化品牌建设，统一协调管理名人文化资源。

（三）供给创新，名人故居要再组合

当代消费主义的核心正是一场"求新求变"与"永不餍足"的辩证互动。[1]文化是典型的供给创造需求的产业，名人故居要始终从公众的角度思考如何转化利用、守正创新，以高质量供给创造新需求，实现高品质的用户体验。名人故居的转型，需要让故居更年轻，哪怕它有深厚的文化渊源、久远的文化积淀，但展现出来的业态、气质应该与新需要紧贴在一起。激活名人文化的关键在内容，根本在创新，其本质就是供给侧改革。

名人故居＋烟火气。根据 Mob 研究院《2024 中国文旅产业发展趋势报告》，旅游的主力人群不断迭代翻新，"亲子家庭""特种兵""银发游客""女性游客"等成为旅游"新势力"；玩法已经逐步取代目的地，成为影响人们旅游消费决策的主要因素。供给创新是要淘汰那些不符合市场和游客需求、跟不上潮流的供给。要以人的需求为中心，许多时候是点状的、具体的需求，要紧扣吃住行游购娱服务链。在端午节假期，各地为游客提供了丰富多彩的旅游选择，让传统的端午活动有了更多新场景、新玩法；游客在选择出游方式时也越来越偏爱灵活化、个性化，在慢节奏旅行、深入体验、放松休闲中享受生活。[2]名

---

　　[1]［英］约翰·厄里、［丹麦］乔纳斯·拉森：《游客的凝视》（第3版），黄宛瑜译，格致出版社2020年版，第55页。

　　[2]《2024年端午节假期文化和旅游市场情况》，文化和旅游部门户网站，https：//www.mct.gov.cn/gtb/index.jsp? url = https％3A％2F％2Fwww.mct.gov.cn％2Fwhzx％2Fwhyw％2F202406％2Ft20240610_953396.htm。

人故居可以结合周边资源，盘活故居融入城市生活，恢复其生命的活力。如，浙江嘉兴的沈钧儒故居位于嘉兴市的中心城区，距离嘉兴子城遗址公园约一公里，距嘉兴 536 艺术空间（中山电影院）约一千米，距南湖景区和南湖革命纪念馆约两千米，附近还有朱生豪故居、汪胡桢旧居、金九避难处（及韩国临时政府要员住址）、沈曾植旧居、天主堂等文化遗产，更有多家各具特色的咖啡馆及嘉兴粽子、网红烧卖店、生煎店、面馆等丰富的餐饮美食资源，直线距离均在五百米以内。围绕名人故居，重整经典元素，重拾乡愁记忆，将街头巷尾、餐馆民居、菜场市场等生活场所与之结合，让游客和居民可以共同寻找与发现，浸润"文化味＋烟火气"，成为本地居民与外来游客互惠共享的休闲空间。

名人故居＋演艺化。在文旅融合的背景下，热门影视作品与文化旅游产业相结合的推广模式已被实践和验证。如美国迪士尼动画与迪士尼乐园，国内有《狂飙》与广东江门、《我的阿勒泰》与新疆阿勒泰等。2023 年《显微镜下的大明》取景地兰溪"诸葛八卦村"、东阳"卢宅""北后周肇庆堂"等拥有上百年历史的古韵建筑出圈，线上线下联动打造"打卡显微镜下的大明拍摄地"话题，互动量近 200 万，不少网友晒出同款拍摄地照片，表示"一定要来旅行一次"。拥有天然古韵的名人故居可探索尝试影视拍摄，2024 年 5 月在央视播出的《国家记忆：红色情报员》在讲述主人公萧明华时，就曾在嘉兴沈钧儒故居取景拍摄。除了参与影视作品，名人故居也可在场馆内或场馆外依托城市小剧场、城市驿站等城市公共空间，探索沉浸式戏剧、微短剧等演艺方式。借鉴越剧《新龙门客栈》的新尝试，对于内容，不是把电影简单移植到越剧，而是对电影故事进行原创性改编；对于人物，从原作中提炼出贾廷这个原电影中的小角色，让越剧女小生备受瞩目；对于模式，采用"环境式戏剧"的演剧模式，打破传统镜框式舞台的表演逻辑和叙述风格，最终让许多年轻人从单纯的粉丝变成对戏曲充满热爱的戏迷。

名人故居＋创意化。经济学中的效用理论认为，财富不但表现在物上，也表现在一切满足人们的效用需要（享受）上。[1]文化搭上经济的快车，经济激发文化的价值。名人故居拥有丰富而独特的名人文物馆藏，要充分挖掘名人与文物的内涵，开发有底蕴、有创意、有新意的文创产品，让名人类文创产品"潮"起来，让名人故居馆藏文物"活"起来。在文创产品开发销售方面，苏州博物馆 2022 年研发上架 230 款产品，实现文创收入 4 537.85 万元。[2]文化产品具有商品经济属性，作为文化产品的提供者，名人故居要在公益属性不变的前提下，进行市场化运作的探索，鼓励社会力量参与产品设计、生产、销售等全链条运作，在公益与市场两个空间形成文化产品供给的良性循环。

（富稚钧，南湖革命纪念馆馆员）

---

[1] 茅于轼、岑科：《人文经济学：不用数学的经济学》，暨南大学出版社 2013 年版，第 19 页。

[2] 林惠虹：《如何让博物馆文物"活"起来？苏博的探索带来启示》，新华日报·交汇点客户端，https://baijiahao.baidu.com/s?id = 1754180010636766900&wfr = spider&for = pc。

文物与利用

浅谈新时代纪念馆藏品
管理中的问题与对策

——以陈云纪念馆为例 *

杜　娟

　　文物藏品是纪念馆赖以生存的基础，也是纪念馆开展各项业务工作的基础。加强文物藏品的管理利用是纪念馆重要的职责使命。作为革命类纪念馆、人物类纪念馆、专题性博物馆，陈云纪念馆在文博行业中颇具典型性，围绕文物藏品管理工作开展研究，既有助于进一步提高纪念馆馆藏文物的管理和保护利用水平，又将为同类纪念馆事业发展提供有益借鉴。

　　在博物馆工作中，对藏品的管理一直占据主导地位，博物馆各种活动开展都要依托藏品而进行。随着文物博物馆事业的不断发展，快捷、科学、高效的藏品管理方法越来越重要。为切实把革命文物保护好、管理好、运用好，陈云纪念馆聚焦职责使命和功能定位，坚持问题导向，对文物藏品管理工作中遇到的一些问题进行初步分析和探索。

一、陈云纪念馆馆藏概况

　　陈云纪念馆是全国唯一系统展示陈云同志生平业绩的纪念馆，在

　　* 本文系上海市哲学社会科学规划青年课题"新媒体视域下上海红色文化传播场域的构建机制研究"[2020EDS003]的阶段性成果。

"陈云故居"和原"青浦革命历史陈列馆"的基础上，于 2000 年 6 月 6 日陈云同志诞辰 95 周年之际建成开馆。纪念馆现为国家一级博物馆、全国爱国主义教育示范基地，突出展示陈云同志作为伟大的无产阶级革命家、政治家，杰出的马克思主义者，中国社会主义经济建设的开创者和奠基人之一，党和国家久经考验的卓越领导人在中国共产党历史上的地位和作用。

纪念馆有一处不可移动文物——陈云故居。陈云故居位于上海市青浦区练塘镇下塘街 95 号，是陈云青少年时期的住所，原为陈云舅父的家宅。故居北邻市河边的下塘街，是一座砖木结构的两层老式江南民居，坐南朝北，总建筑面积 95.88 平方米。1911 年至 1919 年，陈云跟随舅父母在故居生活，其间就读于颜安小学。在接受了中国革命洗礼后，他曾回到家乡，领导了小蒸、枫泾农民暴动，领导青浦人民开展灵活机动的游击战。陈云故居是陈云在练塘生活、学习、斗争经历的真实写照，蕴含着深厚的革命历史价值，其外貌保存较为完好，现内部陈设基本保持当年原貌，为省级文物保护单位，处于半开放状态。纪念馆便是依托故居这一不可移动文物建立起来的红色文化场馆。

文物收藏是纪念馆的主要职能。除了不可移动文物，纪念馆还拥有丰富的可移动文物，即馆藏文物。2000 年开馆之初，馆藏资源非常有限。20 多年来，为丰富馆藏，充实和更新陈列内容，纪念馆不断加大文物征集力度，拓宽征集渠道，持续征集与陈云相关的照片、实物、文献资料等具有政治意义、教育意义和史料价值的历史文物，为开展历史研究和满足观众需要提供了更多有价值的新材料。尤其是 2007 年在陈云家属、身边工作人员和有关单位的支持下，陈云中南海旧居的遗物被整体打包搬运至纪念馆，极大地丰富了馆藏。

纪念馆已发展成为全国最大的陈云文物收藏中心，藏品总量 4 万多件（套），以陈云相关文物为主，兼及青浦革命史文物。藏品类别主要为文献手稿、照片证件、衣物家具等，其中包含陈云重要的批示指示、亲笔书信、书写的或抄录的具有特殊意义的墨迹条幅，以及陈云穿过的衣物、使用过的生活用品、读过的著作，时间跨度为从 1840 年鸦片战争至社会主义建设新时期，藏品材质种类相对集中，主要以纸质、纺织、木质类等藏品为主，具有人物类纪念馆、革命类纪念馆的鲜明特征，主要反映了老一辈无产阶级革命家陈云为党和新中国各项事业奉献一生的革命情操和青浦人民反帝反封建的革命传统，具有重要历史、政治、科学价值，是纪念馆开展爱国主义教育和革命传统教育的重要物质基础和鲜活素材。

纪念馆对藏品负有科学管理、科学保护、整理研究、公开展出和提供使用的责任。为规范藏品管理工作，从 2009 年起，陈云纪念馆把藏品保管的职能从陈列教育部划出，设立文物保管部作为专职部门，负责纪念馆的藏品征集入库、登账制卡、分类排架到保护管理、提供利用和科学研究等方面工作，确保藏品工作正常开展。馆藏藏品根据类别实行分类分库存放、专人负责、双人管理，珍贵藏品实行专库专柜保管，在利用上坚持馆长审批制，移交中实行监督机制。藏品管理采用电子监控监测与人工巡查相结合，库房配备了文物储藏密集架和防潮、防震、防火等基础设施，满足藏品存储基本条件，实现了实时探头监测和红外线遥感监测，确保 24 小时监督，对于公开展出的文物展品，坚持每天记录温湿度和展品情况。

除陈云同志生平业绩基本陈列展陈外，2015 年陈云文物馆落成，700 多件（套）文物藏品以开放式库房的形式展出，拓展了观众体验的视角。文保人员定期会对重要文物藏品开展各类预防性保护工作。比如，每年按季度对陈云生前乘坐的红旗轿车进行保养，保持车辆正常行驶；针对南方梅雨天气可能造成纺织类藏品发霉现象，与专业机构共同开展防霉杀菌和充氮除氧等文物保护工作；针对展厅油画发霉开裂问题，聘请专家集中会诊，制定保养修复方案，以确保文物藏品安全，满足公众参观需求。

二、藏品管理中存在的主要问题

（一）藏品管理基础工作有待进一步夯实

藏品和藏品管理是博物馆藏品管理学的两大研究主体。藏品接收、鉴定、登账、分类、编目、定级、建档、入库、排架、提用、注销和统计等都是藏品管理中的一般程序和基础性工作。近几年，国家加大对国有文物资源资产的监督和监管力度，颁布国家文物管理的各项规定，压实纪念馆作为文物管理和保护单位的主体责任。陈云纪念馆在国家关于文物藏品管理法规的总体框架下，建立文物库房管理、账目管理、文物修复复制等一系列保管保护制度，进一步明确管理责任，建立内部管理流程。

但是，在实际藏品管理工作中还是会发现，现在的制度多为原则性和流程性规定，很难对藏品管理中的细枝末节进行规定，尤其面对纪念馆事业的蓬勃发展，以及自身功能和定位不断调整和变化而出现的新情况、新问题，已有的规章制度和管理办法与实际工作很难高度匹配，针对性不是特别强。藏品管理工作中的各个流程环环相扣，需要各方人员的反复沟通配合，需要对藏品信息进行全面核对确认，需要外部专家人员的参与介入，任何一个环节跟进不及时，都可能会影响下一步的判断和操作，尤其是前期环节操作不当，势必会影响藏品管理的整个流程，如藏品征集交接虽明确了交接的程序、方法和内容，但由于登记不细致、鉴定不及时等，给后续保护、研究、利用带来一定困难。因此，只有提高藏品管理的精细化水平，把基础性工作做细做实，才能保证文物事业发展的延续性和完整性。

（二）文物存储和保护条件有待进一步改善

随着近几年文博事业的蓬勃发展和社会各界的广泛关注，纪念馆征集的藏品越来越丰富，从建馆初期几十件文物到现在拥有上万件的藏品。目前，纪念馆库房整体上虽符合相关行业标准，但设备陈旧老化，部分库房面积小，导致一些体积相对较大的文物，如毛、棉、丝、麻等质地的大衣、中山装等纺织品或墨迹条幅都长期叠放保存，既影响文物的性状，又不方便经常性的提取利用。随着藏品征集越来越多以及周边革命旧址、原有展览的撤展等，库房空间越发显得局促，管理工作也日益复杂。

虽然国家对文化机构的建设与发展给予了较大支持，但与庞大的藏品存放、保养和维护的投入相比，经费投入还是明显不足。纪念馆的经费大部分用于保障和维护纪念馆日常运行和举办展览、活动，在文物的保护利用方面，由于文物保护成本高、周期长、见效慢，保护和利用技术跟不上等，只能用有限的经费有针对性地对重点文物开展保护工作，这样，库房内不经常展出利用的一些藏品劣变情况得不到及时控制。为此，藏品的存储空间、展览环境、成本投入、预防性保护等都成为文物藏品管理工作中需要考虑的现实问题。

（三）藏品管理的专业性系统性有待进一步加强

人员专业性亟待加强。藏品管理是一项专业性极强的工作，要求藏品管理人员必须具备专业的、全面的素养。虽然纪念馆设立了专门机构和专职岗位，具体管理馆藏文物藏品，但这项工作责任重大，工作环节多，分工细，程序紧凑，在职藏品管理员大都缺乏文物与博物馆专业知识，使得藏品保护的专业性得不到保障。同时，纪念馆藏品众多，对藏品的熟悉是一个日积月累的长期过程，这对人员的稳定性也提出了一定要求。而近年来，陈云纪念馆文物保管人员更换较为频繁，加上人员对一些工作进行交接时，存在交接不到位的情况，影响了藏品管理事业的长期、有序发展。

数字化管理跟不上。纪念馆大都通过"管账"和"管人"来实现对文物藏品的管理，更多依赖人的操作。在文物及实物保管方面，虽然按照藏品质地进行了分类分库存放保管，也引进了藏品数字化系统和平台，但是维护成本较高，使用率低，基本工作主要还是依靠传统人工方式进行。藏品入馆后，因各方面条件制约，只是根据工作需要，进行必要的藏品信息采集和拍摄，拍摄的清晰度多用于平时的查阅搜索，难以满足后续展览、出版等利用要求。

文保技术较为薄弱。陈云纪念馆作为人物类纪念馆，文物质地相对集中，以文件、手稿、书信、条幅等纸质类藏品居多，还有一些纺织品、家具等。与综合性博物馆相比，受到藏品规模和种类的限制，对每类藏品保护不可能都配备技术专业人员和设备；对经常有需求的文物摄影、纸质类藏品的仿制修复、书画装裱，也有所欠缺，藏品实验室、观摩室需要加强一体化建设和保护。此外，文物本体保护虽有专门的职能部门，但文物保护工作是一个系统工程，藏品所处的大环境、小环境、相关的设施设备，并非几个文保员就能操作和管理的，文物的研究和活化利用，也需要各部门联动、系统筹划。因此，应在全馆安全和长远发展的基点上综合考虑文物本体的保护，文物的保护意识要贯穿到纪念馆各项制度措施及其各项工作方案，增强藏品保护利用总体规划意识和提高系统保护水平。

（四）成果输出转化方面有待进一步深耕

陈云纪念馆有特定的纪念对象，具有专题性、纪念性、情感性等特征，承担着挖掘名人故居的文化内涵、弘扬优秀传统文化、开展爱国主义教育、传承红色基因等方面的现实要求。相对于文物盘查、文物登账等极其烦琐细微的工作，纪念馆也更加倾向于注重文物内涵的挖掘、文物利用的手段、文物成果的输出，但是文物内涵的深入挖掘是一个长期的过程。纪念馆也尝试进一步充实故居展品，在不可移动文物等实地场景中创作情景剧，展示陈云在青少年时期和入党初期的历史故事，但整体活动缺乏可持续性，对文物的潜在影响也未充分考虑；虽然在纪念馆固定场所、公共区域和官网等平台有意识地宣传了部分馆藏文物、文创产品，但整体宣传力度不强，已开发的文创产品，还未形成完整的链条和经营模式；鉴于文物的特殊性展示、讲授和宣传文物有所受限，在文物保护和文物利用的关系处理上也会出现失衡。因此，从结果来看，纪念馆馆藏资源优势并未充分发挥，在文物资源整合、共建合作协调等方面有所欠缺，仍需进一步深耕。

三、对策举措

（一）夯实基础，提高藏品操作的科学性

为规范文物藏品保护与利用，进一步提高文物藏品管理水平，陈云纪念馆着力从"管"和"理"两个方面加强藏品管理工作，以建立传统与现代相结合的藏品管理模式。

制度健全、账目清楚、鉴定确切、编目详明、保管妥善、查用方

便，是藏品管理工作的重要方针。其中，制度健全是实现藏品规范管理的基础。只有制度健全，程序合理，才有可能有条不紊地开展藏品保护工作。纪念馆以岗位责任制为核心，全面修订完善馆内藏品管理流程，制定符合本馆特色的藏品管理办法，建立馆藏文物评审定级机制，明确藏品管理员的基本职责、工作定位和操作步骤，在藏品提用、藏品交接、藏品运输等环节，严格执行双人制约机制，实现文物普查、库房定期盘点、藏品日常抽查三结合，通过健全藏品管理制度，实现对藏品的管理和监督，用制度管理人，约束人。

文物藏品管理工作中的每个程序、各个环节都有其特定的内涵和意义，纪念馆以藏品征集、鉴定、编目、录入、建档、保护等项目化方式，夯实基础。对已经入库管理的文物藏品，通过人工手段查找、核对，逐本、逐项进行清点整理名称、性质、特征、大类、存放位置、年代、规格、质地、内容、作者、版数、原编号、完残情况等数据信息，多角度拍摄，逐架、逐层登记造册，建立文献类藏品分类账，并结合已有的藏品管理信息化系统，加快整理汇总人民网关于陈云的相关数据，补充建立起人民网陈云数据信息平台，借助藏品图录、艺术品图录的编撰出版和藏品的信息化采集等工作，建立科学规范的藏品信息管理系统，完善藏品检索自动化、藏品统计自动化、报表输出自动化等功能，推动纪念馆数字藏品科学统筹管理与有效利用。

（二）改善条件，推进藏品环境建设的一体化

由于纪念馆经费、场地的限制，一步到位还有一定的难度，结合实际情况，陈云纪念馆从完善库房和陈列的基本保存设施和技术入手，逐步完善三方面的环境。一是改善藏品库房条件，为提升文物的保存环境，纪念馆将文物保护关口前移，在一级技防的基础上，重新规划库房空间，合并画库，充分利用现有空间，提升库房一体化建设，扩大藏品的容纳量，购置一批文物保护设施设备，完善库房硬件设施，空置库房配置专门的文物藏品密集架和恒温恒湿储藏柜，经常利用且不适合长期叠放的纺织类藏品，定制衣物储藏柜进行保存，改善馆藏文物保管条件，逐步完善与馆藏文物等级、规模相适应的保护设施。二是改善陈列展览环境，拟借助陈云诞辰 120 周年契机，结合改陈需要，落实好文物布展利用工作，优化提升文物馆展览存放空间，整体改善文物保护环境，提升文物保护水平，更好地发挥传承红色基因、赓续革命传统的作用。三是改善文物保护实验室设施条件，购置必要的纸质文物修复、装裱、摄影、杀菌、观摩、检测设备和工具，为日常藏品管理保护工作提供保障。

（三）全面提高，加强藏品管理的专业性

提高认识，树立系统思维。藏品管理是博物馆工作中一项经常性的重要工作，藏品管理人员要高度重视藏品管理工作，切实把文物工作摆上重要议事日程，牢固树立保护文物也是政绩的科学理念，依法履行文物保护管理责任和监督责任，立足全馆年度重点工作，树立长远意识和系统化思维，统一规划，加强领导，同频共振，做好藏品征集、保护、研究、利用的总体规划、中长期规划和年度计划的制订，加强统筹协调和部门协作，调整藏品管理与搜集、陈列、科学研究等其他业务工作之间的关系，统筹藏品管理与保护利用，经常性地组织开展文物普法宣传，增强全馆员工的文物保护意识，明确保护职责，努力形成文物保护利用的合力。

加强专业培训，提高专业素质，保持较为稳定的管理人才队伍，确保文物藏品管理事业有序发展。藏品管理是一项责任重而又复杂烦琐的工作，需要相关人员具备高度的事业心和责任心，明确自身的职责使命，根据藏品管理规范对藏品进行科学管理和养护，消除因主观忽视对藏品造成人为破坏的可能性。同时，由于历史原因和工作需要，纪念馆适合采用培养为主、引进为辅的方针，针对文物保管和利用开展有针对性的分级分类培训，加强文物保管人员的业务能力，使之熟练掌握文物保护知识，通过学习和实践，提升专业管理能力，树立起传承红色文物的高度自觉，在纪念馆重大项目的实际举措和具体任务中，把文物保护和管理工作真正落实到位。

提升文保和利用方面的技术水平。结合馆藏实际情况，坚持基础性保护和预防性保护并重，对影响藏品安全的潜在因素进行风险评估，制定藏品风险改善计划，针对文物藏品的不同分类、不同条件、不同特性和不同需求，结合文物展示和文物储藏的不同需要，有针对性地对重要文物藏品实施技术性保护，全面提升革命文物的保护能力。同时，联合专业力量，加强与博物馆、高校、专业文保机构的合作共建，吸收、借鉴同类纪念馆在藏品保护方面的好经验、好做法，提高现代文保技术水平。

（四）突出重点，推动藏品转化的实效性

针对藏品管理工作中的薄弱问题，聚焦文物管理工作中的痛点堵点难点问题，陈云纪念馆以文物征集、鉴定、重要文物申报管理为切入点，从数量和质量上对文物藏品进行提档升级。一方面，以陈云诞辰120周年为契机，根据馆藏内容以及具体分类，结合纪念馆改陈工作需要，制定详细的藏品征集计划，拓展藏品征集范围，最大限度地保障馆内文物藏品的完整性。另一方面，编制馆藏文物定级三年规划，对馆内重要文物全面梳理，挑选具有重要历史价值、艺术价值、文化价值并高度展现陈云精神的藏品文物，科学合理地鉴别藏品价值，提升藏品等级，规范开展馆藏珍贵文物定级、建档和备案工作，推动馆藏文物定级工作常态化制度化。

在内力和外力协同合作中，深化文物研究利用。立足馆藏资源优势，发挥史料集聚功能，加强文物资源的系统性开发，加快成果转化，编辑馆藏精品文物图录，向社会公布和展示陈云纪念馆珍贵文物家底，进一步推动和丰富陈云文物的研究和普及。加强部门之间的合作，着眼陈云文物的协同研究与宣传，有序推进革命文物史料的抢救、征集和研究工作，以文字汇编形式，编撰出版陈云文物研究成果集，深入挖掘和阐发文物的思想内涵、时代价值，进一步推进"互联网＋革命文物"，拓展革命文物传播推广渠道，利用重大活动加大宣传力度，拓展文物网络宣讲载体。

在精准定位，深挖本土资源，策划精品主题展览、丰富教育内容、开发文创产品、树立品牌意识的同时，纪念馆还将整合区域优势资源，欢迎社会各界力量，参与陈云文物的研究、宣传、利用，在项目合作中，依托专业机构、高等院校、革命博物馆纪念馆等共同建设革命文物协同研究宣传基地；打破地域和空间限制，加强区域协作，发挥红色资源聚合效应，积极开展馆际合作交流，拓展发展格局，通过联展、巡展、互展等方式盘活文物；通过"破圈"，跨界联合，打造精品文旅融合路线，实施红色文化品牌战略，让更多的文物走出库房、走上展线、走向大众，从而让纪念馆里的文物"活"起来、火起来。

（杜娟，陈云纪念馆副研究馆员）

文物保护提升策略探究

——以陈云纪念馆文物仿制项目为例

李冬冬

引言

文物的仿制一般是指对文物进行模仿复制，也就是模仿文物的体量、形制、质地、纹饰、文字、图案等历史信息，不要求与原作完全一致，在文物的大小、尺寸、材料和制作工艺等方面可以与原文物有所出入。[1]作为文物保护的一种重要手段，文物仿制可以在确保文物安全的情况下满足不同场景的展示需要，实现文物保护和利用的平衡。

一、文物仿制项目缘由

陈云纪念馆作为经中央批准建立的全国唯一系统展示陈云同志生平业绩的纪念馆，收藏文物达 4 万余件，包含文献、照片、纺织品、家具等多种类型。为了践行讲好红色故事，弘扬伟人精神的重大使命，陈云纪念馆开设基本陈列"陈云生平业绩展""陈云文物展"以及馆内外不同主题的临展。这些展览内容的呈现都需要以文物展品作为强有力的支撑。

陈云纪念馆根据发展需要在 2021 年启动对本馆下属评弹艺术馆的

---

[1] 龚玉轩：《文物保护概论》，中国科学技术大学出版社 2020 年版，第 119 页。

提升工作。"江南雅韵：评弹艺术展"通过讲述评弹起源发祥、兴盛变革、传承发展的更迭历史，展现陈云喜爱评弹、研究评弹、推动评弹发展的细节。为了做好展览展示工作，陈云纪念馆积极推进展品征集。在社会各界特别是评弹艺术工作者的大力支持下，共征集文物史料200余件（套），其中包含余红仙、赵开生、金丽生等国家级非物质文化遗产代表性项目苏州评弹国家级代表性传承人捐赠的57件（套）。这些文物史料为该展览提供了丰富的展示素材。然而，文物史料的原件展出仍然面临一些困难。一方面，评弹艺术馆展示空间温湿度变化大，影响文物安全；另一方面，部分文物史料所有者不能捐赠原件，但是愿意授权纪念馆进行仿制展示。为此，文物保管部根据展览具体情况需要开展文物仿制工作。

二、仿制项目开展流程

（一）商讨制定项目实施方案

此次仿制项目在立项之初计划沿用以往仿制模式，即第三方专业仿制公司负责具体仿制工作；馆内主要负责提供仿制展品清单、协助信息采集、保证项目进度、复仿制展品验收。这种模式节省馆内人力资源，缓解馆内专业人才缺乏以及设备材料不足的困难，但是不利于博物馆文物保护水平的可持续提升。此仿制项目涉及文物保护，对于提升博物馆综合实力具有重要意义，因此馆方高度重视。馆方领导在了解当前仿制工作的基础上，充分考虑持续提升文物保护水平的长远目标，利用在馆际交流中获取的资源信息，为该仿制项目提供新思路——委托上海中国航海博物馆提供仿制服务，采用委托仿制加技术培训的模式落实该项目。

经过深入探讨和反复评估后，馆内一致认为仿制项目新思路具有可行性。上海中国航海博物馆文物藏品保护修复基础条件完善，工作机制流程规范，并于2021年8月31日经上海市文物局审批获得古籍善本、档案文书、书法、绘画、铜器、瓷器、陶器七项可移动文物修复资质，成为上海市第五家获得相关资质的单位，也是唯一一家获此资质的行业博物馆。与此同时，两馆之间交流密切，合作基础良好，对于本次文物仿制项目具有较强的合作意愿。经过磋商，上海中国航海博物馆接受陈云纪念馆的委托，双方签署合作协议，文物仿制项目启动。由于此次仿制未涉及珍贵文物，因此无需报上级文物行政主管部门批准。

（二）办理藏品手续并进行包装

根据文物仿制清单，文物保管部填写"藏品提用申请单"并呈请领导批准。由于文物需要出馆，于是在此基础上填写"物品出馆单"交由相关部门审核确认。在完成藏品提用和出馆相关申请后，开始对文物进行包装。《周云瑞琵琶指法曲谱》等4件文献类文物采用无酸纸夹片进行独立放置，最后集中放入档案袋封装。陈云为《评弹艺术家评传录》书名题写的条幅由于尺幅较大不易折叠，因此采用书画专用收纳盒进行存放。这些包装，可以有效避免在运输途中出现折痕破损等情况。

（三）文物仿制具体步骤

文物顺利运达上海中国航海博物馆后，陈云纪念馆文物保管员开始跟随文物修复师全过程学习。文物修复师对这批文物进行详细了解。通过观察文物材质、制作工艺等情况，着手准备与原文物材质相同或相似度较高的材料，评估操作难度合理安排施工顺序。

1. 数据采集调色

数据采集是文物仿制的重要环节。此次数据采集使用的扫描仪型号为CanonIPF8410，该类型扫描仪采集精度高，操作便捷，可采集文物尺幅大。《周云瑞写给乃智同志的信》作为活页文献，只要确保每张页面扫描时平整即可，针对边角起翘，采用竹起子进行调整。《周云瑞琵琶指法曲谱》等装订本文献在扫描时要借助垫板保持左右两侧平整，避免破坏文献脊背（见图1）。此外，多页文献采用竹起子翻页，既可以提高采集效率，又可以减少文物起翘情况的发生。数据采集是为了方便后期利用。因此此次采集充分考虑实际使用需求，将数据分辨率设置为600 dpi。

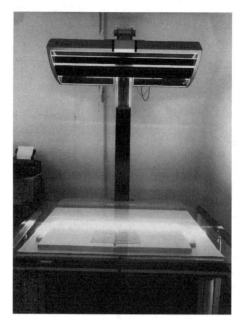

图 1　装订本文献扫描

高清扫描仪采集的原始数据由于设备光源特性，未能体现细微的色彩差异，导致与文物原件存在色差，这就需要借助电脑专业修图软件进行调整。此次图片调色采用 PS 修图软件。《周云瑞琵琶指法曲谱》这件文物的封面是彩色的，虽然整体背景为淡灰色，但是受使用、磨损等因素影响导致不同区域存在深浅差异（见图 2）。针对这种背景色差的情况，文物修复师采用吸管工具分别采集封面上中下背景色，然后使用画笔工具对颜色相近区域进行操作，使采集数据更符合文物原件的颜色。《周云瑞写给乃智同志的信》的折痕和磨损等痕迹也要选取附近正常颜色进行填充消除。这种使用痕迹必须在数字化打印后以手工操作实现，否则将严重影响仿制效果。照片调色完成后，将数据采用 TIFF、JPG、PDF 等多种格式进行保存，从而满足日常查看、数字化利用的需要。

2. 选择打印耗材

选配纸张应根据原件纸张的颜色、质地、手感、厚薄等特征，选择一致或最为接近的纸张作为印刷承载物。在此次文物仿制中，文物年代

图 2　《周云瑞琵琶指法曲谱》封面

均为 1949 年后。综合考虑成本和实际展出需要，文物修复师最终决定选用与文物材质相似的新闻纸作为文献仿制材料，书法仿制采用宣纸。选用新闻纸是因为它不仅有较好的弹性，而且吸墨性能好，油墨在纸面上具有较强附着力，此外新闻纸的机械强度高。这些优点能够确保仿制文物长期保持较好的展示效果。宣纸则是书法的常用材料。纸质文献除了考虑纸张材质外，还需要注意打印墨水的选择。为了确保仿制文物的耐用性，文物修复师采用颜料墨水进行喷墨打印。颜料墨水采用多功能专用聚合物黏合剂，提升了颜料的黏附力。在墨水干燥后，黏合剂会在颜料表面形成一层耐久保护膜，从而增强防水性能。另外，它使用的着色剂一般为高度粉碎的矿物质，稳定性高，再加上着色剂外层包裹有树脂层，不容易产生褪色现象。在确定纸张和打印机墨水后，就开始进行打印。

3. 细节处理完善

打印完成后，复仿制件初步制作完成。接下来是对仿制品进行细节处理。首先要进行的是纸张裁边。打印纸张通常比文物实际尺寸大，可将打印纸张沿文物实际边缘折叠形成折痕，然后使用砂纸在操作台边缘沿折痕进行打磨，让纸张边缘产生磨损痕迹，更加符合文物实际现状。其次是处理折痕。在之前的数据采集调色时将文物折痕消除，此时要通过物理折揉的方式还原文物原始折痕。然后是对原件泛黄的仿制文物采用恒温烘箱进行烘烤，烘烤时间根据纸张泛黄程度具体调整，可短时多次加重泛黄程度。最后是采用高级颜料装饰粉进行做旧。主要使用的色粉颜色为红、黄、黑、白。将色粉调制好后，用纸张轻蘸色粉，并在仿制文物表面轻轻涂抹，通过与原件对比观察，当效果接近时，仿制工作便圆满完成。但是处理细节时，必须注意这些流程的先后顺序，否则仿制效果将大打折扣。文物修复师在仿制文物制作完成后，在其背面或者内部盖上专有文物仿制标记，既可以与文物原件进行区别，又能够注明文物仿制来源。

（四）制作仿制档案

上海中国航海博物馆作为受委托方在项目施工结束后对此次仿制建立专门档案。该档案不仅记录了仿制文物的名称、图片、数量等信息，而且对仿制过程中涉及的技术方法、主要材料、设备工具、仿制人员、操作时间等进行了详细说明，特别是对仿制件整体及特殊标记进行拍照以示区分。除此之外，档案还包含仿制文物验收移交信息、制作方自评估意见和委托方验收意见。以上相关材料形成一份完整的文物仿制档案。

（五）仿制文物登记入库

仿制文物在项目结束后与出馆时采用相同的方式进行包装运输。在其入馆后根据馆藏保管要求进行藏品数据库信息录入。仿制文物的名称、尺寸、数量、性质、材质、来源等信息要全面记录，并且与历年仿制文物清单合并汇总，以方便对仿制文物的统一管理。仿制文物在入馆信息登录后要根据库房内的分区，选择合适位置科学上架，便于后期提取利用。

三、经验总结

陈云纪念馆纸质文献仿制项目顺利结项，取得预期成果。

（一）系统性规划

文物保护工作需要进行系统性规划。此次仿制项目制定了清晰的目标：完成"江南雅韵：评弹艺术展"展品仿制并提升馆内纸质文物仿制技术水平。在明确项目目标的基础上，对项目经费、项目服务商、项目工期、馆内人员选派等情况进行全面分析，由此形成完善的文物仿制项目具体计划。这既能够保证相关领导对项目具体情况具有充分了解，为项目提供相应的资源支持，也能够让相关参与方对项目集体细节达成共识，有利于项目顺利推进。在项目具体落实过程中，按照计划逐步实施，并根据实际情况进行调整和优化。在项目结束后，对目标的完成度进行全面评估并对实施过程的具体环节进行优化提升。系统性规划作为文物保护的重要抓手，不仅可以推动文物保护目标的实现，而且能够为提升文物保护水平提供重要参考。因此，要把系统性规划作为文物保护工作的重要手段。

（二）全流程记录

全流程记录是指在一项工作或任务的整个过程中，通过各种形式的记录方法来进行全程跟踪、记录、监管的工作。这种记录方式可以帮助我们更好地了解工作的进展情况，及时发现问题并进行调整，从而提高工作效率和质量。

此次文物仿制项目实施期间采用全流程记录。项目前期有拟仿制文物清单、仿制文物报价单、仿制项目协议等材料。项目中期有藏品提用单、物品出馆单、仿制具体步骤和工具耗材单等记录。项目后期有文物仿制档案、文物仿制验收单、藏品数据库登记表、仿制文物信息汇总表等信息。以上记录材料贯穿项目全流程，具有重要价值。其中的仿制文物报价单对后期文物仿制价格比选具有参考意义，仿制具体步骤和工具耗材单可为后期学习提升文物保护技术提供指导，藏品数据库登记表有利于仿制文物的提取利用。为此，要将全流程记录融入文物保护工作的日常，为总结文物保护经验、提升文物保护水平发挥作用。

（三）多样化交流

各类文博相关机构在文物保护的实践过程中形成各具特色的技术、设备等资源优势，也总结了丰富多样的文物仿制、书画装裱、文物修复等经验。因此，在推动文物事业高质量发展的背景下，博物馆要加强馆外交流。交流对象既可以是同行场馆，也可以是专业的文物保护科研机构。探讨内容不仅可以包含纪念馆发展取得的经验成果，而且可以涉及纪念馆发展过程中面临的问题和需求。通过对双方优势资源、发展需求等深度交换意见，进而匹配潜在合作项目，从而实现双方共同提升发展的目标。作为馆际交流高效匹配资源与需求的生动实践，此次仿制对陈云纪念馆而言节省了经费开支，提升了馆内文物保护技术水平；对上海中国航海博物馆而言则有效扩大了文物保护工作的影响力。

结语

此次仿制采用"委托仿制＋技术培训"的模式，不仅圆满达成文物仿制的目标，而且有效提升了文物仿制水平。除此之外，也为双方未来的进一步合作奠定了基础。为了持续提升文物保护水平，需要文物保护从业者在文物保护合作模式和方法上不断探索创新，从而实现文物保护水平的持续提升。

（李冬冬，陈云纪念馆助理馆员）

城市名人纪念馆的文物价值与保护路径

——以上海张闻天生平陈列馆为例

汪 誉

城市名人纪念馆是展现名人历史成就、传承名人优秀品质的重要场所，有着丰富的城市文化内涵，展现了丰富的文物价值。加强名人纪念馆文物保护，有助于追溯城市文化律动、感悟城市精神。上海张闻天故居通过保持文物原始风貌，依托特色资源优势，开展文化交流等举措，不断涵养城市人文精神，增强市民直观体验感，拓展教育辐射效应，持续发挥名人纪念馆在纪念历史、传承文化、爱国教育等方面的独特功能。

文化，乃国家之根基，民族之灵魂。我们党始终将文化建设摆在治国理政的突出位置，高度重视文化建设对于实现中华民族伟大复兴的战略意义。随着文物保护事业的快速发展，名人故居纪念馆的新兴发展成为一个热门议题。

一、城市名人纪念馆的文化内涵

在中华文明悠久的历史长河中，历史名人以其卓越的成就和崇高的品德，震古烁今、流芳百世，在人类历史上留下了浓墨重彩的一笔。他们有着独特的人格魅力，是时代精神的象征，为我们遗留下丰厚的精神遗产和物质遗产。冯骥才曾言："一个伟人去了。他的精神，他的往事，

298

他的气质，他独有的人生内容，除去留在他的作品里，还无形和无声地散布在生活过的空间里——这就是他的故居。故居也是名人的一种创造，是一种生活创造和精神创造。"[1]

（一）理念文化：城市文明的哲学表述

理念文化，是城市的最高哲学，是市民的文化主张，也是城市文化的价值核心和城市的灵魂。城市"理念文化"回答的最根本的问题是：城市为谁而存在，城市的使命是什么。有学者将其概括为"可持续发展、有机历史风景、现代化水平、全员社会福祉和城市文化软实力"[2]五个方面。城市名人纪念馆浸染着城市理念文化的哲学意涵，承载着城市发展的文化使命，集中表现了一座城市的精神文化特质、城市治理理念与市民文化性情。作为城市名人纪念馆，张闻天生平陈列馆既是传统城市人文精神的历史传承，又见证大时代的历史变迁。既承载了近代先进的中国人寻求国家独立、民族解放，探索中国式现代化道路的红色基因，又在城市治理理念方面，不断诠释着新时代"海纳百川、追求卓越、开明睿智、大气谦和"的城市精神特质。既是革命前辈为"人民城市"奋斗的真实写照，更是新时代续写"人民城市人民建、人民城市为人民"的庄严承诺。通过陈列馆内展示的手稿、遗物以及文献等，可以追溯解读上海这座光荣城市的红色密码，感悟上海这座魅力城市精神蕴含的海派文化气息。

（二）制度文化：城市治理的实践形态

制度文化即"由制度承载、表达、衍生和推动的文化，它是渗透在体系架构、规章制度、工作流程、岗位职责中的价值观念和风格特色，也是在形成和执行各类制度的过程中折射出来的价值取向和行为准则"。[3]城市名人纪念馆蕴含的制度文化形态是城市治理体系和治理实践的形象化表达。一方面，中华优秀传统制度文化既具有因革损益、与

---

[1] 冯骥才：《活着的空间》，《建筑与文化》2005年第3期。
[2] 张鸿雁：《城市文化资本论》，东南大学出版社2010年版，第307页。
[3] 文斌：《新时代高校文化育人价值意蕴与体系建构研究》，中国纺织出版社有限公司2022年版，第40页。

时偕行的特质，也具有礼治和法治相统一的特质，两者统一于传统社会秩序建构与现代城市治理体系现代化的过程。另一方面，名人纪念馆作为城市治理对象和文化载体，彰显了城市治理的价值取向、实践逻辑，以及城市治理能力和水平。

（三）器物文化：城市精神的历史积淀

器物，是人类改造自然物质来为自身生活服务的成果，存在于人们的衣、食、住、行等各个生活领域。"物质性的器物总是积淀着器物制造者的价值取向和审美情趣，并反映出特定民族的精神信仰和风俗习惯。"[1]

城市名人纪念馆既是名人生活的时代的经济、社会和文化发展的遗存，也是当今时代城市建筑和文化景观的缩影。名人使用过的笔墨纸砚、衣帽鞋袜和留下的文稿字画是名人个人秉性、生活品位、人生阅历的写照，也是一个时代、一个民族、一个国家精神气质、文化积淀以及沧桑巨变的见证。在名人纪念馆的建设和价值塑造中有意识地将文化嵌入建筑和景观建设中，赋予空间环境文化内涵，增强城市精神的可识别性，有利于树立良好的城市文化形象。

二、城市名人纪念馆的文物价值及其保护

城市名人纪念馆作为展现名人历史成就、传承名人优秀品质的重要场所，承载着名人文化的大量资源，是一座城市宝贵的文化遗产，它的保护和发展对于丰富历史文化资源、打造城市文化名片、推进城市文化建设具有重要的现实意义。

（一）城市名人纪念馆的文物价值

文物是具有历史、艺术和科学价值的文化遗存，文物的价值是客观存在、不可否认的。文物的价值是"凝结在历史遗迹遗物（包括精神和物质的遗物）中的一般人类劳动，是人类智慧的结晶和历史进步的标

---

[1] 李建中：《中国文化概论》，武汉大学出版社 2014 年版，第 314 页。

志"[1]。城市名人纪念馆的文物价值内涵丰富，能够帮助人们去具体形象地认识历史、获得启迪。

上海是中国近现代经济、文化的重要发源地，更是中国共产党的诞生地、对外高质量开放的先行地，见证了19—20世纪中国的社会变迁。近代上海留下了诸多优秀的中外名人的足迹，很多名人曾定居于此，留存至今的名人故居群落成为弥足珍贵的文物资源，为名人纪念馆建设和城市文化的传承提供了历史见证和物质基础。作为文物的城市名人纪念馆，其主要价值体现在名人及建筑背后的历史文化资源及其所蕴含的现代意义。

城市名人纪念馆一般是依托名人旧居直接挂牌成立纪念馆，或者围绕名人旧居建立新的纪念馆。名人旧居建筑以及旧居内的相关文物是承载名人工作、生活等活动以及精神品质的重要载体。上海张闻天生平陈列馆坐落于上海市浦东新区祝桥镇川南奉公路4398号。1900年8月30日，张闻天诞生在东海之滨一个农民家庭，并在这里度过了童年和少年时期。张闻天自幼聪颖，勤奋好学，富有想象力与独立思考能力。他热爱家乡，热爱人民，立志为家乡造福。20世纪20年代中期，青年张闻天怀着为国为民的崇高志向，离开了家乡和亲人，走上了职业革命生涯。

（二）城市名人纪念馆的文物保护

我国重视对名人纪念馆尤其是名人故居、馆藏文物的修复和保护工作，部分省份相继出台文物保护的相关政策法规，为文物的保护提供了有力的制度保障。

近年来，随着文化文博事业的不断发展，对文物的保护意识也在不断增强。但是，文物历经百年甚至千年，其保护和利用相对较为困难。名人纪念馆内的文物主要包含手稿、画稿、生活遗物等。名人的手稿画稿等文献资料以纸墨为主，对后世有很大的参考价值，但不易保存，极易受到自然环境的影响，它的保存对所处环境的温度、湿度、光辐射等

---

[1] 龚钰轩：《文物保护概论》，中国科学技术大学出版社2020年版，第21页。

要求都比较高，稍有不慎就会导致文物损毁。温湿度不适宜及光线照射不当会导致纸张发黄变形甚至发霉、纸张脆化易毁、字迹褪色扩散，使其丧失原有的使用价值，从而降低文物的文化价值。城市名人纪念馆需格外注重环境保护，合理控制馆内及文物储存库的温湿度，创造最适宜的室内环境，最大程度减少温度、湿度等因素对馆藏文物的影响，延长文献古籍等文物的存放和使用寿命，保护文物的完整性，使中华民族的文化遗产更好造福后人。

进入数字化时代，计算机、多媒体等信息技术快速发展，已经被广泛应用于我国各行各业之中，文物保护也不例外。传统的文物保护方式不可避免会受到自然环境的影响。为此，城市名人纪念馆的文物保护工作也加快了信息化建设的步伐。纪念馆在注重原有文物保护的基础上，利用现代化信息技术将手稿、画稿等文献资料进行数字化存储，将照片、书籍、手稿、音频等文物进行扫描、录入、编辑，统一进行整理归档，形成数字化副本，减少文物保存过程中的物理损耗，使文物得以长期保存，方便后世查阅研究。

三、城市名人纪念馆文物保护的路径选择

文化盛则城市兴，城市兴而文化盛。城市名人纪念馆不是一座文化的"孤岛"，它体现着区域特有的精神文化内涵，是能够调动文化资源、促进校企社会文化交流、发挥教育作用的重要"枢纽"。加强对名人纪念馆的保护和合理利用，推动名人纪念馆的高质量发展，满足民众深层次的文化需求，增强民众对城市文化的认同，在推动城市文化建设过程中发挥着日益重要的作用。

（一）保持文物原始风貌，增强市民直观体验感

城市名人纪念馆是集名人生平陈列、名人故居等于一体的多职能文化复合体[1]，包含着对中国历史上重要人物的相关记忆。在名人故居

---

[1] 管小平：《多场馆视角下的近现代名人纪念馆陈展定位研究——以内江市张大千纪念馆为例》，《博物馆管理》2020年第4期。

直接挂牌建立名人纪念馆的，应该尽力保留名人故居的原始风貌，在对原址进行修缮时要尽可能减少干预，不改变文物的原状，坚持中国文物工作"保护为主、抢救第一、合理利用、加强管理"十六字方针，最大可能保持名人生活、工作的原始痕迹的真实性和完整性，保留原生态的故居建筑和文物特色。在名人故居周边新建纪念馆的，要注重新建纪念馆的整体风貌与历史建筑的整体风貌相协调，要与城市特色相协调。馆内特定主题要与文物原始风貌相契合，让观众直观感受到名人的个人魅力与精神品质，体验其背后的文化魅力。

1949 年后，上海对张闻天故居进行了原貌修复，基本恢复了张闻天当年生活和工作的真实场景。上海张闻天生平陈列馆分为"诞生·求学""投身新文化运动""踏上革命道路""在总书记的岗位上""在六届六中全会以后""去东北开拓""外事工作岁月""逆境中的求索""狂澜中升华""追思与遗产"十部分内容，用 300 余张照片、160 余件实物，生动展示张闻天在各个历史时期所作出的重要贡献的史料和生平经历，馆内充分利用场景模型来再现历史，让观众走进张闻天，在参观过程中了解名人曾经的生活方式，感悟张闻天的精神境界。

（二）利用数字化技术，彰显城市文化影响力

随着现代科学技术的发展，数字化建设在名人纪念馆的保护和发展中发挥着显著优势，能够使文化遗产"活"起来，以创新性的形式呈现，名人纪念馆也不再局限于一个线下场所，利用现代数字技术能够让更多人足不出户地了解名人纪念馆及其背后的故事，扩大其文化影响力。

首先，新媒体技术改变了名人纪念馆传统的展陈模式，利用全息成像、裸眼 3D、AR（增强现实）等技术将静态的文字、图片进行动态化展示或进行当时的场景再现，提高纪念馆对参观者的吸引力，减少以往"观光式"的体验，充分发挥名人纪念馆在弘扬爱国主义情感和培养社会主义核心价值观方面的重要功能。

其次，利用数字技术手段，对名人纪念馆进行扫描建构，最终根据展厅内各主题的浏览顺序，将整个纪念馆以数字化的方式呈现出来。通过上线"云展馆"可以让观众足不出户，动动手指就实现云参观，为那些因地理位置限制而暂时无法来线下参观的大众提供了新途径，在一定程度上起到了文化教育作用。

再次，适应网络技术和新媒体的发展，深入挖掘自身的独特优势，借助微信公众号、微博等公众平台进行文字、图片或者短视频的宣传，全方位多角度展现纪念馆内的文化遗产及文物背后的红色故事，并与观众进行实时互动，及时在自媒体平台更新纪念馆的主题特色以及相关的活动消息，扩大场馆的文化影响力。

（三）凸显独特资源优势，涵养城市人文精神

在任何时代，名人都是一种无形的文化资产，是一座城市的历史文化品牌，名人纪念馆的发展对城市文化建设具有重要作用。因此，名人纪念馆要自觉承担文化使命，联结历史现在与未来。立足当地城市文化的发展定位，不断深化地域特有的优秀传统文化特色，充分考虑观众的需求偏好，通过馆藏文物展出、专题展览活动开展、社区文化共建等多种活动形式，展现纪念馆的文化价值，满足城市民众的文化需求，涵养城市人文精神。

城市名人纪念馆不仅要发展好纪念馆这个主阵地，发挥自身资源优势，更要积极利用周边文化资源，注重周边区域的发展，与政府企业共同创新文化活动，让观众在活动中获得知识、净化心灵、增强认同，让名人纪念馆更具凝聚力，让城市更具内涵。每年张闻天诞生纪念日前后，上海都会举办各类文化活动，张闻天生平陈列馆也始终坚持发挥馆内文化资源，向大众推出特色展览，举办张闻天思想精神座谈会，促进上海城市文化的传承与发展。

（四）开展文化交流，拓展教育辐射效应

城市名人纪念馆作为重要的公共文化场所，需要特别重视场馆的文化窗口建设。"公共文化基础设施是满足大众文化生活追求、实现公共文化服务高质量发展、展现中华文化底蕴的重要载体。"[1]名人纪念馆

---

[1]《国家人权行动计划（2021—2025年）》，中华人民共和国国务院新闻办公室，2021年9月。

要以现存历史空间肌理为载体，以馆内独特的文化资源及地域优势为依托，认真践行"以文物保护为基础"的理念，积极开展各类文化交流活动，充分发挥纪念馆的文化教育作用，打造展示中华民族特色文化的重要窗口。

文化魅力要让民众有所感知，应当在保护的基础上利用现代技术面向大众展示，将其深深融入城市文化和社会生活，提升市民人文素养和文化品位，提高对城市文化的认同感和归属感。上海张闻天生平陈列馆作为上海市爱国主义教育基地和全国重点文物保护单位，始终坚持发挥独有的教育功能，加强馆与馆、馆与街镇社区、馆与高校之间的交流合作，共同挖掘名人文化，讲好名人故事，共同举办专题展、进行文化共建、开展系列讲座，让名人形象更加鲜活，引导公众走进生平纪念馆，感悟张闻天精神，丰富精神世界。

城市名人纪念馆是城市历史的见证者和展示者，它不仅要珍藏文物、纪念过去，更要滋养城市、展望未来，还需要关注社会发展与变化，为焦点问题提供历史智慧，用它强大的精神力量去滋养社会的灵魂，用独特的文化资源去丰富观众的精神，让城市发展更加美好。

（汪誉，上海市浦东新区文物保护管理所助理馆员）

图书在版编目(CIP)数据

名人故居教育与研究新局面：中国博物馆协会名人
故居专业委员会 2024 年年会论文集 / 黎洪伟主编.
上海：上海人民出版社，2024. -- ISBN 978-7-208
-19266-9

Ⅰ. G269.263-53

中国国家版本馆 CIP 数据核字第 20240D66J2 号

责任编辑　刘华鱼
封面设计　王　蓓

名人故居教育与研究新局面

——中国博物馆协会名人故居专业委员会 2024 年年会论文集
黎洪伟　主编

出　　版　上海人民出版社
　　　　　（201101　上海市闵行区号景路 159 弄 C 座）
发　　行　上海人民出版社发行中心
印　　刷　江阴市机关印刷服务有限公司
开　　本　635×965　1/16
印　　张　19.5
插　　页　3
字　　数　273,000
版　　次　2024 年 12 月第 1 版
印　　次　2024 年 12 月第 1 次印刷
ISBN 978 - 7 - 208 - 19266 - 9/Z • 259
定　　价　88.00 元